차별 없는 사회와 열린 노동시장

| 박영범 |

한성대학교 출판부

책을 내면서

어느 나라 노동시장에도 차별은 존재하나 우리나라는 다른 나라에 비해 학벌에 의한 과도한 차별이 있으며, 현재 가장 중요한 사회현안의 하나인 청년실업 문제의 근원적 원인의 하나이다.

우리나라 노동시장은 학벌중심의 닫힌 노동시장이다. 대학을 가냐, 어느 대학을 가느냐가 한 개인의 일생을 상당부분 좌우한다. 대기업, 공무원, 공공기관 등 청년들이 일하고 싶어 하는 조직에서는 대규모 공채에 의해 필요한 인력을 선발하고, 일단 채용된 인력은 내부 노동시장 관리를 통해 육성하고 활용한다. 근속이나 연령이 중요한 연공급 임금체계를 가지고 있으며 역량이나 성과보다는 근속이나 조직에 대한 충성도에 의해 개개인이 평가된다.

이명박 정부의 '선취업-후진학' 정책, 박근혜 정부의 '능력중심사회의 구축' 모두 학벌위주의 닫힌 노동시장을 개혁하기 위한 노력이다. 문재인 정부의 블라인드 채용(차별 없는 채용)도 학벌, 불필요한 스펙에 의존하는 노동시장의 관행을 개혁하기 위한 시도이다.

근속에 의해 평가받는 노동시장에서는 경력단절 여성이 할 수 있는 일은 주로 비정규직 일자리이다.

70%가 넘는 고졸자가 대학을 진학하고 있지만 현장에서는 학교 교육에 대해 불만의 소리가 높다. 학교 교육이 현장의 목소리를 100% 수용할 수는 없지만 이론에 치중하는 우리나라 학교 교육은 현장과의 괴리가 크다.

정규직, 비정규직으로 구분되는 노동시장의 단절이 고착화된 것은 닫힌 노동시장에서 연유한다. 학벌이나 스펙보다는 일을 할 수 있는 역량에 의해 평가받을 수 있는 노동시장을 만들어야 한다. 대학의 졸업여부, 어느 대학 출신인가 보다는 무슨 직무를 할 수 있느냐로 노동시장에서 인적자원을 평가하여야 한다.

직무 능력과 성과중심의 열린 노동시장이 되어야 불합리한 차별이 없는 사회의 기반이 구축될 수 있다.

2017년 11월

박영범

Contents

목차

Contents

목차

목차

Contents

제1장

들어가면서

제1장

들어가면서

노동시장에서의 차별을 어떻게 정의할 것인가? 특정 근로자가 동일한 생산적 특성을 가진 다른 근로자보다 못한 대우를 받으면 차별로 본다. 노동시장에 진입할 때 보유한 생산적 특성의 차이를 제거하고 나타난 직장 진입이나 처우의 차이를 노동시장에서의 차별로 본다.[1)]

경제학자들은 차별이 발생하는 원인들로 첫째, 사용자, 동료근로자 혹은 고객들의 개인적인 편견을 제시한다. 둘째, 특정 그룹의 일반적 특성에 의해서 그 그룹에 속한 모든 사람을 일반화시키는 사용자들의 통계적 예단(statistical prejudgment), 셋째, 이중 노동시장 구조 등 노동

---

1) 그러나 노동시장 진입 이전에 이루어지는 진로나 전공 선택이 노동시장 차별 때문에 영향을 받을 수 있다. 여성이 사신의 선택으로 저임금 직종을 선택했는데, 고임금 직종에 진입을 할 수 없다는 것을 알고 선택을 하지 않았다면 이것을 어떻게 보아야 하는가? 우리나라에서 예전에는 여성이 엔지니어가 된다는 것을 상상할 수도 없었기 때문에, 공대에 진학하지 않았고 그 결과 엔지니어 시장으로 진입하지 못 하였다면, 선택에 의해서 진입을 안 한 것이기 때문에 차별이라고 보지 않는 것이 정당화될 수 있는가? 생산적 특성에 의한 노동시장 결과의 차이와 시장진입 이전에 선택에 영향을 받는 정도 사이의 구분을 명확히 할 수 없다는 것이 문제이다.

시장의 비경쟁적 요인을 제시하고 있다.

차별은 어느 측면에서는 시장에 활력을 불어 넣은 요인이 될 수 있으나 불합리한 차별이 지속되면 시장경제의 기반을 위협하기 때문에 대부분의 나라에서 차별 시정을 위한 노력을 많이 기울이고 있다. 우리나라보다 상대적으로(?) 많은 노력을 하고 있는 미국의 경우 성과 인종에 따른 차별이 수십년에 걸친 노력에도 불구하고 지속적으로 문제가 되고 있는 것을 미루어 볼 때 구조적이고 체계적인 노력을 중장기적으로 하여야 한다는 것을 시사하고 있다.

어느 나라 노동시장에도 차별은 존재하나 우리나라의 경우 다른 나라에 비해 학벌에 의한 과도한 차별이 있으며, 현재 가장 중요한 사회현안의 하나인 청년실업 문제의 근원적 원인의 하나이다.

우리나라 노동시장은 학벌중심의 닫힌 노동시장이다. 대학을 가냐, 어느 대학을 가느냐가 한 개인의 일생을 상당부분 좌우한다. 현대그룹의 정주영회장과 같이 초등학교 졸업자가 세계적인 기업가가 될 수도 있지만 좋은 대학에 가는 것이 인생 성공 가능성을 높일 수 있는 가장 안전한 방편이다.

최근 몇 년간 그 추세가 완화되었기는 하지만 우리나라 대학(전문대학교 포함) 진학률은 경제협력개발기구 국가 중 최고 수준이다. 고등학교 졸업자 10명 중 7명이 대학에 간다. 한국직업능력개발원의 분석에 의하면 10대 대학(이것도 약간의 자의적인 분류이지만)을 나와야만 특성화고등학교 졸업자보다 생애임금이 높고, 대학을 졸업해도 취업이 잘 안 되는 현실이지만 누구나 대학에, 그것도 좋은 대학에 진학하고자 한다. 일단 대학에 가야만이 사회에서 무시당하지 않고, 좋은 자리를 위한 경쟁의 대열에 합류할 수 있기 때문이다.

너무 많은 젊은이들이 대학을 가고 있다. 1995년에 도입된 대학설립 준칙주의에 의거하여 교육당국이 너무 많은 대학의 설립을 허가하여 줘서 공급이 늘어난 것이 청년실업의 원인으로 지목되기도 하지만, 대학 설립주의의 도입도 고등교육기관을 가려고 하는 국민들의 욕구를 수용한 것이라고 볼 때 대학을 나와야만 사회에서 대접받고 노동시장에 평가받은 현실이 더 근본적인 문제이다.

닫히고 분절된 노동시장에서는 대학을 나와 어느 직장에서 출발하느냐가 개인의 경력에 매우 중요하다. 대기업, 공무원, 공공기관 등은 대규모 공채에 의해 필요한 인력을 선발하고, 일단 채용된 인력은 내부 노동시장 관리를 통해 육성하고 활용한다. 근속이나 연령이 중요한 연공급 임금체계하에서 역량이나 성과보다는 근속이나 조직에 의한 충성도에 의해 개개인이 평가되기 때문에 내부 결속력은 강하나 상명하복의 조직문화가 형성되고 창의성이나 개개인의 역량보다는 집단적 노력이 조직의 성과를 결정한다.

일단 내부경쟁에서 탈락해서 조직에서 퇴출되면 비슷한 처우를 받을 수 있는 다른 조직으로 이동하는 것이 상당히 어렵고, 외부에서 성장 발전한 인력이 중도에 대기업이나 공공기관의 내부 노동시장으로 편입되는 것 또한 거의 불가능하기 때문에, 개개인이 20대 후반 또는 30대 초반에 결정한 노동시장의 진입이 생애의 경력을 좌우한다. 좋은 직장에 가기 위해 대학을 4년에 졸업하지 않고, 5년, 6년씩 다니고, 졸업을 하여도 취업 재수, 삼수를 할 수밖에 없는 것이 현실이다.

이명박 정부의 '선취업-후진학' 정책, 박근혜 정부의 '능력중심사회의 건설’ 모두 학벌위주의 닫힌 노동시장을 개혁하기 위한 노력이다. ‘고졸 취업 성공시대’의 구현은 제2의 새마을운동이라 할 수 있다. 고졸로서 사회와 노동시장에서 대우를 받고 직장 생활을 경험한 이후 필요하면 대학에 진학을 하여 공부한다면 고등학교 졸업 후 무조건 대학에 진학을 할 필요가 없게 되기 때문이다. 문재인 정부의 블라인드 채용(차별 없는 채용)도 학벌, 불필요한 스펙에 의존하는 노동시장의 관행을 개혁하기 위한 시도이다.

여성의 사회진출이 활발해지면서 고학력 여성도 많아지고, 젊은 세대들은 가정생활과 사회생활을 병행하고자 하지만, 아직도 많은 여성들이 출산과 함께 일을 그만둔다. 육아 부담에서 어느 정도 벗어난 후 노동시장에 다시 진입할 때, 근속에 의해 평가받는 노동시장에서는 경력단절 여성이 할 수 있는 일은 주로 비정규직 일자리이다.

취업전쟁에서 승리하기 위해 대부분의 대학생들은 스펙(SPEC) 쌓기에 열심이다. 아르바이트로 돈을 모아 해외연수를 다녀오고, 영어 시험 점수를 높이기 위해 밤을 세워 공부를 하고, 봉사활동도 한다. 그러나 어느 스펙보다 학벌이 채용을 결정하는 더 중요한 기준이다. 학벌이외의 다른 스펙은 보조수단일 뿐이다. 최근 심층면접, 연수를 통한 채용 등 채용방법이 다양해지고 있지만 아직은 대부분 기업들이 학벌이 가장 안전하고 효율적인 채용의 기준이라고 보고 있다. 청소년들이 소위 일류대학을 가기 위해 밤을 새워서 공부할 밖에 없는 이유이다. 학벌에 기준한 채용차별은 통계적 차별의 하나로 합리적인 측면이 있으나 우리나라의 경우 고착화되어 있고, 대기업, 공공부문은 노동시장 초기 진입 단계에서만 진입이 가능하다는 것이 문제이다. 박근혜 정부가 NCS

기반 채용, 문재인 정부가 차별 없는 채용을 공공부문을 중심으로 추진하고 민간부분에서 확산시키고자 하는 이유이다.

70%가 넘는 고졸자가 대학을 진학하고 있지만 현장에서는 학교 교육에 대해 불만의 소리가 높다. 특정 직장보다는 어느 일자리에서도 활용될 수 있는 일반적 인적자원을 학생들이 가지는 것을 목표로 하는 학교 교육의 특성상 현장의 목소리를 100% 수용할 수는 없지만 이론에 치중하는 우리나라 학교 교육은 현장과의 괴리가 크다. 현장을 보다 중시하는 교육훈련이 필요하다. 연구뿐 아니라 교육에 있어서도 산학협력이 절실하다. 2013년도에 시범실시한 후에 2014년도에 본격적으로 도입된 일학습병행제는 기업이 필요로 하는 현장형 인력의 양성을 위한 제도이다. 인력수급의 불일치를 해소할 뿐 아니라 청년실업 해소에도 기여할 것이다. 2016년 11월 말 기준으로 8,926개 기업이 참여하여 양적인 정책목표를 달성하였고 현장에서의 평가도 대체적으로 긍정적이나 향후에는 보다 철저한 질 관리가 필요하다.

노동조합 설립과 활동을 법적으로 보장하여 국가는 상대적으로 약자인 근로자들이 집단으로 사용자와 대등하게 그들의 근로조건을 결정하는 것을 지원해 준다. 그러나 우리나라의 현실을 보면 근로자 중에서 상대적으로 처우가 좋은 대기업, 공공기관 종사자, 정규직이 노조의 보호를 받고, 비정규직의 노조조직률은 미미하다. 상급노조들은 비정규직 권리 신장과 보호를 위해 노력하고 있지만, 현장에서는 정규직 노조원들이 비정규직 노조 처우 개선을 외면하는 것이 또한 현실이다.

정규직, 비정규직으로 구분되는 노동시장의 단절이 고착화된 것은 닫힌 노동시장에서 연유한다. 미국의 경우 비정규직이 정규직으로 이동하는 것이 상당부분 가능하다(햄버거로 유명한 맥도날드의 경우, 시간제 아르바이트로 시작하여 고위직에 오르는 것이 예외적인 경우가 아니다). 반면에 우리나라는 정규직이 비정규직이 되는 것은 어렵지 않으나 비정규직이 정규직으로 상승하는 것은 어렵기 때문에 비정규직의 숫자가 많기도 하지만 정규직, 비정규직으로 단절된 노동시장을 어떻게 해결하느냐가 심각한 사회현안이다.

학벌이나 스펙보다는 일을 할 수 있는 역량에 의해 평가받을 수 있는 노동시장을 만들어야 한다. 대학의 졸업여부, 어느 대학 출신인가 보다는 무슨 직무를 할 수 있느냐가 노동시장에서 인적자원을 평가하는 요소가 되어야 한다. 국가직무능력표준(National Competency Standards: NCS)에 기반한 학습모듈의 개발, 그리고 국가역량체계(National Qualification Framework) 구축이 능력중심사회를 구현하는 구체적인 수단이 될 수 있다.

60세 정년연장이 법적으로 강제되었지만, 공공부분을 제외하면 버젓한 직장에서는 50대는 고사하고 40대에 퇴출되고 있는 현실이 어느 정도 개선될 지는 회의적이다. 연공급 임금체계하에서는 생산성과는 무관하게 급여가 올라가기 때문에 조직은 치열한 시장경쟁에서 살아남기 위해(보상체계의 근본적인 변화가 전제되지 않으면), 고령근로자를 퇴출시키기 위한 가능한 모든 방법을 동원하려고 할 것이다. 글로벌화된 경쟁에서는 온정주의적 기조로 기여보다는 높은 보상을 받은 중고령근로자를 끌어안고 갈 수 만은 없는 것도 현실이다.

학벌, 연공위주의 닫힌 노동시장의 폐해중의 하나이다. 정년연장에 따른 청년층 고용절벽을 우려하여 2015년에 모든 공공기관이 임금피크제를 도입하여 정년연장에 따른 부작용을 해소하는 노력을 하였으나 민간부분에서의 확산 속도는 더디다.

임금피크제는 연공급 임금체계를 전제로한 임시방편 조치일 뿐이다. 직무 능력과 성과중심의 노동시장이 되어야 연령을 이유로 차별받지 않은 토대가 형성된다.

이 책은 본장을 포함하여 9장으로 구성되어 있다. 각 장에는 청년실업, 학력차별, 여성의 경력단절, 학벌 등 스펙중심의 채용, 현장과 괴리된 교육훈련, 노동시장 개방, 닫힌 노동시장의 폐해를 개선하기 위한 노동시장 개혁 등 분야별로 여러 가지 대안을 모색한 필자의 생각과 글이 정리되어 있다. 각 장은 분야별로 필자의 생각을 정리한 글을 시작으로 필자가 언론에 기고한 글로 구성되어 있다.

제2장

청년이 희망을 가지는 노동시장

제2장

청년이 희망을 가지는 노동시장

2017년 8월 기준으로 비경제활동인구 중 취업준비생이 차지하는 비중은 4.3%로 2003년 관련 통계가 수집되기 시작한 이후 가장 높은 수준으로 올랐다. 15~29세 청년실업률이 9.4%로 1999년 이후 가장 나빴다.

20대 총선, 19대 대선에서 청년 일자리 문제가 가장 뜨거운 현안이었으나 청년들의 답답한 가슴을 뚫어주고 사회적으로 공감을 가는 대안은 제시되지 못하였다. 문재인 정부가 추진하고 있는 공공부문 일자리 확대를 통한 청년 실업, 해소 대책은 정부 재정에 대한 영향 등으로 우려의 목소리가 높다.

우리나라의 현 청년 일자리 문제는 노동시장 상황을 고려하지 않고 대학 교육을 확대하여 온 정부의 정책 실패에 크게 기인하고 있으며, 구조적이고 중장기적으로 접근하여야 근원적으로 해결할 수 있다.

1995년 대학설립준칙주의가 도입되어 대학의 양적 성장의 단초를 제공하였고, 외환위기로 경제사회적 상황이 악화되었음에도 불구하고 이명박 정부 이전까지 대학진학 장려정책을 지속해 왔다. 김대중 정부와 노무현 정부는 취업을 목적으로 한 특성화고등학교 학생들에게도 취업과 함께 진학을 장려하였다.

2014년 기준으로 생산가능인구 중 대졸자 비중은 45%로 영국, 핀란드, 스웨덴 보다 높으나 대졸자들이 원하는 관리자, 전문직, 기술자 비중은 22%로 이들 국가의 절반도 안 된다.

경제상황이 조속한 시일 내에 좋아질 것 같지는 않고, 경제사황이 현재보다 개선된다고 해도 구조적인 청년 실업난이 급격히 개선되지는 않을 것이다. 그러나 청년들도 상황이 좋아질 때까지 기다릴 수는 없다. 대학 졸업후 일정 기간이 지나면 그나마 좋은 일자리를 찾는 확률은 더 떨어져서 비정규직으로 고착화되거나 비경제활동인구로 남을 가능성은 더 커진다.

공공기관, 대기업에 들어가기 위해 몇 년을 취업준비로 보내는 것보다는 유망강소기업으로 눈을 돌리거나 해외 취업을 적극적으로 고려해 보는 것도 좋은 취업전략이다.

글로벌 기업, 해외에 진출해 있는 우리나라 기업들에서 우리나라 청년들이 많이 활동하고 있다. 해외에 나가면 SKY 출신인지, 지방대 출신인지는 중요하지 않다. 역량과 성실성에 의해 평가받는다. 해외에서는 처음 일자리가 소위 좋은 일자리가 아닐 수 있으나 역량을 인정받으면 좋은 일자리로 전직이 가능하다. 정부도 K-move사업을 통해 청년들의 해외 진출을 적극적으로 돕고 있다.

일하면서 대학 학위를 따거나 관련 자격증을 취득할 수 있는 일학습병행제도에 참여하거나 취업이 어려운 문과대 학생들의 취업 역량를 높여주는 고용디딤돌 프로그램, 청년취업 아카데미 등 정부의 여러 지원

프로그램을 활용하는 것도 좋은 방안이다.

청년들이 첫 직장이 그다지 좋은 직장이 아니더라도 경험을 쌓으면 더 좋은 일자리로 이동할 수 있는 열린 노동시장이 구축되어야 대기업, 공공부분에 취업하기 위해 몇 년씩 준비하고 그 중 일부만이 취업에 성공하는 악순환이 근절될 수 있다.

1. 고용절벽에도 아직은 희망 있다[2)]

지난 11월 전체 실업률은 3.1%로 1년 전과 같았으나 청년(15~29세)의 실업률은 1년 전보다 1%포인트 상승한 8.2%로 11월 기준으로 2003년(8.2%) 이후 13년 만에 가장 높았다. 국책 연구기관인 한국개발연구원(KDI)은 제조업 부진이 지속되면서 내년도 취업자 수 증가가 올해 30만 명 안팎에서 20만 명 중반대로 줄고 실업률도 3.9%로 증가할 것으로 전망하고 있다. 신규 채용보다는 경력직을 선호하는 최근의 추세를 고려하면 대학을 막 졸업하는 청년 구직자들의 일자리 찾기는 더욱 힘들어질 것이다.

우리 국민은 교육에 올인하고 있으나 기대와 현실의 큰 차이가 '9포세대'로 불리는 청년들의 심각한 실업의 근본적 원인이다. 2014년 기준 25~64세 생산가능인구 중 대졸사 비중은 45%로, 영국(42%), 핀란드(42%), 스웨덴(42%)보다 높으나 대졸자들이 원하는 관리자·전문직·기술자 비율은 22%로 이들 국가(영국 47%, 핀란드 45%, 스웨덴 49%)의

---

2) 문화일보_2016.12.16

절반도 안 된다.

청년들은 경제 상황이 좋아질 때까지 기다릴 수가 없다. 대학 졸업 후 3년이 지나면 일자리를 찾을 확률이 10%로 떨어진다는 연구 결과도 있다. 공공기관, 대기업에 들어가기 위해 몇 년을 취업 준비로 보내는 것보다는 유망 강소 기업으로 눈을 돌리는 것이 좋은 취업 전략이다. 서울시와 서울산업진흥원은 지난 11월 성장성과 복지후생이 우수한 2016년 일자리 우수 강소기업 17사를 선정, 발표했는데, 정부나 많은 지자체가 청년들에게 일자리를 제공할 수 있는 유망 강소 기업을 선정해 알리고 지원하고 있다.

'문송합니다'(문과라서 죄송합니다)와 같은 유행어가 생겨날 정도로 이공대 학생들에 비해 취업이 어려운 문과대 학생들이 취업 역량을 높일 수 있는 고용 디딤돌 프로그램, 청년취업 아카데미 등 정부의 여러 지원프로그램이 있다. 특히, 대기업과 공공기관 30여 곳에서 1만여 명의 취업준비생을 교육·훈련해 유관 기관에 취업하는 것을 지원하는 고용 디딤돌 프로그램은 청년들이 관심을 가져볼 만하다.

일하면서 배울 수 있는 한국형 도제 제도인 일학습병행제를 통해 청년들이 학교에서 배우지 못한 훈련을 체계적으로 받으면서 자격이나 학위를 취득할 수 있다. 내년까지 1만 개 기업에서 7만 명의 학습근로자가 참여하는데, 청년들이 경력이나 전공과 무관하게 노동시장에서 필요한 실용적인 역량을 갖출 수 있는 프로그램이다.

해외의 일자리도 청년들에게는 기회다. 우리나라는 청년 취업난이 심각하지만 나라마다 사정은 다르다. 일본의 경우 경기 호황으로 대졸자 취업률이 100%에 가까워서 우리나라 청년들에게 문이 활짝 열려 있다.

우리나라 기업이 많이 진출해 있는 중진국이나 개발도상국 취업은 향후 청년들이 글로벌 기업가로 성장하는 발판이 될 수 있다. 해외 취업자의 47.9%가 '외국어 능력 향상', 43.8%가 '글로벌 업무 경험'을 해외 취업의 장점으로 들고 있는데, 국내 노동시장으로 복귀하더라도 해외 취업의 경험은 청년들의 향후 인생 설계에서 상당히 긍정적인 역할을 할 것이다. 올해 고용노동부의 지원을 받아 해외 취업에 성공한 사람은 지난달 기준으로 3294명으로, 2014년 1679명에 비해 2배가량으로 늘었다.

끝으로, 창업(創業)이나 창직(創職)도 해법이다. 정부는 창조혁신센터 등을 통해 청년들의 스타트업을 지원하고 있고, 우리나라 일자리 수(1만 2,000여 개)는 일본(1만 7,000여 개)이나 미국(3만여 개)에 비해 매우 적으니 청년들이 새로이 개척할 수 있는 직업이 많다.

2. 능력중심사회 구축으로 청년실업 해결을[3]

2000년 이후 한 자리 수였던 연간 기준 청년(15~29세)실업률이 올해 10%를 넘을 것으로 전망된다. 지난 7월 청년 실업률은 6월과 비교하면 상승세가 꺾어져서 전년 동기 대비 0.2% 포인트 하락한 9.2%였다. 그러나 지난 2월(12.5%), 3월(11.8%), 4월(10.9%), 5월(9.7%)까지 4개월 연속 전년 동기 대비 사상 최고치를 기록하고 지난 6월에는 10.3%로 두 번째로 가장 높았다.

청년들이 실제로 체감하는 일자리 사정은 더욱 심각하다. 더 많은 시

3) 매일경제_2016.8.29

간을 일하고자 하거나 구직활동을 하지 않으나 적절한 일자리가 있으면 일하고 싶은 청년들을 포함하면 청년 실업률은 20%, 청년실업자는 100만 명을 넘어선다고 민간 연구기관이 추정한 바 있다.

정부는 지난 4월 실현 가능한 모든 대책을 포함한 '청년·여성 취업 연계 강화 방안'을 발표하였으나 청년실업 문제가 신속하게 해결되기를 기대하기는 어렵다. 청년 일자리 문제가 우리나라 노동시장 그리고 사회의 구조적인 문제에 기인하기 때문이다.

젊은이들이 들어가고 싶어하는 대기업 정규직은 우리나라 전체 근로자의 10%, 고등학교 졸업생의 70%가 대학을 진학하는 현실에서는 청년 일자리 문제가 생길 수밖에 없다.

우리 노동시장에서는 대학을 나왔느냐, 어느 대학을 나왔느냐, 그리고 어디서 시작하였느냐가 개인의 커리어를 결정하는데 결정적이다. 일단 비정규직이나 중소기업에서 시작하면 정규직이 되거나 대기업으로 옮기는 것이 매우 어렵다. 젊은이들이 좋은 대학을 가려고 하고, 대기업, 공공부문, 금융권에 취업하기 위해 삼수, 사수를 할 수밖에 없다.

학벌이나 연공이 아닌 능력에 의해 평가받고 성과에 의해 보상받는 열린 노동시장에서는 고등학교 졸업 후 곧바로 대학을 가거나 대기업 정규직으로 인생을 출발하려고 고집할 필요가 없다.

정부는 지난 7월에 1만 2천여 명의 산업현장전문가가 개발한 847개의 국가직무능력표준(NCS: National Competency Standards)을 확정·고시했다. 847개의 NCS는 우리나라 전체 427개 직업의 86%인 369개와 연계되어 있으며 향후 추가 개발을 통해 보다 많은 직업들과 연계성을 강화할 것이다. NCS는 노동시장에서 학벌과 연공을 대체하는 수단이 될 것이다. 내년까지 모든 공공기관은 NCS에 기반하여 채용을 할 것이고 공무원도 NCS에 기반한 채용을 고려하고 있다. 2천여 개의 민간기업에도 채용과 훈련 등에 NCS를 활용하고 있다. 전문대학과 특성화고등학교의 교육과정은 NCS에 기반하여 개편되고 있으며 2만여 개의 민간훈련기관과 전문대학 등에서도 NCS를 활용하고 있다. 기업에서는 신규직원 퇴사율과 재교육비용이 감소하고 훈련기관에서는 취업률이 향상되는 등 가시적인 효과도 나오고 있다.

박근혜 대통령이 언급한 대로 일학습병행제는 중장기적으로 노동시장 구조개혁의 단초가 될 것이다. 정부는 일학습병행제를 통해 청년실업 문제를 해소하면서 선취업 후진학 형태의 새로운 고용문화를 정착시켜 나가고 있다. 기업은 맞춤형 인재를 양성하기 위해 학습근로자를 채용하고 NCS에 기반한 이론교육과 현장훈련을 하게 된다. 청년들은 일을 하면서 훈련의 결과 자격이나 학위를 취득하게 된다.

궁극적으로 국가역량체계(National Qualifications Framework: NQF) 구축이 완료되어 학위, 자격, 경력간의 등가성 원칙이 확립되면 대학을 굳이 갈 필요 없는 기반이 만들어 질 것이다.

고용노동부와 한국산업인력공단은 매년 9월을 '직업능력의 달'로 정하여 다양한 행사를 하고 있는데 올해로 20주년을 맞이한다. 그리고 9월 6일부터 7일까지 제10회 인적자원개발컨퍼런스가 코엑스에서, 9월 5일부터 8일간 제51회 전국기능경기대회가 서울공고 등 8개 경기장에서 개최된다. 젊은이를 포함한 모든 국민들이 현장에서 능력중심사회 구현을 위한 다양한 활동들을 보고, 경험하고 확인할 수 있는 좋은 기회가 될 것이다.

3. 청년 일자리 해법 'K-Move'4)

통계청 발표에 의하면 지난 3월 청년(15~29세)실업률은 11.8%로 2월 12.5%에 비해 나아졌지만 3월 실업률로는 1999년 실업자 기준이 바뀐 이후 최고치였다. 청년층 고용률은 41%로 전체 고용률 59.6% 대비 낮았다. 넘쳐나는 대졸자들의 눈높이에 맞는 일자리가 부족한 국내 노동시장 현실에서 청년 일자리 문제를 해결하기 위해 정부가 역점을 두고 추진하고 있는 과제가 청년들이 밖으로 눈을 돌려 해외에 진출하는 것을 지원하는 K-Move사업이다.

고용노동부와 한국산업인력공단은 단기 과정의 K-Move스쿨, 저학년부터 해외취업 역량 강화를 지원하는 청해진 대학, 해외취업 성공 시 지급하는 장려금제도 및 K-Move 멘토단 등을 운영하고 있다. 개방과 공유, 소통과 협력의 정부 3.0에 기반하여 여러 정부부처의 해외진출 정보를 통합 제공하는 월드잡플러스 홈페이지(www.worldjob.or.kr)도 지난해 새롭게 구축했다. 청년 해외취업을 직접 상담해주는 서울K-Move센터를 지난해 선릉역 부근에 개소했고 내년에는 부산에도 열 계획이다.

2015년 산업인력공단을 통해 해외취업에 성공한 청년은 2900여명으로 2014년 1600여 명보다 70%이상 증가했으며 보다 많은 청년들이 취업의 돌파구를 해외에서 찾을 수 있다.

밖으로 눈을 돌리면 일자리는 많다. 구직자 대비 일자리가 1.28로 24년 만에 최고치인 가깝고도 먼 나라 일본에서는 많은 기업들이 우리나라

---

4) 아시아투데이_2016.5.9

청년들을 채용하기를 원하고 있으나 인력확보에 어려움을 겪고 있다. IMF 위기 때는 경제상황이 좋았던 싱가포르 등이 많은 우리 청년들에게 일자리를 제공했다.

국가경쟁력 순위를 발표하는 세계경제포럼에 의하면 2015년 우리나라 노동시장의 효율성은 140개 나라 중 83위로 전년 86위보다 올랐지만 여전히 하위권이다. 올해 9급 공무원 시험 응시자가 20만여 명에 이른다. 대학을 나와도 학벌이라는 닫힌 노동시장에 막혀 많은 젊은이들이 공무원 시험에 매달려 몇 년씩 삶을 허비하는 것은 안타깝다.

글로벌 대표 SPA 기업인 유니클로와 자라 등에 우리나라 청년들이 많이 활동하고 있다. 해외에 나가면 SKY 출신인지, 지방대 출신인지 문제가 되지 않는다. S대학 출신도 역량이 부족하면 도태된다. 글로벌 건강관리 앱 1위 '눔'의 정세주 대표와 미국의 웹툰 플랫폼서비스 '타파스틱'의 김창원 대표는 대표적인 해외창업 성공 사례다.

해외에서의 처음 일자리는 소위 좋은 일자리가 아닐 수 있으나 열린 노동시장에서는 역량과 성실성을 인정받으면 좋은 일자리로 전직이 가능하다. 지난달 7일 개최한 K-Move 토크 콘서트에서 만난 한 청년은 싱가포르 샹그리아 호텔 취업 후 국내 쉐라톤 호텔로 이직하고 지금은 다시 아랍에미리트 항공사 승무원으로 취업이 돼서 출국을 기다리고 있다고 한다.

'변화와 혁신이란 갑자기 오는 것이 아니라 우리가 알지 못했을 뿐'이라는 말이 있다. 우리 청년들이 적극적인 해외진출을 통해 알파고를 만든 데미스 하사비스처럼 성장하고, 4차 산업혁명의 주인공이 되었으면 하는 바람이다.

4. 청년 일자리 문제를 해결하려면[5)]

청년 일자리 문제가 풀릴 기미가 보이지 않고 있다. 청년(15~29세) 실업률은 2011년 7.6%, 2013년 8.0%, 2015년 9.5%로 지속적으로 높아지고 있다. 2월은 졸업시즌 등으로 실업률이 높아지기는 하나 올해 2월 청년실업자 수는 56만 명으로 지난해 같은 달보다 7만 6,000명 늘어났다. 이는 1999년 6월, 실업자 기준을 구직 기간 1주일에서 4주일로 바꾼 이후 최고치인 12.5%다. 정부는 청년실업률이 높아진 이유로 9급 공무원시험 응시인원 증가, 설 특수를 반영하지 못한 고용동향 조사 시기 등을 들었는데 3월에 들어서도 개선되지 않았다. 두 달째 줄었던 취업자 수 증가규모가 지난달엔 증가세로 돌아서 3월 전체 취업자 수는 2,580만 명으로 작년 같은 달보다 30만 명 증가했으나 청년 실업률은 11.8%로 오히려 작년 같은 기간보다 1.1%포인트 상승했다. 3월 수치로는 가장 높은 수준이다.

지난 4·13총선에서 최악의 청년실업 대책이 주요 이슈였다. 더불어민주당과 국민의당은 청년수당을 제시하였다. 더불어민주당은 중산층과 서민층으로 한정하여 자기주도적 구직활동을 하는 청년들에게 매달 60만 원씩 6개월간 지원금을 지원하는 취업활동지원금, 국민의당은 후납형 청년구직수당을 공약으로 제시하였다. 후납형 청년구직수당은 구직기간 중 지급된 수당을 취업 후 상환하는 것을 전제로 하는 것이다. 취업활동지원금의 연간 소요 예산은 2,500억 원, 후납형 청년구직수당은

5) 월간지방자치_2016년 5월호

제도 도입 초기에 최대 8,000억 원이 필요할 것으로 추정된다. 새누리당은 청년취업아카데미를 전국으로 확대하는 등 젊은이들에게 교육과 훈련의 기회를 더 주는 방안을 제시하였다. 여소야대로 귀결된 총선이후 300인 이상 기업에게 정원의 일정비율로 청년 고용을 강제화하는 '기업 청년고용할당제'가 논란이 되고 있다.

지난 4월 27일 발표한 '청년·여성 취업연계 강화 방안'에 따르면 7월부터 중소기업에서 인턴을 하다 정규직으로 취업한 청년(만 15~34세) 근로자가 2년간 한 곳에서 일하며 300만 원을 저축하면 정부가 최대 900만 원까지 지원해준다.

이번 청년취업 활성화 대책은 박근혜 정부 들어서 6번째 대책인데, 유일호 경제부총리 겸 기획재정부장관은 "모든 부처가 일자리 주무부처라는 인식하에 다 달라붙어 양질의 일자리 창출을 최우선으로 추진해 나가겠다"고 밝혔다. 정부의 일자리 사업에 만족하는 청년들은 15%에 불과한 것으로 나타났는데, 정부는 10개 이상의 부처에서 시행하고 있는 2조원 규모의 각종 청년실업 대책을 공급자 중심에서 수요자 중심으로 바꾸어 효율성을 제고할 계획이다. 그러나 정부의 이번 청년 일자리 대책에 대한 여론의 반응은 그렇게 호의적이지 않다. 대기업에 비해 중소기업의 근무 여건이 열악하고 사회적 차별이 구조적인데, 일정액의 지원금으로 청년들의 중소기업 취업을 유도하기에는 한계가 있고 상시적인 채용행사 주선, 일자리포털 구축 등도 청년들이 원하는 일자리가 부족한 상황에서는 근본적인 해결책이 되지 못한다는 것이다.

우리나라 청년 실업의 근원적인 문제는 대학졸업자는 급증하는데 청년들이 원하는 일자리는 기대만큼 늘어나지 않거나 오히려 줄어들고 있다는 것이다. 대학원을 포함한 고등교육기관 졸업생 수는 2000년 54만 2,000명에서 2002년 60만 3,000명, 2010년 62만 9,000명, 2015년 68만 1,000명으로 급증하였다. 대학졸업생 수와 청년실업률의 상관계수는 0.47이다. 1995년 일정요건을 갖추면 대학설립을 허가해 주는 대학설립 준칙주의를 도입하고 실업계 고등학교 학생들에게도 취업과 함께 대학 진학을 병행하는 정책이 시행된 이후 1995년 50% 초반에 불과하였던 대학진학율은 2010년에는 80%가까이 높아졌다. 그러나 외환위기 이후 은행, 대기업, 공공부분이 핵심 부분에 역량을 집중하면서 모듈화, 외주화 등 노동절약적 생산방식을 확대하고 정규직 채용을 최소화하는 등 인적자원 전략이 핵심인재 위주로 전환하면서 대학생들이 원하는 일자리가 크게 늘어나지 않고 있다.

청년들이 원하는 일자리는 외환위기를 겪으면서 2006년까지 오히려 줄어들었다는 연구결과도 있다. 특히 노조가 강력한 기업에서는 일단 채용하면 해고가 어렵기 때문에 정규직 채용을 주저하고 있다. 2008년 글로벌 금융위기 이후 경제상황의 불확실성이 커지면서 기업들의 채용 규모도 크게 늘지 않고 있다. 올해도 중국경제의 부진, 유럽의 경제 불안 등으로 전경련 조사에 의하면 채용을 전년도보다 늘리겠다는 기업은 9.1%에 불과하였다. 반면 중소기업들은 사람을 구하지 못하여 외국인력을 더 도입해야 한다고 주장하고 있다.

정부가 청년들이 중소기업에 일정기간 근무하면 900만 원을 지급하겠다는 것은 중소기업들의 인력난도 완화시키면서 청년 일자리 문제도 해결하고자 하는 고육지책이다. 중소기업의 보수나 근무여건이 획기적으로 개선되는 것이 궁극적인 해결책이나 대기업 근로자들의 보수나 처우가 상대적으로 과도한 측면이 있는 것도 사실이다. 현대자동차 근로자의 1인당급여는 도요타 자동차보다 높은 것으로 알려져 있다. 정부가 고임금 근로자의 임금인상 자제를 호소하고 있지만 근원적으로는 대기업 등의 노동시장이 보다 유연해져야 한다. 특히 정년연장 첫 해인 올해는 임금피크제 도입으로 젊은 인력을 더 뽑을 수 있는 여력을 만들어야 한다. 또 노동시장 개혁과 함께 학벌이 아닌 능력에 의해 평가받는 사회가 구축되어야 청년실업 문제가 해결될 수 있다. '어디서 시작하느냐'가 매우 중요한 닫힌 노동시장에서는 '어느 대학을 나왔느냐'가 매우 중요하다. 2015년 개발이 완료되어 공공기관의 채용 및 민간부문의 채용과 훈련에 활용되고 있는 국가직무능력(NCS)은 인적자원을 학벌이나 연공이 아닌 직무능력으로 평가받도록 하겠다는 것이다. 내년까지 1만개의 기업에서 7만 명의 학습근로자를 채용 및 훈련시키는 것을 목표로 하고 있는 일학습병행제도는 우리나라 교육 및 훈련 시장의 근원적 변화와 함께, 청년실업 완화, 중소기업 인력난 해소에 크게 기여할 것이다. 정부지원으로 일하면서 체계적인 훈련을 받고 자격이나 학위를 취득할 수 있기 때문이다.

5. 청년실업, 노동시장 개혁 그리고 능력중심사회[6)]

통계청이 발표한 '2월 고용동향'을 보면, 2016년 2월 청년(15~29세) 실업자 수는 56만 명으로 지난해 같은 달보다 7만 6천명 늘어나 청년실

6) 월간재정포럼_2016년 4월호

업률이12.5%를 기록했다. 2월은 졸업 시즌이기 때문에 통상적으로 청년실업률이 높아지기는 하나, 이는 2014년 10.9%, 2015년 11%에 비해 증가한 수치다. 정부는 9급 공무원 시험 응시인원 증가, 설 특수를 반영하지 못한 고용동향 조사 시기 등을 계절적 요인과 함께 청년실업률이 가장 높아진 이유로 제시하였다. 그러나 청년실업률은 2011년 7.6%, 2013년 8.0%, 2015년 9.5%로 지속적으로 높아지고 있다.

최악의 청년실업에 대한 대안의 하나로 4·13총선에서 더불어민주당과 국민의당은 청년수당을 제시하였다. 더불어민주당은 중산층과 서민층으로 한정하여 자기주도적 구직활동을 하는 청년들에게 매달 60만원씩 6개월간 지원금을 주는 취업활동지원금, 국민의당은 후납형 청년구직수당을 공약으로 제시하였다. 후납형 청년구직수당은 구직기간 중 지급된 수당을 취업 후 상환하는 것을 전제로 하는 것이다. 취업활동지원금의 연간 소요 예산은 2,500억 원, 후납형 청년구직수당은 제도 도입 초기에 최대 8,000억 원이 필요할 것으로 추정된다. 새누리당은 청년취업아카데미를 전국으로 확대하는 등 젊은이들에게 교육과 훈련의 기회를 더 주는 쪽으로 방향을 정리하였다. 정부도 당초 정부가 시행하는 취업지원프로그램에 참여하는 청년들에게 구직수당과 면접비 등을 주는 방안을 검토한 것으로 알려졌으나 청년실업에 대한 종합적인 대책은 총선 이후인 4월에 발표하는 것으로 연기하였다.

이번 청년취업 활성화 대책은 박근혜 정부에 들어서 6번째 대책이다. 정부는 10개 이상의 부처에서 시행하고 있는 2조원 규모의 각종 청년실업 대책을 공급자 중심에서 수요자 중심으로 바꾸어 효율성을 제고할 계획이다. 한 조사에 의하면 정부의 일자리 사업에 만족하는 청년들은

15%에 불과한 것으로 나타났다. 정부는 1995년 대학설립준칙주의를 도입하고 일정 요건이 되면 대학을 설립할 수 있도록 하여 비수도권을 중심으로 대학들이 새로이 생겨났고, 수도권 대학들도 정원을 대폭적으로 확대하였다. 1995년 50% 초반에 불과하였던 대학진학률은 2010년에는 80% 가까이 높아졌다가 현재는 하락하는 추세에 있다. 1997년 말 발생한 외환위기를 시작으로 기업, 특히 대기업의 인적자원 전략이 핵심인재 위주로 전환되어 대학생들이 원하는 일자리는 기대만큼 늘어나지 않고 있다. 한 연구에 의하면 대기업, 금융기관, 공공부분 등 대학생들이 원하는 일자리는 1995년 409만 명에서 2006년 342만 명으로 외환위기를 겪으면서 오히려 줄어들었다. 그 결과 눈높이가 높은 고급인재들은 대학에서 쏟아져 나오는데 이들을 수용할 만한 일자리는 충분히 만들어지지 않고 있다. 전경련 조사에 의하면 3월 현재 209개 대기업 중 109개사가 채용계획을 확정하지 않았고 전년보다 늘리겠다는 곳은 9.1%에 불과하였다. 중국경제의 부진, 유럽의 경제 불안 등으로 올해의 상황이 더욱 좋지 않은 것은 사실이나 이와 같은 상황은 재정사업의 효율화만으로는 획기적으로 개선될 것 같지는 않다. 노동시장 구조개혁과 청년 일자리 만들기 고용부 등 여러 부처와 지자체에서 경쟁적으로 수많은 청년 일자리 사업들을 시행하였지만 상황은 나아지지 않고 오히려 악화되고 있는 것은 청년 일자리 문제가 구조적이고 근원적인 처방을 필요로 하기 때문이다.

현재 정부가 추진하고 있는 노동시장 구조개혁은 청년 일자리를 만들기 위한 전제조건이다. 우리나라 노동시장은 대기업·중소기업, 정규직·비정규직, 남성·여성 등 여러 계층으로 분절화된 닫힌 노동시장이다.

전체 근로자의 10% 정도인 대기업 정규직은 노조 등에 의해 보호를 잘 받고 있는 반면 나머지 90%는 근로조건이나 보호 정도가 상대적으로 취약하다. 혹자는 우리나라 노동시장이 상당히 유연하다고 이야기하는데, 90%, 특히 중소기업의 비정규직은 취약한 상황에 놓여 있다. 대기업 노동시장은 경직적이어서 일단 채용하면 해고하기가 힘들기 때문에 새로이 인력을 뽑기보다는 핵심인력에 집중하고 자동화 등에 의존하여 필요인력을 최소화하려고 한다. 노조가 강력한 대공장에서는 이와 같은 경향이 더욱 강하다. 대기업 부문의 임금피크제 도입, 성과급 확대 등 인적자원관리가 보다 유연해진다면 젊은 인력을 새롭게 뽑을 여유가 많이 생길 것이다. 올해 대기업 임단협에서 지난해 공공기관에서 도입이 완료된 임금피크제가 도입되어야 하는 이유이다.

노동시장 개혁만으로 청년실업이 근원적으로 해결되기는 어렵다. 대졸대비 고졸에 대한 노동시장에서의 보상 차이 그리고 사회적 차별이 해소되지 않는다면 과도한 대학 진학열은 지속될 것이다. 대학설립준칙주의의 도입보다도 지난 30여 년간 청년실업률을 구조적으로 악화시킨 더 큰 정책적 실책은 경제사회적 상황이 급변하였음에도 불구하고 대학 진학 장려정책을 지속한 것이다. 김대중 정부와 노무현 정부는 취업을 목적으로 설립된 특성화고등학교 학생들에게도 취업과 함께 진학을 장려하였다.

박근혜 정부의 능력중심사회 구축이라는 핵심 국정과제는 마이스터교로 대변되는 이명박 정부의 '선취업-후진학' 정책을 더욱 발전시켜 학별이 인적자원 평가의 절대적인 기준인 노동시장을 구조적으로 변화시켜 인적자원이 직무능력으로 채용되고, 보상받고, 승진되도록 하겠다는 것이다. 능력중심 사회 구현으로 청년실업을 해결해야 하며 인적 자원을 학벌, 연공 등 속인적 요소가 아니라 직무능력으로 평가하는 근간이 되는 국가직무능력(NCS)은 1990년대 말부터 개발되기 시작하였으나 진전이 더디다가 박근혜 정부 들어 본격적으로 개발되어 2015년 현재 847개 직무에 대해 NCS가 개발되어 있다. 전년도부터 공공기관이 NCS 기반 채용을 시작하였고 민간부문은 중견, 중소기업을 중심으로 채용 및 훈련에 NCS를 활용되고 있다. 2008년 이후 많은 대기업과 공공부문에서 고졸자를 다시 채용하기 시작하였는데, 고졸이 조직 내에서 성장할 수 있는 경로가 개발되어 있지 않다. NCS를 기준으로 고졸이 승진, 보상, 교육훈련에 있어서 대졸과 함께 차별 없이 공존할 수 있어야 과도한 대학진학률이 완화될 수 있다. 노동시장 개혁과 함께 능력중심사회 구현이 청년실업을 근원적으로 해결하기 위해 필요하다.

6. 청년고용절벽과 능력중심사회[7)]

요즘의 젊은이들을 결혼, 연애, 출산을 포기한 '3포세대'라고 이야기하는데, 지난해 청년실업률이 9.2%로 나타나 여러 가지 다각적인 정책노력에도 불구하고 청년 고용절벽은 쉽사리 해결될 조짐이 보이지 않고 있다. 필자가 대학을 졸업할 때는 웬만한 대학의 졸업장만 있으면, 대기업 취업이 어렵지 않았는데, 요즘 젊은이들은 취업을 위해 졸업도 미루는 상황이다. 취업 포털 인쿠르트가 20대 회원 1,053명을 대상으로 한

---

7) 경제·인문사회연구회_2016년 봄호

설문에 의하면 응답자 중 81.1%가 '사회 때문에 취업이 어려운 것'이라고 답하였다.

청년 고용절벽을 사회 탓으로 돌리는 청년들의 인식은 옳다고 할 수 있다. 잠도 제대로 자지 못하고 공부하여 들어간 대학을 졸업해도 원하는 직장을 찾지 못하고 있는 가장 근본적인 이유 중 하나가 과거의 잘못된 대학정책이기 때문이다.

1995년 대학설립준칙주의 도입과 함께 대학 숫자는 10년간 131개에서 173개로 늘어났고, 1985년에서 1995년까지는 19만 명 증가하던 대학생 숫자도 118만 명에서 186만 명으로 늘어났다. 고등학교 졸업자 10명 중 8명이 대학에 진학하고 취업을 목적으로 하는 실업계고교(특성화고교) 졸업자도 취업보다는 진학을 더 많이 하는 기이한 상황까지 갔다.

대학을 나왔는지 어느 대학을 나왔는지가 개인의 사회생활 출발점을 결정하고, 그 이후의 사회·경제적 지위의 상당부분을 좌우하는 학벌중심 사회에서는 대학교육에 대한 수요가 과도할 수밖에 없는데, 대학설립준칙주의 정책의 치명적인 오류는 대학 졸업자와 고등학교 졸업자의 과도한 경제·사회적인 격차를 해소하기 보다는 누구나 대학을 갈 수 있는 사회를 지향하는 인기영합적 정책을 추구한 결과, 대학 졸업자의 과다 공급이 초래되어 대부분이 대졸자인 청년들의 심각한 구직난을 초래한 것이다.

대학설립준칙주의 도입 당시에는 시장경제를 지향하는 개방화 추세와 부합되는 측면이 있었다고 할 수 있으나, 1997년 말에 발생한 외환위기로 우리나라의 노동시장이 근본적인 변화를 겪으면서 일자리 사정이 악화된 상황에서는 대졸자의 수요를 고려한 정책의 변화가 요구되었음에도 과감한 정책변화를 하지 못한 것이 사태를 더욱 악화시켰다고 할 수 있다.

2005년 80%가 넘었던 대학진학률은 이명박 정부 이후 추진된 선취업 및 후진학 활성화정책이 효과를 보면서 70%로 떨어졌다. 경제적 논리로 보면 선취업 및 후진학 활성화정책은 제3공화국 시절의 새마을운동과 맥락을 같이 한다. 급격한 산업화로 도시로 밀려드는 농촌인구로 인한 취업난과 도시 빈민 문제를 해결하기 위해서는 농촌 개발을 통해 도시로의 이주 요인을 줄이고자 하였던 새마을운동의 기조는 고졸자 노동시장에서의 처우를 대졸자와 동등하게 만들어 줌으로써 고교 졸업 후 대학 진학의 수요를 떨어뜨리고자 하는 것이다.

고졸 취업 및 후진학 활성화정책은 고교직업교육기관을 취업중심 특성화고와 마이스터고로 재편하는 방향으로 추진되었는데, 중등단계에서 장학금 등을 확대하고 교육의 질을 높이기 위해 현장 교육을 강화하였다. 공공기관, 은행, 대기업들로 하여금 신규 채용인원의 일정 비율을 특성화고 및 마이스터고 졸업자로 채용하도록 함으로써 고졸취업문화를 정착시키고자 하였다.

특히 중등직업교육의 수월성을 강화한 마이스터고는 이명박 정부의 가장 성공적인 교육정책으로 인식되고 있으며 박근혜 정부에서도 지속적으로 추진되고 있다. 박근혜 정부의 능력중심사회 구축은 노동시장을 근원적으로 개편하여 결과적으로 대학진학률을 떨어뜨리고, 저출산·고령화로 인한 노동력 부족현상 및 청년층의 중소기업 취업기피 현상을 개선하고자 하고 있다.

능력중심사회 구축의 두 축은 일학습병행제와 국가직무능력표준(NCS; National Competence Standards)이다. 스위스식 도제학교를 벤치마킹한 일학습병행제도는 채용예정자를 학습근로자로 채용하여 일정기간 체계적인 훈련을 시킨 후 채용을 확정하는 것이다.

정부가 기업 현장에 특화된 훈련프로그램 개발을 지원하고 훈련교사 및 훈련생들에게 일정 비용을 지원한다. 현재 국회에 계류 중인 관련법이 통과되면 훈련수료 후 시험을 통과하면 국가자격이 주어진다.

2017년까지 1만 개의 기업에서 7만 명의 학습근로자를 훈련시키고자 하는 기업형 일학습병행제도는 고교, 대학단계로 확대되고 있다. 산학일체형 도제학교 도입을 통해 고교 재학생의 참여를 확대하고 있고, 현재 13개 대학이 참여하고 있는 IPP(장기현장실습)형 도입을 통해 대학의 취업 교육을 강화하고자 하고 있다. 일학습병행 과정을 통해 고교와 전문대학 교육을 통합한 유니텍(Uni-Tech)사업도 시행되고 있다.

채용, 전보, 승진 등에 있어서 학벌과 연공이 중시되어 온 노동시장에서 인적자원을 평가하는 새로운 준거로서 제시된 국가직무능력표준은 2014년에 개발이 완료되어 2015년부터 공공기관 채용에 활용하고 있다. 2017년까지 모든 공공기관은 NCS에 기반하여 채용하여야 한다. NCS 기반 채용으로 어학, 해외연수 등 과도한 스펙이 아니라 기업에 실제로 필요한 스펙에 의해 채용이 이루어지는 문화가 정착될 것으로 기대된다.

NCS가 채용뿐 아니라 전보, 승진, 교육훈련에 있어서 공공부문뿐 아니라 민간부문에서 학벌이나 연공을 대체하는 새로운 준거 기준으로 자리 잡아야 한다. 출신대학이 채용보다 가장 중요한 준거가 되고 역량보다는 연공이 전보나 승진에 중요시된다면 학벌·속인 중심 고용관행이 유지될 수밖에 없고 과도한 대학진학열도 계속될 것이고, 청년고용절벽의 근원적인 해결은 기대하기 어렵기 때문이다.

7. 청년들이여, 글로벌 노동시장에 도전하라[8)]

이른바 '7포세대'를 넘어서 'N포세대'로 불리는 젊은이들의 일자리 사정이 좀처럼 나아지지 않고 있다. 연초에 대졸자들이 노동시장에 대거 쏟아지면서 오히려 악화되고 있다.

2015년 청년(15-29세) 실업률은 9.2%로 1년 전보다 0.2%포인트 상승했는데, 1999년 통계 기준을 변경한 이후 가장 높은 수준이다. 2016년 1월 전체 실업률은 6개월 만에 최저치인 3.7%였으나 청년실업률은 지난해 같은 기간보다 0.3%포인트 상승한 9.5%로 지난해 6월(10.2%) 이후 7개월 만에 가장 높았다.

노동시장이 닫혀 있는 우리나라에서는 어디서 출발하는 것이 매우 중요하기 때문에 많은 젊은이들이 졸업을 유예하고, 취업 재수, 삼수 심지어는 사·오수(四·五修)를 하고 있는 실정이기에 해외에서 일자리를 찾아보는 것도 좋은 대안이다.

우리 젊은이들의 해외 일자리는 외국 기업, 해외진출 우리나라 기업 그리고 이주한 동포 사업주의 기업으로 나누어 볼 수 있다.

---

8) 헤럴드경제_2016.3.4

외국 기업의 일자리는 현재 일본에 많이 있다. 대졸 취업률이 95%가 넘는 일본에서는 외국인 유학생, 해외 대학 출신 외국인 채용이 활발하다. 해외 대학출신 외국인 채용기업의 비율이 2013년 10.2%에서 2015년 22.8%로 배 이상 뛰었다.

지난 1월 (청년들의 해외 일자리 진출을 지원하는) K-Move사업 현장 확인 차 일본을 방문했는데 많은 일본 기업들은 우리나라 청년들을 고용할 준비가 되어 있으며, 현지에 취업한 우리 젊은이들도 집값, 교통비가 보조되기 때문에 어느 정도 저축도 가능해 상당히 만족하고 있다.

중국, 동남아시아 등에 진출한 우리나라 중소기업들은 중간관리자급으로 우리 젊은이들을 원하고 있으나 후진국에서 생활해야 하는 여건 등으로 인력 확보에 어려움을 겪고 있다. 미국, 호주 등 해외이주 한국인 기업에서도 우리 청년들의 일자리가 많다는 것을 지난 1월 K-Move 현장 방문에서 확인할 수 있었다.

작년에 서울에 오프라인 해외취업 상담을 위해 서울K-Move센터를 개소하고 해외취업 정보 포털사이트 Worldjob+(www.worldjob.or.kr)를 확대 개편한 정부는 올해 글로벌 취업역량이 우수한 대학을 저학년부터 지원하는 청해진대학 신설, 장기 우수과정 중심의 K-Move스쿨 운영, 글로벌 리쿠르트사에 턴키방식 일괄위탁 등 청년들의 글로벌 노동시장 진출 지원을 위해 적극적으로 노력하고 있다.

일본 무역회사 신세이 한국지사 직원에서 출발해 2004년 일본 본사 임원, 2014년 부사장, 그리고 2016년 2월 본사 CEO가 된 '토종 한국인' 임범식 사장은 "많은 한국 젊은이들이 취업문제 등으로 어려움을 겪고 있지만 한·중·일로 눈을 돌리면 수많은 기회가 있다"고 도전정신을 잃지 말 것을 역설하고 있다. 의욕과 역량이 있는 많은 청년들이 글로벌 노동 시장에 도전해 수많은 임범식 사장이 나올 것을 기대한다.

8. 해외취업, 서울K-Move센터로 오세요[9)]

한국 경제의 일자리 창출력 감소와 국내 청년 실업난 심화로 청년의 해외취업에 대한 관심이 높아지고 있다. 지난 5월 한국산업인력공단과 취업포털 잡코리아가 한 설문조사에서 86.4%의 취업준비생들이 해외취업 의사가 있다고 답변했다. 하지만 해외일자리에 대한 정보 부족 등으로 도전하는데 어려움을 겪고 있는 것으로 나타났다.

청년위원회에서 조사한 결과에서도 해외취업 관련해 정부에 바라는 정책은 일자리 정보제공(27.3%), 상담센터 운영(21.4%) 등이 가장 높게 나타나 해외취업을 위한 체계적인 상담과 구체적인 일자리 정보를 제공하는 창구의 필요성이 제기돼 왔다.

이러한 문제를 해결하고자 고용노동부와 한국산업인력공단에서는 오프라인 해외취업 전문 지원기관인 '서울K-Move센터'를 지난달 11월 24일 열었다. 면대면 방식의 심층상담을 통한 개인별 맞춤정보 제공 등 체계적인 해외취업 지원서비스를 제공할 수 있는 창구를 마련한 것이다.

서울K-Move센터는 해외취업 희망청년을 상대로 초기 상담부터 교육·훈련 정보 제공, 일자리 알선까지 체계적 원스톱 서비스를 지원하게 된다. 현지 일자리 발굴 전략과 인터뷰 스킬 학습과 함께 국가별 취업

9) 중앙일보_2015.12.4

선배들의 생생한 경험담을 공유하는 '해외취업 아카데미', 구인기업 설명회 및 인재채용을 지원하는 '상시 채용관' 등 청년이 필요로 하는 다양한 서비스를 제공하고 있다.

해외에서 일자리를 구하는 게 막막했던 많은 청년의 해외취업 도전을 서울K-Move센터가 보다 효율적으로 도울 수 있을 것으로 기대한다. 추후 부산, 대전 등 청년층의 밀집도가 높은 지역에 K-Move센터를 단계적으로 확대 설치해 보다 많은 청년이 이러한 서비스를 제공 받을 수 있도록 할 예정이다.

이와 함께 산업인력공단이 지난 5월 새롭게 개편한 온라인 사이트인 해외통합정보망 '월드잡플러스'도 젊은이의 해외취업에 많은 도움을 줄 것으로 기대한다. 월드잡플러스는 각 기관별로 흩어져 있던 해외진출 정보들을 통합, 제공하는 사이트로 국가별 비자정보 등 해외취업 필수정보와 함께 해외 구인정보를 실시간으로 제공하고 있으며, 정부기관의 해외진출 관련 교육·훈련과정 모집정보도 제공하고 있다. 이런 정보를 통해 구직자는 원하는 구인공고건과 교육·훈련과정에 직접 지원할 수 있다. 최근에는 월드잡플러스 모바일 앱도 출시해 해외진출을 희망하는 청년이 언제 어디서나 관련 정보를 쉽고 빠르게 이용할 수 있는 환경도 마련했다.

성공적인 해외취업을 위해서는 청년들 스스로의 노력이 무엇보다 중요하다. 하지만 그 노력의 과정이 실질적인 결과로 이어질 수 있도록 고용노동부와 산업인력공단은 K-Move사업을 통해 다양한 지원서비스를 확대하여 청년의 해외취업 도전에 길잡이 역할을 적극적으로 수행해 나갈 것이다.

9. 청년실업 해소, 능력중심사회에 답 있다[10)]

제50회 전국기능경기대회가 오는 5일부터 12일까지 울산에서 열린다. 1966년 11월 서울에 있는 서울공고 등 4개 학교에서 열린 제1회 대회에는 26개 직종에 400여명의 선수가 참가했는데, 반세기가 지난 올해는 기계설계 등 49개 직종에서 2,000여 명의 선수가 참가하는 대회로 성장했다.

올해 대회는 초·중학생들이 참가하는 주니어 기능경기대회, 지역 맞춤형 취업박람회, 청소년 맞춤형 직업진로 멘토링, 어린이 직업체험 테마파크, 울산의 맛을 살린 요리 경연대회 등 다양한 부대행사를 통해 일반시민과 청소년이 함께하는 열린 기능대회를 지향하고 있다.

지난해까지 참가선수만 6만 명이 넘은 전국기능대회는 한국 경제발전을 이끈 숙련기술인들을 배출했다. 집안 형편이 어려워 상급학교 대신 현장에서 기능을 배워 기능경기대회에서 우승하고 국제기능올림픽대회에서 입상한 많은 청년들이 이제는 대한민국 명장, 숙련기술인, 기능 전수자가 돼 예비숙련인들의 귀감이 되고 있다. 올해 직업능력의 날에 은탑산업훈장을 받은 최창묵 대한민국명장회 회장은 아시아 최초로 1975년 국제기능올림픽에서 시계수리 부문 금메달을 받은 성공한 기업인이다.

전국기능대회 금·은메달 수상자는 2년마다 열리는 국제기능올림픽대회 한국 대표선수 선발전에 참가할 수 있는 자격을 얻는다. 올해 브라

10) 한국경제_2015.10.1

질에서 열린 제43회 국제기능올림픽에서 한국이 금메달 13개, 은메달 7개, 동메달 5개로 종합우승을 해 통산 19승, 5연패를 할 수 있었던 기반은 전국기능경기대회라 할 수 있다. 브라질, 중국 등 많은 국가에서 고속성장 시기의 한국 숙련기능인 정책을 벤치마킹하려고 한다. 한국이 기능경기대회를 통해 기능과 기술을 우대하는 사회적 공감대를 이뤄낸 전략적 선택을 부러워하고 있다.

그러나 국제기능올림픽 입상자들의 카퍼레이드가 중장년 세대의 기억 속에만 있듯이 전국기능경기대회에 대한 일반 국민들의 관심이나 지지는 예전만 못 하다. 70%가 넘는 고교 졸업생이 대학을 진학하는 등 기능이나 기술보다는 지식이 강조되는 우리 사회의 분위기 때문이다.

상위권 대학을 가지 못하면 특성화 고등학교를 나와 취업을 하는 것이 생애소득이 높다는 국책연구기관의 연구결과에도 불구하고 대학진학 열기는 수그러들지 않고 있다. 대학을 나와도 1년이 지난 다음에야 첫 일자리를 갖지만 얼마 되지 않아 그만두는 젊은이가 많은 '청년고용절벽'은 기능인과 기술인을 우대하는 능력중심사회를 구축해야 근원적으로 해결할 수 있다.

숙련기능인이나 기술인들이 대학을 가지 않더라도 좋은 일자리를 얻을 수 있고 사회적 대우를 받는 사회가 되면 많은 젊은이가 굳이 대학진학을 하지 않고 생산현장으로 뛰어들 것이다. 청년실업문제가 해결될 뿐 아니라 중소기업의 인력난이 해소돼 노동시장의 구조적인 '인력 미스매치'도 해소될 것이다.

청년 일자리 문제는 한국뿐 아니라 대부분의 나라가 공통적으로 해결해야 하는 숙제다. 독일, 스위스 등 기능인 우대정책을 펴고 있는 국가들에서 청년실업문제가 상대적으로 덜 심각한 데 주목해 경제협력개발기구(OECD) 국가들이 독일이나 스위스의 사례를 따르려 하고 있다. 박근혜 정부도 학벌을 대체할 수 있는 국가직무능력의 개발과 확산, 청년들이 배우면서 일할 수 있는 기회를 가지는 일학습병행제 등 구체적인 대안을 갖고 있다.

울산에서 열리는 제50회 전국기능대회가 능력중심사회를 앞당기는 전기가 됐으면 한다. 울산시민뿐 아니라 다른 지역 주민들도 참가해 예비 숙련기술인을 격려하고 응원하는 축제의 장이 돼야 한다.

10. 청년 해외취업 배로 늘리려면[11)]

정부가 청년들의 해외취업을 2017년까지 두 배로 늘리기로 했다. 특히 대통령의 중동 순방을 통해 '제2의 중동 붐'도 기대된다. 우리나라 청년들이 가지고 있는 잠재적 역량 그리고 체감실업률이 20%가 넘는 청년 일자리 문제 등을 고려하면 매우 적절한 정책방향이다.

무엇보다 해외취업을 위한 인턴 및 구직경험을 통해 얻게 되는 도전정신은 우리 젊은이들의 인생에서 돈으로 살 수 없는 좋은 자산이 될 것이다. 열정페이라는 비판이 있지만 정부의 해외인턴 사업의 성과는 이미 조금씩 나타나고 있다.

박근혜 대통령의 염원대로 "대한민국엔 청년이 텅텅 빌 정도로" 젊은이들의 해외취업이 활성화되기 위해서는 넘어야 할 난제가 많다. 무엇

11) 국민일보_2015.4.4

보다도 해외취업 지원을 위한 인프라 확충이 시급하다. 정부가 10여 년간 해외취업 활성화를 위해 노력해 왔지만 취업률 제고라는 단기적 성과에 집중하여 장기적인 인프라 구축에는 상대적으로 자원을 덜 투입하였다. 해외취업도 국내 취업시장과 같이 인력의 미스매치(불균형)가 심각하다. UAE 등 걸프협력회의 6개국도 2014년 기준 구인인원은 671명, 구직인원은 1514명, 취업자는 70명으로 구인 대비 취업자는 10.4%였다.

정부는 올해 5월 개통을 목표로 해외진출 포털사이트인 '월드잡 플러스'를 구축하고 있다. 지금까지는 기관별로 해외취업, 인턴, 창업, 봉사 정보를 제공해 왔으나 월드잡 플러스가 구축되면 관련 정보를 한곳에서 검색할 수 있으며 페이스북, 트위터 등 SNS를 통한 서비스도 제공된다.

해외취업 구직자들이 오프라인을 통해 해외취업에 관한 정보를 얻을 수 있는 경로는 현재 K-Move 멘토링 행사 등 제한적이다. 산업인력공단은 올해 K-Move 상담센터를 시범적으로 1곳에 열 계획인데, 추가적인 예산 확보를 통해 보다 체계적이고 다양한 해외취업 지원 서비스를 제공하고자 한다.

해외의 질 좋은 일자리 발굴과 청년들의 현지정착 지원을 위한 인프라도 확충되어야 한다. K-Move센터, 연수기관 등을 통해 취업률에 근거해서 비용을 지원하는 현재의 방식으로는 질 좋은 일자리를 확보하는 데 한계가 있다. 산업인력공단은 올해 독일, 스위스 정부와 직접적인 교섭을 통해 IT나 디자인 분야 인턴을 유럽으로 보낼 계획을 추진하고 있다. 외국인력 도입업무만을 담당하도록 되어 있는 산업인력공단의 해외사무소 역할이 해외 구인처 확보를 포함하도록 확대되면 보다 실효성이 있을 것이다.

해외에서 취업해 있거나 인턴을 하는 우리 젊은이들 간 현지소통 및 정보 교류 기회가 활성화되도록 지원하여야 한다. 현재 산업인력공단은 자체적으로 지원하는 해외 체류 인턴들의 커뮤니티를 주요 15개 도시에 구축하고 있다. 산업인력공단이 지원하는 인턴뿐 아니라 해외에 체류하는 우리나라 모든 젊은이들이 참여하는 소통의 장이 주요 거점도시별로 구축되는 것이 필요하다.

끝으로, 해외투자 우리 기업에 취업하는 청년들을 부정적으로 보는 사회인식이 바뀌어야 한다. 중국, 동남아시아, 중남미에 진출하여 있는 우리나라 중견기업 및 중소기업들은 필수 기간인력 확보에 상당한 어려움을 겪고 있다. 우리 젊은이들이 해외진출 우리 기업의 중간관리자, 그리고 경영자로 성장하여 간다면 해외 진출한 우리 기업에도, 청년 취업에도 서로에게 유익한 윈윈(Win-Win)의 결과가 될 것이다.

자리가 많이 만들어질 수 있는 생태계가 조성되기를 기대해 본다.

11. 청년 해외취업 지원사업 활용하길[12)]

최근 중국 및 뉴질랜드와의 FTA가 잇달아 타결됐다. 요즘 세상은 경제적인 국경이 존재하지 않는 것 같다. 일자리 역시 마찬가지다. 비자면제협정, 해외유학의 증가 등을 통해 국가 간 노동력 이동도 빈번하다. 세계를 무대로 경쟁해야 하는 지금, 무한한 잠재력을 지닌 젊은이들의

---

12) 조선일보_2014.12.3

글로벌 무대 진출은 더 이상 선택이 아닌 필수다.

글로벌 기업에서 일하는 한국인도 많다. 대표적인 사람이 미국 실리콘밸리의 구글 본사에 근무하면서 아시아 사업제휴를 총괄하고 있는 김현유 상무와, 세계적인 애니메이션 업체인 드림웍스의 아시아인 최초 레이아웃 총감독이자 '쿵푸 팬더'와 '슈렉'을 제작한 전용덕 감독이다. 두 사람은 한국에서 태어나 대학까지 졸업한 토종 한국인이라는 공통점이 있다. 이들처럼 가장 한국적이었기에 가장 세계적일 수 있었던 젊은이들이 다양한 분야에서 저력을 발휘하고 있다는 점이 고무적이다.

해외로 진출한 우수 인력들은 막강한 한인 네트워크를 구축하게 된다. 175개국에 퍼져 있는 720만 명의 재외동포가 중국인·유대인 못지않게 국가의 위상을 높이고 경제성장의 밑거름이 되어온 것은 주지의 사실이다. 세계 각지의 한국 인재들은 무역·금융·IT 등 각자의 분야에서 우리나라의 경제 영토 확장에 지대한 영향을 미치고 있다.

글로벌 사회로 빠르게 진입하면서 정부도 해외 취업에 필요한 정보를 제공하고 있다. 조언이 필요한 구직자들과 해외 진출 선배를 연결시켜 멘토단을 운영하는 등 해외 진출을 꿈꾸는 청년들을 위한 지원도 늘리고 있다. 산업인력공단을 통해 펼치고 있는 'K-Move' 사업은 글로벌 기업들의 수요에 맞는 글로벌 인재를 양성하는 프로그램으로, 해외취업·인턴·창업·봉사가 어우러지는 해외진출 플랫폼을 구성해 지원하고 있다.

아직 인생을 배워가고 있는 젊음이라는 시기의 꿈과 도전은 모두 미래의 자산이 된다. 도전이라는 젊음의 권리를 포기하지 말고 무한한 세계시장에 도전장을 던지고 문을 두드려야 한다. 청년들이 천편일률적인 스펙 쌓기에만 몰두하지 않고 세계 시장에 도전하겠다는 젊은 패기와 열정을 갖고 있다면 대한민국의 새로운 활력소가 될 수 있다. 다양한 국가에서 다문화를 경험한 글로벌 프런티어들이 우리나라의 경제 발전에도 시너지를 발휘할 수 있기를 기대해 본다.

12. 일학습병행제가 청년취업난 해법[13)]

청년실업률이 1999년 7월 이후 15년 7개월 만에 최고치를 기록했다. 통계청이 18일 발표한 자료에 따르면 2월 청년실업률은 11.1%, 구직포기자 등을 고려한 체감실업률은 12.5%였다.

얼마 전에 취업을 준비하고 있는 대학생이, 인생의 목표가 좋은 일자리를 가지는 것인데 청춘으로 이 같은 삶을 사는 것이 과연 맞는지, 인생의 선배로서 대학 때 어떤 목표를 가졌는지를 물었다. 필자는 대학진학률이 낮았기 때문에 취업에 대한 걱정은 전혀 하지 않았고, 뚜렷한 목표는 없었으나 미래는 밝다고 생각했다고 대답하면서 매우 미안한 마음이 들었다.

극심한 취업난(難)으로 젊은이들을 연애·결혼·출산을 포기한 '삼포세대', 대인관계와 내 집 마련까지 포기하는 '5포세대', 심지어 희망과 꿈마저 내려놨다는 '7포세대'로 만들어 버린 기성세대의 책임은 크다. 외환위기 이후부터 일자리 문제, 특히 청년 취업 문제가 대두했지만, 1995년 대학 설립 준칙주의 도입과 함께 대학들이 우후죽순으로 설립

13) 문화일보_2015.3.19

되고 대학정원이 늘어나는 것을 방치했기 때문이다.

정부가 당장 실효성이 있는 청년실업 대책을 내놓기는 매우 어렵다. 청년실업은 인력 수요와 공급의 미스매치에서 발생하는 노동시장의 구조적 문제이기 때문이다. 청년실업률이 사상 최고치를 기록하고 있지만, 중소기업들은 여전히 구인난을 호소하고 있다. 지난해에 도입돼 2,000여 개의 기업이 참여했고, 올해에는 3,000개의 기업으로 확대될 일·학습병행제도(制度)는 중소기업의 인력난도 해소하면서 청년의 실업을 줄이는 노동시장의 구조적인 문제를 해결하려는 시도다.

전문가의 도움으로 기업에 필요한 맞춤형 훈련 프로그램을 만들어 기업 현장의 숙련인들이 현장 교수로서 학습근로자를 교육하는 일학습병행제로 기업들은 이직률을 대폭 낮출 수 있다. 훈련 기간에 급여 외에 일정 금액이 훈련수당으로 지급되기 때문에 학습근로자들은 다른 직장을 찾을 유인 요인이 없어진다. 최근에 필자가 방문한 일학습병행제에 참여한 기업은 이직률이 50%에서 10%로 떨어졌다.

훈련 과정을 수료한 후 시험을 통과하면 신(新)자격이 부여되기 때문에 고졸자라도 대학에 진학할 필요가 없다. 훈련 과정의 70% 정도가 국가직무능력표준(NCS)에 기반하기 때문에 훈련을 받은 기업이 아니라도 역량을 인정받을 수 있다. 일학습병제를 통해 '선취업-후진학'의 기반이 더욱 공고해질 것을 기대하고 있다.

일학습병행제도에 참여하고 있는 5,000여 학습근로자는 고교 재학생이나 졸업자뿐 아니라 다른 분야의 전문가가 되고 싶어 하는 30대 중반의 요리사, 식당의 매니저, 부실한 전공교육을 받은 대학졸업자 등 다양하다. 현장의 숙련인들이 교육에 직접 참여하면서 배우고 가르치는 조직 문화가 형성되고, 국가직무능력표준을 활용하면서 재직 근로자들의 직무 역량에 대한 객관적인 평가가 가능한 부수 효과가 있다는 게 참여 기업들의 평가다.

1,000여 개 구인기업과 3,200여 명의 구직자를 대상으로 한 한국무역협회의 최근 조사 결과를 보면 구인·구직자 간 불일치 현상의 가장 큰 원인은 '경력'이다. 무역협회는 "실무역량에 대한 눈높이가 맞지 않았기 때문에 채용 또는 취업에 실패한 것"이라고 분석했다. 일학습병행제는 교육훈련을 통해 구직자의 직무 역량을 높여줌으로써 청년실업 해소에 기여할 수 있다. 기업은 학습근로자를 채용, 교육훈련을 통해 직무 역량을 높임으로써 경력직을 채용하는 효과를 볼 수 있다.

13. 청년고용대책 실효성 높이려면14)

정부가 지난 15일 발표한 청년고용 대책은 학교교육 단계에서 직업교육훈련 내실화, 구직취업 단계에서는 일자리 미스매치 해소 그리고 취업 이후에는 특히 중소기업에서의 고용유지에 중점을 두고 단계에 따라 세분화된 대안을 제시하고 있다.

일학습병행제도를 확대하고 독일이나 스위스식의 도제식 직업교육학교를 시범운영하며, 일반고 비진학자에 대한 직업교육을 확대하는 등 현장에서 필요로 하는 직업교육을 강화하는 대책들이 추진된다. 디자인, 벤처 등 청년 구직자가 선호하는 업종은 5인 미만이라도 청년취업

14) 한국경제_2014.4.22

인턴제를 허용하고 채용형 인턴제를 확대할 계획이다. 선취업 후진학 제도의 기반을 공고히 하기 위해 계약학과를 늘리고 재직자 특별전형도 확대한다.

청년들의 중소기업 취업을 유도하기 위해 중소기업의 청년인턴이 정규직으로 전환될 때 지급되는 지원금도 인상하고 전 업종으로 확대한다. 고졸자가 중소중견기업에서 일정기간 근무하면 근속에 따른 근속장려금을 정부가 지원한다. 군복무자를 재고용하는 기업에는 군입대자 고용장려금도 지급해 군입대에 따른 경력단절을 예방하는 대책도 눈에 띈다.

일부 전문가들은 투자활성화 대책이 빠져 있는 등 고용창출을 위한 근본적인 대안이 미흡하다는 지적을 하나 현재의 청년 취업난이 구조적인 것이기 때문에 투자활성화만으로는 해결할 수 없다는 것을 범부처적으로 인식했다는 점에서 긍정적으로 평가할 수 있다.

한국직업능력개발원이 통계청 자료를 분석한 결과, 2007년 68만 2,000명이었던 취업시험 준비자는 해마다 꾸준히 증가해 2013년 96만 명으로 40.8% 증가했다. 공무원시험 준비 인원이 31만 9,000명으로 가장 많았고 자격증 등 기타 시험 준비자가 29만 5,000명, 민간기업 취업시험 준비 인원이 26만 명이었다. 민간기업 취업시험 준비 인원은 2010년 13만 3,000명이었으나 대기업들이 직무적성검사를 확대하면서 3년 만에 배로 늘었다.

청년취업대란은 너무 많은 고등학생이 졸업 후 곧바로 대학에 들어가고, 이로 인해 대학 졸업 후 갈 일자리가 부족한 구조적인 요인에 기인한다. 한국은 청년실업률이 전체 실업률의 2.5배(3월 기준 전체실업률

3.9%, 청년실업률 9.9%)인데, 현장맞춤형 도제식 직업교육훈련제도를 실시하는 독일이나 스위스는 청년실업률과 전체 실업률의 차이가 없다.

정부 주도의 고도성장 시기에 정부에서 공급하는 인력에 의존하던 한국 기업들은 인력개발에 대한 투자에 인색하다. 대기업도 중소기업이 어려운 여건 아래 양성한 숙련인력까지 빼내가 사회문제화될 정도다.

정부는 일학습병행제도를 통해 훈련프로그램 개발, 훈련생 인건비 지원, 인턴의 정규직 전환시 지원금 인상 등 인력채용에 대한 인센티브를 강화했다. 그러나 기업들이 정부 지원금을 보고 청년을 채용하는 것이 아니라 인력양성은 사회적 책임이라는 의식을 갖고 이를 행동으로 옮겨야만 인력양성의 사회적 선순환체계가 구축돼 정부의 단계별 청년 고용대책이 실효성을 확보할 수 있다.

학력중심의 노동시장 관행도 개선돼야 한다. 능력이나 역량이 아닌 학벌에 의해 평가받는다면 과도한 대학진학 현상은 해소될 수 없다. 박근혜 정부가 추진하고 있는 국가직무능력표준(NCS), 학습모듈 및 국가역량체계(NQF)가 구축돼야 학력을 대체하는 노동시장의 인력평가기준으로 활용될 수 있다.

끝으로 한국은 직업교육과 직업훈련의 소관 부처가 서로 다른 특이한 직업교육훈련정책 추진체계를 갖고 있다. 단계별 청년취업대책이 성공하기 위해서는 관련 부처 간 협업을 공고히 해야 하고 주기적이고 지속적인 모니터링 체계도 갖춰야 한다.

14. 청년실업 해법과 진로교육의 미래[15)]

우리나라 대학의 4분의 3에서 학점세탁을 허용하는 것으로 나타났다. 교육부가 2월 초 발표한 자료에 따르면 255개 대학에서 취업용 성적표를 발급하거나 학점포기를 허용하고 있다. 전체 대학의 33.4%에서 F학점을 지워주는 '취업용 성적표'를 발급하여 주고, 전체 대학의 67.4%에서는 불리한 학점을 삭제해 주는 '학점포기제'를 운영하는 것으로 나타났다.

극심한 대졸 취업난을 고려할 때 이해할 수 있는 측면이 있으나 최고의 교육기관인 대학의 부끄러운 자화상이다.

청년실업 문제가 대졸자에게 집중되어 있는 것은 통계청 자료에서도 확인된다. 지난해 7월 현재 전체 청년(15~29세) 실업자는 35만 2천 명이다. 이 중 전문대졸 이상 고학력자는 16만 2천 명으로 전체 청년층 실업자의 46%나 된다.

청년실업문제가 사회 이슈가 된 것은 1997년 외환위기 이후인데, 그 이후 큰 개선이 없어 대학을 졸업 후 일자리를 얻지 못하고 수년씩 노동시장에서 일자리를 찾으나 성공하지 못하는 청년들이 다수 있다.

공공기관의 경우 올해부터 3년간 정원의 3%를 청년층으로 채용하도록 강제화하였는데, 당초 청년의 범위를 법에 규정되어 있는대로 30세 미만으로 하였으나 상당기간 구직 상태에 있는 30세 이상 실업자의 상황을 반영하여 35세 미만으로 상향조정하였다.

---

15) 교육과사색_2014년 4월호

대졸 취업난의 첫째 원인은 과도한 대학 진학이다. 대학 진학률은 1991년 31.1%, 2000년 68%, 2008년 83.8%로 지속적으로 높아졌다가 최근에 들어서 약간 떨어졌다. 2012년엔 71.3%로 하락했지만, 경제협력개발기구(OECD) 국가들에 비해 여전히 높은 상황이며, 특히 명문대 입시를 둘러싼 경쟁은 치열하다.

한국직업능력개발원 분석 결과, 선진국보다 대학 진학률은 높지만 대졸자들이 주로 취업해야 하는 일자리, 즉 전문직종(전문가, 기술공 및 준전문가 등)의 비중이 OECD 주요국의 절반 수준으로 나타났다. 2008년 기준으로 OECD 주요국은 그 비율이 41.2%인 반면 우리나라는 22.4%에 불과하다.

경력직 위주의 채용 관행, 괜찮은 일자리의 축소, 핵심 인력 위주의 인력운영, 창업의 위축 등으로 대졸자가 선호하는 소위 '입직단계'의 일자리가 충분히 창출되지 못하고 있다. 또 공급자 중심으로 인력이 양성되고, 구직자가 공무원, 공기업, 대기업 등의 직장만을 선호하는 등 구조적 요인도 청년실업이 근원적으로 해결되지 않고 있는 원인이다.

인프라 측면에서 살펴볼 필요도 있다. 학교교육 단계에서 직업진로 교육이 부족하고, 학교나 노동시장에서 청년층에 특화된 고용알선 서비스가 미흡하다. 우량 중소기업에 관한 정보 부족과 스펙 이외의 역량측정 도구가 부재한 것도 노동시장의 효율적 작동을 저해한다.

2020년까지 50만 명의 전문대졸 이상 신규인력이 초과공급이 될 것이란 전망도 있어 대졸 취업난은 당분간 개선이 어려울 것으로 보이지만, 현실적인 대안이 없는 것은 아니다.

우선 청년 창업을 활성화해야 한다. 창업지원은 단순히 청년층의 일자리 문제를 해결하는 데 그치는 것이 아니라 경제 전반의 생산성을 제고하는 한편 새로운 고용도 유발한다. 청년 창업가를 발굴, 양성하기 위해 기업가정신과 창업교육을 강화하고 창업선도대학을 확대하며 성공사례를 홍보하는 등의 노력을 더욱 적극적으로 해야 한다.

스펙을 초월한 채용 문화를 뒷받침할 수 있도록 개인의 직업능력을 정확하게 측정할 수 있는 핵심직업능력평가시스템을 구축하는 것도 중요한 과제다. 기업들에게 효과적인 종업원 선별기제로 활용될 수 있는 평가시스템이 구축된다면 대졸 취업경쟁에서 이기기 위한 과도한 스펙쌓기 경쟁 및 이로 인한 청년층의 노동시장 지연 등의 문제를 해소하는 데 기여할 것이다.

대학 교육 역시 획기적으로 바뀌어야 한다. 전문대뿐 아니라 대부분의 4년제 대학도 취업을 지원하는 교육이 필요하다. 특히 교육의 현장성 강화가 무엇보다 요구된다. 이를 위해 '3+1'(3년은 학교교육, 1년은 현장실습)이나 '2+2'와 같은 체계를 과감하게 도입할 필요가 있다.

프랑스는 직업중심 고등교육기관은 물론이고 기존의 학문중심 고등교육을 실시하는 대학에도 취업준비 기능을 의무화했다. 2007년 이후에는 철학과 학생들도 현장실습을 하도록 의무화했다.

궁극적으로는 능력 중심의 열린 노동시장이 구축돼야 한다. 몇 년 전부터 공공부문뿐 아니라 민간부분도 고졸 채용을 늘리고 있는데, 고졸채용 확산이 일시적 유행에 그치지 않고 시대적 흐름이 될 수 있도록 정책적 노력을 지속해야 한다는 의미다. 이와 함께 국가직무능력표준과 국가역량체계의 구축, 도입 및 확산이나 직업교육훈련의 현장성을 강화한 일·학습듀얼시스템의 구축 노력 등도 빼놓을 수 없다. 학벌과 학력

(學歷)이 아니라 능력과 실력으로 정당하게 평가받고 대우받는 사회 구현에 크게 기여할 수 있기 때문이다.

15. 대학 구조조정과 청년 고용률[16)]

수도권, 지방 할 것이 없이 전국의 대학들이 구조 조정의 회오리에 휘말리고 있다. 교육부가 지난 1월 말 정성·정량평가를 병행한 평가를 통해 2023년까지 입학정원을 16만 명 줄이는 대학 구조개혁을 추진하겠다고 발표했기 때문이다.

교육부는 설립 목적이 다른 4년제와 전문대 간 구분을 해 정원 감축을 달리 하고 지방-수도권, 국립-사립 간 차별을 두지 않을 방침이지만 수도권과 지방을 차별화해야 한다는 목소리가 정치권과 지방대학에서 나오고 있다.

일부에서는 정부안대로 대학구조 조정이 되면 교수의 3분의 1이 강단을 떠나야 한다고 주장하는 등 교수사회도 들썩거리고 있다. 특히 교육부가 대학별 정원감축 비율과 재정지원사업을 연계할 방침이기 때문에 대학의 고민이 더욱 깊어질 수밖에 없다.

앞으로 5년간 수도권에 3,000억 원, 지방에 1조 원이 투입되는 '대학 특성화 사업'의 경우 정원감축비율에 따라 가산점을 받게 되는데, 2016년까지 10%를 감축하면 5점을 받게 된다. 통상적으로 0.5점으로 지원 여부가 결정되기 때문에 뚜렷한 특성화 계획과 실행을 자신하지 못하면

16) 경기일보_2014.3.26

대학으로서는 정원을 감축하거나 대학특성화 사업을 포기해야 하는 상황이다.

대학특성화 사업뿐 아니라 산학협력선도대학(LI NC)사업과 두뇌한국(BK21)사업을 평가할 때도 정원 감축 계획을 반영할 방침이기 때문에 대표적인 연구중심 대학들도 정원감축을 고민해야 하는 상황이다. 정부가 주도적으로 대학 구조개혁을 추진하면서 대학들이 대학특성화 등으로 생존 전략을 모색하고 있지만, 여러 가지 상황으로 볼 때 우리나라 대학의 혁신은 아주 오래전에 자체적으로 추진했어야 했다.

한국직업능력개발원의 분석에 의하면 2013년 현재 청년층(15~29세) 고용률(=취업자/생산 가능 인구)은 39.7%로 고용률 통계가 작성된 지난 1982년 이후 처음으로 40% 아래로 하락하였는데 10년간 4.0%p 하락했다. 임기 중 고용률 70% 달성이 박근혜 정부의 중요한 국정과제인데, 청년 고용률은 2017년까지 47.7% 끌어올릴 것을 목표로 하고 있으나 하락추세인 청년 고용률을 상승세로 돌리는 것은 만만치 않은 과제이다.

중장년, 여성 등의 고용률이 개선되는 가운데 청년층만 유독 떨어진 것은 높은 대학진학률 때문이다. 지난 10년간 청년층 중 전문대학 이상 재학생 인구 비율은 23.5%(2003년)에서 27.3%(2013년)로 3.8%p 상승하였다. 전문대학을 포함한 대학교 재학생 수는 1990년 140만 여명에서 2000년 280만 여명으로 10년 사이에 2배 증가하였다.

반값 등록금으로 청년 실업률이 높아진다는 주장도 있지만 높은 대학 등록금에도 졸업 후 취업이 되지 않은 상황이 지속하면서 대학의 등록금이 너무 높다는 사회적 비난 탓에 반값 등록금을 정부 차원에서 추진할 수밖에 없는 상황이 되었다고 보는 것이 옳다.

대부분 대학들은 정원 감축 목표를 정하고 학과나 전공별로 일률적으로 배분하고, 강점이 있는 분야를 선정하여 육성하는 방식으로 구조개혁을 진행하고 있는데, 한 두 달 만에 수립되는 특성화 계획으로 대학이 너무 많고 앞으로도 대졸자들의 취업난이 쉽사리 해결되지 않을 우리나라 대학이 가진 근본적인 문제를 해결할 수는 없다.

궁극적으로는 상당수의 대학이 과거 우리나라 전문대학이 추구하였던 노동시장에서 요구하는 인력을 양성하는 고등교육기관으로 탈바꿈하려는 뼈를 깎는 노력을 해야 한다.

우리나라 인구의 절반 정도인 호주에서는 170여 개의 고등교육기관(Higher Education Institution)이 있는데 이 중 대학교(University)라는 명칭을 쓸 수 있는 곳은 40여 개에 불과하다. 나머지 고등교육기관은 NCS(국가직무능력표준)과 NQF(국가자격체계)에 기반한 취업중심 교육을 하고 있다.

16. 대졸 취업난, 지방대학 육성 그리고 지방경제 활성화[17)]

우리나라 대학 337곳 중 75.6%인 255곳이 '학점세탁'을 허용하는 것으로 나타났다. 전체 대학의 33.4%인 116곳의 대학이 F 학점을 지워주는 '취업용 성적표'를 발급해 주고, 전체 대학의 67.4%인 227개 대학에서는 불리한 학점을 삭제해 주는 '학점포기제'를 운영하는 것으로 나타났다.

17) 경기일보_2014.2.19

대학들이 취업용 성적표를 발급하고 학점포기를 허용하는 것은 극심한 대졸 취업난 속에서 졸업생들의 취업을 도와주고자 하는 것이기에 이해할 수 있는 측면은 있다. 그러나 최고의 교육기관인 대학에서는 결코 있어서는 안 되는 일이라고 하겠다.

대졸 취업난의 근본적인 원인은 너무 많은 고등학생이 대학에 진학하는 것인데, 대학진학률이 최근 수년간 떨어지는 추세이나 학령인구가 줄어들어 앞으로는 상당수의 대학이 정원을 채우지 못할 것으로 예상된다.

한국직업능력개발원에 따르면 수도권 대학은 별 문제가 없어 보이지만, 수도권을 제외한 다른 지역은 모두 입학자원 부족문제에 직면할 것으로 예상되고, 특히 호남권과 대경권의 문제가 가장 심각할 것으로 전망된다.

대학, 특히 지방대학들이 학생모집에 상당한 어려움을 겪을 것이 예상되는 시점에서 정부가 앞으로 5년간 1조 원을 투입해 '명품 지방대'를 육성하는 방안을 발표하였다. 120개 대학 중 60개 대학이 선정될 전망인데, 2천억 원의 예산이 배정됐다.

이는 전국을 대상으로 하는 '두뇌한국21 플러스' 올해 예산 2천 900억 원의 70%에 상당하는 수준으로 서울 등 수도권 대학에는 해마다 540억 원씩 5년 동안 지원할 예정이다. 지방대학은 수도권 대학의 약 4배에 해당하는 특성화 사업의 지원을 받는 것이다.

지방대학 중 이미 상당수의 대학은 명품대학의 수준에 있기 때문에 일부 수도권 대학에서는 역차별이라는 볼 멘 소리가 나오고 있다. 교수 1인당 논문 수는 상위 20곳 중 9곳이 지방대학이며, 지방 국립대 중에서는 졸업생 취업률과 졸업생 평판도 등에서 수도권 대학을 능가하는 대학이 상당수 있다.

정부의 지방대학 특성화 대책 중 가장 관심이 가는 분야는 대학이 자리 잡은 지역의 산업과 연계해서 대학이 특성화하는 '지역전략' 부분이다. 지방대학 특성화가 성공하면 수도권 학생들이 지방대학으로 몰려올 것이라고 교육부는 전망하고 있으나 한국직업능력개발원의 분석에 의하면 이미 상당수의 수도권 고등학생들이 지방대학에서 공부는 하나 취업은 수도권으로 하는 것으로 나타났다.[18]

지방대학 출신 취업자 중 38.7%가 수도권 소재 기업에 취업하는데, 이 중 43.2%가 수도권소재 고등학교 출신이다. 지방대학 출신 졸업자의 62.7%가 지방소재 기업에 취업하며, 이중 지방 고등학교 출신은 94.8%이며 수도권 고등학교 출신 지방대학 졸업자는 83.2%가 수도권으로 돌아가 취업하는 것으로 나타났다.

지방대학이 수도권 고등학교 출신 학생들을 교육해 수도권으로 다시 돌려보내는 것은 우리나라 대학들이 미국 학생들을 교육해 미국으로 돌려보내는 것과 같다. 수도권과 지방의 경제 격차를 고려하면 그렇게 바람직한 것은 아닌 듯하다.

수도권 고등학교 출신 학생들이 지방대학에서 공부하고, 그 지역에서 취업할 수 있는 여건이 조성된다면 정부의 지방대학 육성 대책이 더욱 많은 국민에게 지지를 받을 것이다. 이와 같은 측면에서 정부의 지방대학 특성화 대책의 궁극적인 성패는 지방경제의 활성화에 상당 부분 좌우된다는 것을 시사하고 있다.

---

18) KRIVET Issue Brief_2014년 1월 30일 44호

17. 청년실업 문제 풀기 위한 현실적 대안[19)]

우리나라 청년실업 문제는 심각하다. 공공기관의 경우 내년부터 3년간 정원의 3%를 청년층으로 채용하도록 강제화할 정도다. 청년실업 문제는 대졸자에게 집중되어 있다. 통계청에 따르면 7월 현재 전체 청년(15~29세) 실업자는 35만 2,000명이다. 이 중 전문대졸 이상 고학력자는 16만 2,000명으로 전체 청년층 실업자의 46%나 된다.

대졸 취업난의 첫째 원인은 과도한 대학 진학이다. 대학 진학률은 1991년 31.1%, 2000년 68%, 2008년 83.8%로 지속적으로 높아졌다가 최근에 들어서 약간 떨어졌다. 지난해엔 71.3%로 하락했지만, 경제협력개발기구(OECD) 국가들에 비해 여전히 높은 상황이며, 특히 명문대 입시를 둘러싼 경쟁은 치열하다.

한국직업능력개발원 분석 결과, 선진국보다 대학 진학률은 높지만 대졸자들이 주로 취업해야 하는 일자리, 즉 전문직종(전문가, 기술공 및 준전문가 등)의 비중이 OECD 주요국의 절반 수준으로 나타났다. 2008년 기준으로 OECD 주요국은 그 비율이 41.2%인 반면 우리나라는 22.4%에 불과하다.

경력직 위주의 채용관행, 괜찮은 일자리의 축소, 핵심 인력 위주의 인력운영, 창업의 위축 등으로 대졸자가 선호하는 소위 '입직단계'의 일자리가 충분히 창출되지 못하고 있다. 또 공급자 중심으로 인력이 양성되고, 구직자가 공무원, 공기업, 대기업 등의 직장만을 선호하는 등 구조적

---

19) 한국일보_2013.11.21

요인도 청년실업이 근원적으로 해결되지 않고 있는 원인이다.

인프라 측면에서 살펴볼 필요도 있다. 학교교육 단계에서 직업진로 교육이 부족하고, 학교나 노동시장에서 청년층에 특화된 고용알선 서비스가 미흡하다. 우량 중소기업에 관한 정보 부족과 스펙 이외의 역량측정 도구가 부재한 것도 노동시장의 효율적 작동을 저해한다.

2020년까지 50만 명의 전문대졸 이상 신규인력이 초과공급이 될 것이란 전망도 있어 대졸 취업난은 당분간 개선이 어려울 것으로 보이지만, 현실적인 대안이 없는 것은 아니다.

우선 청년 창업을 활성화해야 한다. 창업지원은 단순히 청년층의 일자리 문제를 해결하는데 그치는 것이 아니라 경제 전반의 생산성을 제고하는 한편 새로운 고용도 유발한다. 청년 창업가를 발굴, 양성하기 위해 기업가정신과 창업교육을 강화하고 창업선도대학을 확대하며 성공사례를 홍보하는 등의 노력을 더욱 적극적으로 해야 한다.

스펙을 초월한 채용 문화를 뒷받침할 수 있도록 개인의 직업능력을 정확하게 측정할 수 있는 핵심직업능력평가시스템을 구축하는 것도 중요한 과제다. 기업들에게 효과적인 종업원 선별기제로 활용될 수 있는 평가시스템이 구축된다면 대졸 취업경쟁에서 이기기 위한 과도한 스펙 쌓기 경쟁 및 이로 인한 청년층의 노동시장 지연 등의 문제를 해소하는데 기여할 것이다.

대학 교육 역시 획기적으로 바뀌어야 한다. 전문대뿐 아니라 대부분의 4년제 대학도 취업을 지원하는 교육이 필요하다. 특히 교육의 현장성 강화가 무엇보다 요구된다. 이를 위해 '3+1'(3년은 학교교육, 1년은 현장실습)이나 '2+2'와 같은 체계를 과감하게 도입할 필요가 있다.

프랑스는 직업중심 고등교육기관은 물론이고 기존의 학문중심 고등교육을 실시하는 대학에도 취업준비 기능을 의무화했다. 2007년 이후엔 철학과 학생들도 현장실습을 하도록 의무화했다.

궁극적으로는 능력중심의 열린 노동시장이 구축돼야 한다. 몇 년 전부터 공공부문뿐 아니라 민간부분도 고졸 채용을 늘리고 있는데, 고졸 채용 확산이 일시적 유행에 그치지 않고 시대적 흐름이 될 수 있도록 정책적 노력을 지속해야 한다는 의미다. 이와 함께 국가직무능력표준과 국가역량체계의 구축, 도입 및 확산이나 직업교육훈련의 현장성을 강화한 일·학습듀얼시스템의 구축 노력 등도 빼놓을 수 없다. 학벌과 학력(學歷)이 아니라 능력과 실력으로 정당하게 평가받고 대우받는 사회 구현에 크게 기여할 수 있기 때문이다.

18. 고용률 70%와 청년 고용 20)

현대경제연구원이 최근 발표한 자료에 의하면 우리나라의 고용률(15세부터 64세 대상)은 지난해 기준 64.2%로 34개 경제협력개발기구(OECD) 국가의 평균 고용률 66.2%보다 2%p 낮으며 34개국 중 20위다. 1인당 GDP와 고용률의 정의 상관관계에 있는데, 우리나라는 고용률 70%를 먼저 달성한 스위스 등 13개국의 평균 고용률 73.9%보다 9.7%p 낮으며 고용률이 가장 높은 아이슬란드와는 16%p 차이가 났다.

---

20) 경기일보_2013.9.18

노동공급 측면에서 우리나라 고용률이 낮은 것은 청년 고용률이 저조하기 때문이며, 이는 가사 및 육아 부담으로 인한 30대 여성의 경력 단절 그리고 과도한 대학진학 등이 복합적으로 작용한 것으로 현대경제연구원은 분석했다. 우리나라의 25세부터 29세, 30세부터 34세 청년층의 고용률은 13개국 평균보다 각각 9.4%p, 10.1%p 낮다.

우리나라 청년 일자리 문제의 대부분은 너무 청년들이 대학을 간다는 구조적인 문제에 기인한다. 우리나라 대학진학률(실제 등록자 기준)은 1990년에 27.1%에 불과하였으나 2000년 62%, 2005년 73.4%로 급속히 높아져서 2009년 77.8%로 정점을 기록한 후 하향 추세로 돌아섰다.

대학합격자를 기준으로 한 고등학생의 대학진학률은 2008년 83.8%였다. 급속히 높아진 대학진학률로 인해 25세부터 34세 인구 중 대학졸업자의 비중은 65%로 OECD국가 중 제일 높은데, 우리나라와 유사한 경제사회구조를 가지고 있고 선진국인 일본보다 5%p 높다. OECD국가 평균은 40%에 불과하다.

우리나라 대학진학률이 급속히 증가한 것은 1995년 도입돼 올해 폐지된 대학설립 준칙주의에 기인한 바가 크다. 준칙주의 도입과 함께 대학입학 정원이 늘어나자 1990년대 말 부터는 졸업 후 취업을 목적으로 설립된 특성화고교(예전의 실업계 고교)의 경우도 졸업 후 취업보다는 진학을 위주로 할 정도로 사회분위기가 바뀌었다.

특히 1997년 말 외환위기 이후 우리나라의 전반적인 고용상황이 나빠졌으나 대학은 계속적으로 팽창하면서 대책 없이 대졸자를 노동시장에 쏟아낸 것이 상황을 더욱 악화시켰다.

2011년 고용정보원이 직장인 2만 3천여 명을 대상으로 한 조사에 의

하면 우리나라 직업 중 전문대졸 이상의 학력수준을 요구하는 직업은 60%정도였다.

대졸자가 급증하면서 하향취업 현상도 심해지고 있다. 공기업에서 실시하고 있는 고졸채용에 많은 대졸자 혹은 대학재직자들이 몰리고 있다. 다행히 지난 정부에 시작된 '선취업-후진학' 정책 등에 기인하여 대학 진학률은 2010년부터 하향세로 돌아서서 2010년 75.4%, 2011년 72.5%, 2012년 71.3%, 2013년 70.7% 지속적으로 하락하고 있다.

과도한 대학 진학을 자제하고 고교 졸업 후 일자리를 가지는 사회 풍토가 정착되기 위해서는 고등학교 졸업 후 취업한 청년들이 직장에서 제대로 된 대우를 받으면서 대학을 가지 않더라고 미래를 설계할 수 있어야 한다. 학벌 그리고 근속 중심의 현재의 우리나라 노동시장의 채용, 승진, 이직 등의 인사관리 관행은 과감히 개선되어야 한다. 현대 자동차에서 20년 이상 일하다가 삼성전자로 이직하여 합당한 대우를 받는 노동시장 체계가 구축되어야 한다.

현장중심의 전문인력 양성을 위해 현 정부가 추진하고 있는 국가직무능력(National Competence Standards: NCS)체계 구축, 국가직무능력에 기반한 교육과정 개발 그리고 국가자격체계 정립은 청년들이 노동시장에서 학벌이 아닌 능력에 의해 평가받은 기반이 될 것이다. 청년 고용문제를 근원적으로 해결하기 위한 필수적인 요소다.

19. 숙련기능인 키워야 청년실업 줄인다[21)]

11일 오후 인천국제공항을 통해 귀국한 제42회 국제기능올림픽대회 대한민국 대표 선수단의 통산 18회 종합우승 금자탑은 대회 역사에 길이 기억될 쾌거다.

하지만 4회 연속 종합우승을 차지한 이번 대회에 대한 국민의 호응과 반응은 그렇게 뜨겁지 못했다. 올림픽대회나 월드컵축구대회나 국제 스포츠대회에 출전한 우리 국가대표 선수들에 대한 성원과는 비교도 안 될 정도로 썰렁해 너무 대조적이었다.

그러나 유럽 경제의 맹주를 자처하는 독일 정부는 과거 동독 지역에 있는 대표적 공업도시 라이프치히에 이번 대회를 유치하는 등 시종일관 반응이 매우 뜨거웠다. 통일 이후 독일의 경제적 성과와 '숙련형성 제도'의 우수성을 전 세계에 알리는 좋은 기회로 만들었다.

필자도 한국직업능력개발원과 유사한 역할을 하는 독일의 연방직업교육훈련기관(BIBB)이 40여 개의 전 세계 직업교육훈련 기관을 초청해 개최한 이 행사에 참가해 많은 것을 느꼈다. 특히 독일의 녹색 숙련(green skills) 및 '일·학습 도제제도(apprenticeship)'와 관련된 현장을 방문하고 세계 각국 전문가들과 활발히 토론하면서 많은 것을 배울 수 있었다.

청년실업은 우리나라뿐 아니라 전 세계 모든 나라가 긴급히 해결해야 할 공통 현안이다. 유럽의 경우 직업교육훈련을 강화하는 것을 청년 일자리 해결을 위한 핵심과제로 보고 있다. 유럽연합(EU) 집행부와 사

---

21) 문화일보_2013.7.15

회적 파트너들은 2002년 덴마크 코펜하겐에서 전 유럽에 걸쳐 직업교육훈련 제도를 개혁하기로 합의하고, 2010년 부루게선언을 통해 장단기 추진과제를 구체적으로 설정, 유럽직업훈련개발센터와 유럽훈련기구(EFT)가 공동으로 추진 상황을 EU 정부에 보고토록 의무화했다.

유럽의 직업교육훈련 제도 개혁의 핵심에는 독일 제도가 자리잡고 있으며, 독일 정부는 이번 기능올림픽대회를 통해 전 세계에 독일의 제도와 숙련 기능의 우수성을 알리려고 한 것이다. 그러나 이번 대회는 단연코 지난 50여 년간 대한민국이 이룩한 경제적 성과와 한국 숙련 기능인의 우수성을 전 세계가 확인하는 자리였다. 독일 기업이 아니라 삼성이 대회의 대표 스폰서가 됨으로써 삼성 로고가 대회장은 물론, 심판과 선수의 신분증과 관객의 입장권, 유료로 판매하는 셔츠와 모자 등 대회 기념품에 새겨짐으로써 대한민국 기업의 위상을 모든 참가자들에게 각인시켰다.

대회기간 내내 런던에서 열린 제41회 대회의 우승국이 한국이라는 사실이 대회장 중앙의 게시판을 통해 공지됐다. 또한 이번 대회에서 독일과 유사한 제도를 가진 스위스가 종합 2위를 차지했지만, 독일과 스위스가 얻은 금메달 수는 한국에 미치지 못했다.

우리나라 청년 일자리 문제도 학력 중시 사회, 이로 인한 과도한 대학진학 열기에서 역으로 그 해법을 찾을 수 있다. 고졸 취업을 활성화하고 직업교육훈련 제도를 개혁함으로써 산업 현장에서 필요로 하는 인력을 양성할 수 있다. 박근혜 정부의 주요 국정과제인 능력중심사회 건설을 위한 국가직무능력표준(NCS) 개발과 이에 기준한 학습과정 개발, 그리고 독일식 제도를 벤치마킹하는 '일·학습 도제제도'의 도입 등도 결국은 현장에 알맞은 직업교육훈련 제도를 통해 시장에서 인정받은 숙련 기능 인력을 양성할 수 있다.

다시 한번 국제기능올림픽 통산 18번 우승을 일궈낸 선수단과 기업, 그리고 산업인력공단 관계자들에게 축하와 감사의 박수를 보낸다. 이번 우승이 숙련 기능인력을 인정하는 사회 분위기를 조성하고, 젊은이들이 무조건 대학으로 진학하기보다는 숙련 기능인의 길로 가는 계기가 되기를 기대한다.

20. 청년취업 현장에 답 있다[22)]

청년취업 문제가 날이 갈수록 심각해지고 있다. 통계청 발표에 따르면 2월 20대 고용률은 55.3%로 구직기간의 기준이 4주로 바뀐 1999년 6월 이후 가장 낮았다. 2012년 2월과 대비해도 2.8%포인트 하락해 모든 연령대 가운데 하락폭이 제일 컸다. 20대 실업률은 9.0%로 2년 전인 2011년 3월의 9.3%이후 제일 높았다. 20대의 경제활동 참가율은 60.7%로 지난해 12월(60.6%)을 제외하면 1999년 6월 이후 가장 낮았다. 아무리 노력해도 일자리를 잡지 못하자 많은 젊은이들이 취업 자체를 포기하기 때문이다.

국회에서 청년고용특별촉진법의 개정으로 내년부터 3년간 공공기관과 지방자치단체는 정원의 3%를 20대 청년으로 채용하는 것이 의무화돼 20대 청년의 일자리는 약간 늘어날 전망이지만 30대 청년들에 역

---

22) 서울경제_2013.6.7

차별이 문제가 되고 있다. 좋은 직장인 공공기관에 취업하기 위해 몇 년간 준비하던 젊은이들은 마른하늘에 날벼락을 맞은 기분일 것이다.

대졸학력 스펙쌓기 직무수행과 괴리

우리나라의 청년실업 문제가 갈수록 심각해지는 것은 너무 많은 젊은이들이 대학을 가기 때문이다. 지난 몇 년간 정부도 노력하고 많은 대기업과 공공기관도 호응해 고졸취업 성공시대가 열렸지만 아직도 미국이나 일본 등 다른 경제협력개발기구(OECD) 국가에 비해 대학진학률이 높은 것은 주지의 사실이다.

청년들은 대학에 가서도 취업을 위해 어학연수·봉사활동 등 스펙 쌓기에 열심이지만 실질적으로 취업에는 별 도움이 되지 않는다는 것이 회사 인사담당자들의 공통적인 이야기이다.

많은 젊은이들이 대학을 나와도 좌절되는 현실에서도 여전히 대학을 가고자 하는 것은 우리 사회가 학력중심으로 사람들을 평가하고 일생을 거쳐 출신학교 꼬리표가 떨어지지 않기 때문이다.

박근혜 정부는 핵심국정과제의 하나로 능력중심사회를 구축하고자 하며 능력중심사회로 가는 밑받침으로 '국가직무능력표준제도(National Competence Standards: NCS)'를 제시하고 있다. NCS는 근로자가 산업체 현장에서 수행하게 될 직무 수준과 내용 그리고 이때 필요한 지식·기술 등을 인력의 수요자인 산업계가 중심이 돼 체계적으로 분석해 제시한 것이라 할 수 있다. 즉 사업주가 채용하고 활용하기를 원하는 인력이 갖춰야 할 현장 직무수행능력을 제시한 것이다.

NCS가 국자자격체계(National Qualifications Framework)와 함께 구축될 때 우리 사회는 학력이 아니라 실질적으로 무슨 일을 할 수 있고 얼마나 잘 할 수 있느냐를 기준으로 인력을 평가하게 될 것이다.

우리나라 노동시장에는 대학을 포함한 각급 학교의 학위, 특성화 고등학교의 교육과정, 고용노동부의 훈련기준, 국가기술자격, 국가공인 민간자격 등 국가가 인정하는 다양한 교육·훈련 분야의 표준과 자격이 있다.

그러나 이들 표준과 자격은 개발한 주체가 서로 다르고 각 표준과 자격에서 제시하고 있는 내용도 상이하기 때문에 특정 교육훈련을 받고 난 후 다시 자격을 취득하기 위해 별도의 학습을 수행해야 하는 문제가 발생하고 있다. 또한 이들 표준과 자격은 인력의 공급자인 교육훈련기관이 중심이 돼 개발돼 인력의 수요자인 산업계가 요구하는 내용이 각 표준과 자격에 충분히 반영되지 못한 문제가 있다.

산업현장서 이용가능한 능력 키워야

결과적으로 기업에서는 신규인력에 대한 재교육에 막대한 시간과 비용을 투자하고 있으며 취업을 준비하는 사람의 입장에서는 필요 이상의 학력과 스펙을 쌓는 데 많은 시간과 비용을 투자하고 있다.

NCS체제가 구축되면 대학을 꼭 갈 필요가 없으며 고등학교 졸업 후 취업해 일을 배운 후 직무수행능력을 높여 해당 국가자격을 획득하면 대졸자와 같은 대우를 받게 된다. 또한 NCS 체제가 구축돼야 정부의 '선취업-후진학' 정책으로 취업한 특성화고 학생들이 몇 년간 일한 후 대학으로 진학하는 사태도 예방할 수 있을 것이다.

21. 청년 일자리 해외에서 길 찾자[23)]

박근혜 대통령의 대선 공약이었던 청년층의 해외진출 프로젝트를 추진하기 위한 'K-MOVE추진본부'가 대통령 직속 청년위원회산하에 설치된다. 청년특위에 따르면 K-MOVE추진본부는 이명박 정부에서 각 부처별로 추진하고 있는 각종 글로벌 청년리더 사업을 K-MOVE 관점에서 재조직해 해외 인력 수요와 국내 인력 공급을 맞춤형으로 연결하는 역할을 할 계획이다

대학을 졸업하고도 길게는 1년 넘게 일자리를 찾지 못하는 청년들에게 해외서라도 일자리를 찾아주기 위해 정부가 팔을 걷어붙인 것은 매우 고무적인 일이다. 정부가 해외에서 청년 일자리 발굴에 적극 나서야 하는 당위성은 우리나라의 청년 고용 상황에서 찾을 수 있다.

2000년 이후 우리나라 전체 고용률은 지난 10년간 59% 내외에서 안정적이나 20대 청년 고용률은 2005년 61.2%에서 2012년 58.1%로 지속적으로 하락하고 있다. 2012년 현재 청년 실업률은 7.5%로 전체 실업률의 2.3배이다. 우리나라의 청년들은 노동시장에 처음 나와서 직장을 얻기까지 대략 1년 가까이 걸려 외국에 비해 긴 편이다. 대졸자가 취업시장에 넘쳐 나서 대졸자가 고졸자의 일자리를 빼앗는 현상이 심화되고 있다. 결과적으로 우리나라의 학교 졸업자 중 4분의 1은 현 직장에서의 업무 내용과 수준이 자신의 교육 수준과 비교해 맞지 않다고 생각한다. 반면에 스웨덴이나 노르웨이의 경우 100% 가까운 졸업자들이 학력 수

---

23) 매일경제 Luxmen_2013년 5월호

준과 업무 수준이 일치한다고 생각한다.

청년층의 정규직 취업자 비중이 줄어들면서 청년의 상대적 임금수준이 하락하고 있다. 전체 연령층 대비 임금 수준은 1997년 86%에서 2010년 78%로 대폭 하락했다. 원하는 일자리를 얻지 못하기 때문에 청년층이 첫 직장에서 머무는 기간이 짧아지고 있으며 청년 이직률은 평균보다 2.5배 정도 높다. 직장을 자주 옮기다 보니 제대로 경력관리를 하지 못하고 있다. 청년 이직자 중 같은 업종이나 직종으로 옮기는 경우는 절반도 되지 않는다.

청년들이 일자리를 얻지 못해 고생하고 있지만 우리나라 중소기업들은 일할 사람을 찾지 못해 애를 태우고 있다. 청년 취업난의 근본적인 원인은 우리나라 젊은이들이 대학을 너무 많이 간다는 것이다. 대학 졸업자가 1990년 256만 명에서 2000년 470만 명으로 급증했고, 대학 진학률로 같은 기간 33.2%에서 78.9%로 높아졌다.

1990년에는 실질 GDP가 증가하면 취업자 수가 56.4명 늘어났으나 2000년에는 36.6명밖에 늘어나지 않는 고용 없는 성장이 가시화되는 등 우리 경제의 고용창출 능력도 저하되는 가운데 젊은이들이 원하는 대기업, 공무원, 금융업 부분의 일자리가 줄어들었다. 외환위기 전인 1995년 대기업, 공무원, 금융업 부분의 일자리는 410만 개였는데 2006년에는 344만 개로 절대 수치가 줄어들었다.

특히 기업들의 경력직 채용이 늘어나면서 생애 처음으로 일자리를 찾는 대졸자들의 일자리 얻기는 더욱 어려워졌다. 우리나라 청년 일자리 문제를 해결하기 위해서는 박근혜 정부가 지향하는 창조경제가 활성화되어 융합 및 새로운 일자리가 많이 만들어지는 것이 중요하다. 노동시장의 구조적 문제도 함께 개선돼야 한다.

우선 지난 정부에서 시작된 고졸 취업 문화를 정착시켜야 한다. 지난 이명박 정부에서는 고졸 취업 활성화를 위해 특성화고의 사관학교라 할 수 있는 마이스터고등학교를 설립하는 등 특성화고에 대한 지원을 대폭적으로 강화했다. 올해 초 졸업한 마이스터고의 졸업생들 대부분이 100% 취업했고 대기업, 공공기관 그리고 중견기업에 상당히 좋은 조건으로 취업했다. 대통령을 위시한 정부의 대기업 및 공공기관에 대한 강력한 고졸자 채용 권고가 있었기에 상당 부분 가능했다. 고졸자를 채용한 기업들은 그들의 열정과 역량에 상당히 만족하고 있다. 특성화고 졸업생의 대학 진학률도 50% 정도로 대폭 떨어졌다. 대학 학비가 무료인데 고등학교 졸업생의 40% 미만만이 대학을 가는 독일이나 스위스는 실업 문제는 있을 수 있으나 청년실업 문제는 없다.

박근혜 정부도 고졸 취업 문화, 즉 학교 졸업 후 취업을 일단 한 후 나중에 대학에 진학하거나 취업하면서 공부를 계속하는 '선취업-후진학(학습)' 생태계 조성을 전폭적으로 지원해야 한다. 박근혜 정부의 핵심 국정과제 중 하나인 국가직무능력표준(National Competency Standards) 체제 구축과 연계된다면 개개인이 학력이 아닌 능력에 의해 평가받은 사회가 되어 청년 일자리 문제의 해결의 가장 큰 난제인 높은 진학률 문제가 해결될 것이다. 청년층인구 감소와 베이비붐 세대의 은퇴를 고려하면 청년 일자리 문제는 후 5년 정도가 고비다. 고졸 취업 문화 정착과 연관해 고졸자에 한해 한시적으로 청년의무고용제를 도입하는 방안을 고려해 볼만하다. 상당수의 고졸자가 여전히 대학을 가는 현실에서 대학의 취업 경쟁력이 높아져야 한다. 우리나라의 대학교육은 여전히 공급자 중심으로 이루어져 있다. 4년제 대학의 상당수를 실질적으로 취업 전문 대학화 시켜야 한다. 교과 과정도 교수 중심이 아니라 취업에 중심이 되는 방향으로 획기적으로 바꾸고 관련한 교수들의 재교육도 이루어져야 한다.

독일이나 스위스의 직업학교에서 이루어지고 있는 도제제도를 우리나라의 대학에 도입하는 것도 검토해야 한다. 특정 전공이나 학과의 교육과정을 학교에서의 이론교육과 기업체에서의 현장훈련을 결합하는 형태로 운영하고 정부가 재정을 지원해줘야 한다. 이와 관련해 대학의 산학협력도 연구 중심에서 탈피해 취업위주의 산학협력이 활성화되는 것이 필요하다. 대학의 취업 지원 능력을 종합적으로 평가하는 인증제도를 도입해야 한다. 프랑스의 경우 2007년 기존의 학문중심 고등교육기관에 대해서도 기존에 없던 진로지도와 취업준비를 대학교육의 6대 미션 중 하나에 포함되도록 법을 개정했다. 끝으로 대학을 졸업했으나 여전히 변변한 일자리를 찾지 못하고 파트타임 등 비정규직을 전전하고 있는 청년들에 대한 대책을 마련해야 한다.

우리나라는 청년을 15세에서 29세의 연령층으로 규정하고 정부의 청년 취업 대책은 이 연령층을 대상으로 하고 있다. 그러나 많은 젊은이들이, 특히 병역의무를 이수해야 하는 남자의 경우 30세가 넘어서도 여전히 구직활동을 하고 있다. 이들은 졸업한 대학으로부터 도움은 물론 고용보험을 가입한 적이 없기 때문에 정부의 고용지원센터로부터 내실 있는 지원을 받기도 어렵다. 일본의 경우 청년층의 범위를 34세로 확대해 정책대상자로 하고 있다. 우리나라도 심각하게 고민해봐야 한다.

22. 청년취업난 해소를 위한 多面전략[24)]

7일 발표된 통계청 조사를 보면 지난 9월 20대 비경제활동인구는 238만 3,000명으로 전년 동월 대비 4만 6,000명 늘었다. 20대가 비경제활동인구에서 차지하는 비율도 38.4%로 늘어났다. 학업인구와 취업준비자가 늘었기 때문이다. 2011년 기준 청년실업률은 7.6%로 전체 실업률의 2배가 넘는다. 청년들이 학교를 졸업한 뒤 첫 직장을 얻는 데 걸리는 시간은 평균 11개월로 다른 나라에 비해 상당히 긴 편이다.

청년의 평균이직률은 30~54세 연령층보다 2.5배 높다. 그러니 일자리를 얻어도 한 곳에 정착하지 못하기 때문에 숙련(skills)이 축적되지 못한다. 특히 고졸 청년들은 노동시장에 쏟아져 들어오는 대졸 청년들에게 과거 고졸들이 하던 일자리를 뺏기면서 대졸자에 비해 실업률이 높고 상대임금도 떨어진다.

청년취업난의 원인 중 하나로 대졸자가 급증했다는 점을 들 수 있다. 대학진학률은 1990년 33%에서 2010년 79% 크게 높아졌다. 문제는 이렇게 급증한 대졸자를 흡수할 만큼 우리 경제가 성숙하지 않았다는 것이다. 오히려 청년층이 선호하는 대기업·공무원·금융업의 일자리는 1993년 414만 개에서 2008년 380만 개로 34만 개 줄어들었다.

정부에서 여러 가지 다양한 대책을 내놓고 있지만 정책 대상자인 청년들이 대책의 실효성을 실감하지 못하고 있다. 다만, 청년층 뉴스타트 프로젝트(취업성공 패키지 프로그램) 등 청년실업자들에게 상담, 정보

24) 문화일보_2012.11.9

제공, 구직알선, 훈련기회 제공 등 다양한 서비스를 통합해 포괄적인 프로그램을 제공하는 사업들이 최근 현장에서 호응을 얻고 있는 것은 고무적이다.

청년 취업난은 현 경제위기가 극복되더라도 해결되지 않는 구조적인 문제라는 데 그 심각성이 있다. 이미 노동시장에 진입한 상당수의 청년이 일자리를 찾지 못하고 있고, 보다 좋은 일자리를 찾기 위해 고심하기 때문이다.

당면 청년 취업난 해소를 위서는 정책 대상인 청년층의 범위를 확대하는 것이 시급하다. 현행법상 청년의 범위는 15~29세지만, 등록금 조달과 병역 등으로 30세가 넘어 대학을 졸업하는 청년이 상당수다. 그리고 졸업 후 많은 청년이 제대로 된 일자리를 찾지 못하는 현실을 고려하면 청년의 범주를 일본처럼 34세로 확대하는 것이 바람직하다.

공공부문의 청년고용 노력 의무의 실효성을 높이는 것도 한 방안이다. 공공기관은 내년까지 정원의 3%를 정규직으로 고용토록 노력해야 한다. 하지만 정원이 늘지 않은 공공기관은 청년을 채용할 수 없고, 의무를 이행하지 않아도 일부 기관이 경영평가에서 불이익을 받는 것 외엔 제재조치가 없다. 청년 취업난 해소를 위한 근본 대책은 청년층이 시장에서 요구하는 숙련을 갖추도록 훈련·교육시키는 것이다.

독일, 스위스 등 경제협력개발기구(OECD) 회원국들은 일자리 문제는 있어도 청년취업 문제는 그다지 심각하지 않다. 과도한 대학 진학을 규제하고 청년들에게 맞춤형 교육·훈련을 실시하기 때문이다. 하지만 우리나라는 경제 발전 규모에 비해 대학이 너무 많다. 그렇다고 일시에 구조조정할 수는 없는 게 현실이다. 다만, 이들 대학의 기능을 조정해 청년 취업난 해소에 활용하는 방안은 한 해법이 될 수 있다.

한국의 대학은 크게 연구중심과 교육중심으로 분류돼 특성화가 진행되고 있다. 앞으로는 전문대와 4년제 대학을 포함, 직업능력개발중심 대학을 육성하는 방안을 적극적으로 검토해야 한다. 현재의 대학 구조에서 '선취업-후진학(학습)' 생태계 조성의 큰 축 중 하나인 재직자 대학 교육은 서자(庶子) 취급을 받을 수밖에 없다. 독일이나 스위스처럼 일을 하면서 학습을 병행하는 시스템을 도입하기 위해선 직업능력개발중심 대학 육성이 절실하다.

제3장

고졸취업 성공시대와 능력중심사회

제3장

고졸취업 성공시대와 능력중심사회

필자가 한국산업인력공단 이사장으로 2017년, 한국산업인력공단 실무자가 2016년 남미의 코스타리카를 방문하였을 때 코스타리카 대통령과 면담을 할 기회를 가졌다. 우리나라의 직업훈련 제도와 경험에 대해 직접 듣고 싶다는 코스타리카 대통령의 요청이 있었기 때문이다.

경제 발전 단계가 낮은 아시아, 아프리카, 남미의 많은 국가들이 우리나라 직업훈련 제도에 대한 관심이 높다. 1970년대 초반까지 경공업, 1970년대 중반에는 중화학공업 발전에 필요한 기능 및 기술인력을 양성하여 적기에 공급한 것이 우리나라의 빠른 경제성장과 세계 10위 경제대국으로 발전하는데 상당한 기여를 한 것을 알기 때문이다.

우리나라는 독일 등의 도움을 받아 산업화에 필요한 직업교육훈련 체계를 구축하였는데, 우리나라를 지원한 독일과 일본이 지속적인 기능인 및 숙련기술 중시 정책을 통해 제조업 중심의 기술 강국으로 자리 매김한 것과는 달리 우리나라는 여전치 '샌드위치' 신세를 벗어나지 못하고 있다. 2년마다 국제기능올림픽에서 여전히 절대 강자의 위치를 차지하고 있지만 한국을 '기술선진국'이라고 하는 이는 드물다. 대학진학의 기회가 대폭적으로 확대된 1990년대 이후에는 기능인의 길을 선택하면 차별을 받는 사회분위기가 고착화되었기 때문이다.

우리나라와 독일 모두 중소기업이 전체기업의 99%를 차지하지만 독일은 일자리의 71%를 창출하는 중소기업이 법인세의 55%를 부담하는 반면 고용의 88%를 차지하는 우리나라 중소기업의 법인세 부담률은 10%이다. 독일의 경우 마이스터라 불리우는 기능인이 중심이 되어 중소기업에서 고품질의 제품을 생산하기 때문에 가능하다. 우리나라의 특성화고등학교에 해당되는 직업학교 출신인 스위스경제연합회 하인츠카러회장은 스위스 제조업이 세계적인 경쟁력을 갖고 스위스가 국가경쟁력 평가에서 1, 2위 자리를 놓치지 않는 것은 도제교육을 통해 양성된 숙련기능인 덕택이라고 역설하고 있다.

우리나라도 능력중심사회 구축을 통해 젊은 기능인들이 블루엘리트로 성장할 수 있도록 하여야 한다. 고졸의 기능인들이 대졸자와 동등한 대우를 받는 다면 구태여 대학에 진학할 필요가 없다. 결과적으로 청년실업이 사회적 문제가 되지 않은 선순환구조를 갖게 될 것이다. 노동시장을 과감히 열고 그 안에서 능력에 따라 공정한 게임이 이루어지도록 하여야 한다. 그래야만 청년들이 열정을 가지고 도전하는 자세로 노동시장에 진입할 것이다.

고졸취업 성공시대가 열려야 한다. 또한 고졸자 들이 취업 후 원하면 일하면서 진학하거나 훈련을 통해 자신들의 역량을 높일 수 있는 길을 만들어 주고, 조직 내에서 승진 등에 있어서 차별받지 않도록 해야 한다.

기능한국인 100호 대성하이텍 최우각 대표, 김동연 경제부총리 등 기성세대에는 고졸 취업으로 성공한 사례가 많지만 대학진학률 70% 인 상황에서 고졸 취업 성공시대를 다시 열기 위해서는 보다 세심한 정부 정책 그리고 산업계의 적극적인 참여가 필요하다.

직업, 진로교육이 강화되어야 한다. 다양한 직업에 대한 이해가 부족하여 청소년들을 대상으로 장래희망 직업을 조사하면 교사, 의사, 공무원 등 특정 직업에 편중되고 있다. 고졸 취업 활성화 정책과 함께 진로교육에 대한 투자를 확대하여야 한다. 2015년부터 실시되어 교육훈장에서 호응이 높은 자유학기제는 진학위주의 교육을 탈피하고 직업에 대한 귀천의식을 완화하는데 기여할 것이다.

1. 4차 산업혁명 시대 블루엘리트가 이끌어야[25)]

4차 산업혁명의 기반기술에서 우리나라의 존재감은 매우 희박하다. 스마트공장의 핵심이 되는 로보틱스는 일본이, 인공지능(AI)은 미국이 선두에 서 있다. 지난해 경제협력개발기구(OECD) 국가를 대상으로 한 4차 산업혁명 기반기술 이용 가능성 조사에서 우리나라는 5.6점으로 평균인 5.9점에도 못 미쳤다.

우리나라가 4차 산업혁명을 주도하기 위해서는 풍부한 숙련기술 인력이 필요함에도 올해 국가직 9급 공무원 시험에는 23만여 명의 청년이 몰렸고, 취업을 포기한 청년인구는 36만여 명에 이른다. 반면 금형 등

25) 동아일보_2017.4.6

뿌리산업 종사자의 10명 중 6명이 40대 이상으로 중소기업은 여전히 숙련기술 인력난을 겪고 있다. 고용시장의 미스매칭이 일자리 문제를 넘어 국가 산업경쟁력을 훼손하고 있는 것이다.

어렵고 힘든 일을 하지 않으려는 청년들의 자세도 문제지만 노력해도 정당한 대가의 지급과 사회적 인정이 이뤄지지 않는 노동시장의 경직성과 이중 구조도 원인이다. 지난해 중소기업의 월평균 임금은 323만 원으로 대기업 513만 원의 62.9%에 불과한데, 일본의 77.9%(2015년)에 비하면 한참 못 미치는 수치다.

일자리 문제를 해결하기 위해서는 상생 경영을 통해 노동시장의 구조적 모순을 해소하면서 직업훈련을 통해 블루 엘리트를 양성해야 한다. 독일에서는 초등학교 4학년이 되면 진로를 결정하고, 인문계 고교에 진학하지 않는 학생은 직업교육훈련을 받는다. 현장 중심의 교육훈련이 4차 산업혁명을 통해 제조업의 패러다임을 바꾸고 있는 독일 경제의 든든한 힘이다.

마침 5~10일 전국 17개 시도에서 산업용 로봇 등 50개 직종, 7,700여 명이 참가해 기술의 숙련도를 경쟁하는 2017 지방기능경기대회가 열린다. 올해에는 개최 직종을 제4차 산업혁명 등 산업수요에 부응해 매년 20%씩 개편하는 'Year-20' 제도를 도입하였다. 숙련기술과 직업훈련에 대한 국민의 관심을 높이고 시민과 함께하는 지방기능경기대회를 위해 평일 개최를 주말 개최로 변경하였다. 또 정부 주관의 지방기능경기대회와는 별도로 이달 하순에 열리는 삼성중공업 등 민간이 주도하는 민간기능경기대회에 대한 정부의 지원도 더욱 확대할 계획이다.

지방기능경기대회에 대한 높은 국민적 관심과 지지가 있을 때 많은 젊은이가 낮은 단계부터 기술을 배워 숙련기술인으로 성장하려는 꿈을 가지게 될 것이고, 이는 우리나라가 4차 산업혁명을 준비하는 기반이 될 것이다.

2. 숙련기술인이 대우받아야[26)]

지난 4월 한국산업인력공단 산하 글로벌숙련기술진흥원 실무자들이 우리나라 직업훈련제도 경험을 전수하기 위해 남미의 코스타리카를 방문했을 때다. 코스타리카 대통령으로부터 '한국의 제도와 경험에 대해 직접 듣고 싶다'는 연락을 받고 만남을 가졌다. 경제발전 단계가 낮은 아시아와 아프리카, 남미 대륙의 많은 국가들은 우리나라 직업교육훈련 제도와 경험에 관심이 많다. 우리 기능인들이 급속한 경제성장에 상당한 역할을 했기 때문이다.

정부는 독일 등의 도움을 받아 산업화에 필요한 직업교육훈련 체계를 구축했고, 1970년대 초반까지 경공업, 1970년대 중반엔 중화학공업 발전에 필요한 기능 및 기술 인력이 양성돼 적기에 산업체에 공급됐다. 우리나라가 세계 10위 경제대국으로 발전하는 데 기여한 공로에도 불구하고 숙련기술의 중요성과 기능인에 대한 우리 사회의 인식과 처우는 여전히 낮다. 독일과 일본이 기능인 및 숙련기술 중시 정책을 통해 제조업 중심의 경제강국으로 굳건히 자리매김하고 있는 것과 달리 우리나라는 여전히 '샌드위치' 신세에서 벗어나지 못하고 있는 것도 숙련기술인과

26) 국민일보_2016.9.10

기능인에 대한 사회적 인정이 부족한 탓이다.

듀얼 직업훈련제도로 양성된 독일의 마이스터는 대학을 나오지 않아도 동등한 처우와 사회적 인정을 받으며 산업의 토대가 되고 있다. 물건을 만드는 일을 천직으로 여기고 그 제품에 자신의 혼을 불어넣는다는 '모노츠쿠리' 정신을 가진 숙련기술인들이 일본 경제를 '잃어버린 20년'에서 깨워내 다시 활기를 찾게 하는 밑바탕이 되고 있다.

스페인 등 일부 유럽 국가가 제2차 세계대전 이후 희망을 잃고 방황하는 젊은이들에게 새로운 꿈을 주기 위해 만든 국제기능올림픽을 벤치마킹해 만든 전국기능경기대회는 우리 직업교육훈련 체계에서 중요한 역할을 해왔다. 숙련기술과 기능인의 중요성에 대한 사회적 공감대를 만들고 젊은 기능인들이 우수 숙련기술인으로 성장할 수 있는 발판을 마련해 주었기 때문이다. 또한 전국기능경기대회를 통해 선발된 예비 우수 숙련기술인들이 지금까지 국제기능올림픽에서 총 19회 우승하는 업적도 이룩했다.

제51회 전국기능경기대회가 지난 5일 개막해 12일까지 서울에서 열린다. 국민과 함께하는 열린 대회를 지향하고, 인도·러시아·코스타리카 등 외국인들도 기술과 제도를 배우기 위해 참여 중이다. 그러나 여전히 기능인과 숙련기술인 중심의 경쟁 위주 대회로 치러질 수밖에 없는 이유는 숙련기술과 기능에 대한 사회적 경시 현상과 무관치 않다.

박근혜 정부 들어 능력에 따라 평가받는 능력중심사회를 구축하기 위해 한국형 듀얼 직업훈련제도인 일·학습병행제와 국가직무능력표준이 개발돼 힘 있게 추진되고 있고, 소기의 성과도 거두고 있다. 능력중심사회가 구축되면 숙련기술인과 기능인도 합당한 사회적 인정과 처우를 받게 될 것이다. 또한 과도하게 높은 대학진학률이 떨어지면서 청년실업의 근본적 원인도 치유될 것이다. 내년 전국기능경기대회는 52년 만에 처음으로 제주도에서 열린다. 제조업뿐 아니라 미용, 피부, 헤어, 제과, 제빵, 메디컬 케어 등으로 종목이 확대되고 있는 국제기능올림픽의 최근 추세를 고려했다. 내년 전국기능경기대회에는 보다 많은 국민, 특히 청년층의 적극적 관심과 아낌없는 성원과 격려를 기대한다.

마무리돼야 한다.

3. 블루엘리트 육성하는 사회가 돼야[27)]

스위스경제인연합회 하인츠 카러 회장은 블루엘리트다. 우리나라의 특성화고등학교에 해당되는 직업학교 출신으로 스위스 재계를 대표하는 기업인으로 성장했다. 언론 보도에 따르면 카러 회장은 높은 임금 수준에도 불구하고 스위스 제조업이 세계적인 경쟁력을 갖고 국가경쟁력 평가에서 1, 2위 자리를 놓치지 않는 이유는 도제교육을 통해 양성된 숙련기능인들 덕택이라고 역설하고 있다.

우리나라에도 실업계 고등학교를 졸업하고 혹은 현장에서 익힌 실무를 바탕으로 성공한 기업인이 되거나 누구나 인정하는 장인이 된 경우는 많다. 정부가 숙련기술을 진흥하기 위해 시행하는 기능한국인 100호로 선정된 대성하이텍의 최우각 대표도 그들 중 한명이다. 46년간 초정밀 부품 및 산업기계장비 제조분야에서 한 길을 걸어 온 그는 실업계 고교

27) 경상일보_2016.4.20

출신이다. 그는 20년 전 직원 4명으로 시작한 대성하이텍을 10여 개국의 60여 개사와 파트너십을 가지는 연 매출 500억 원 이상의 강소기업으로 성장시켰다.

울산을 비롯한 전국 각 도시별로 개최되는 지방기능대회, 그 입상자들이 겨루는 전국기능대회, 세계 기능인들이 겨루는 국제기능올림픽 등 젊은 기능인들이 블루엘리트로 성장할 수 있는 토대도 구축돼 있다. 대한민국명장, 우수숙련기술자, 기능한국인 등으로 칭해지는 성공한 블루엘리트도 많다. 그럼에도 불구하고 아직도 많은 청년들이 기능인의 길보다는 대학을 선호하고 있다. 특성화고등학교에 진학하고도 대학진학을 선택하기도 한다. 특성화고를 졸업하고 현장에서 일한 후 미래에 대한 확신이 없어 다른 길을 걸어가는 젊은이들도 흔히 보게 된다.

1970년대까지는 젊은 기능인들이 블루엘리트로 성장할 수 있는 사회적 토대가 형성돼 있었다. 그런데 1990년대 이후 기능인의 길을 선택하면 사회적 차별이 고착화되는 구조적인 문제가 발생하기 시작했다. 결과적으로 특성화고 졸업자도 대학진학을 선호하는, 대학진학 열기가 더욱 과도해진 것이다.

스위스나 독일은 기업들이 도제제도를 통해 양성된 기능인들을 환영할 뿐 아니라 대졸자와 동등한 대우를 하기 때문에 구태여 대학에 진학할 필요가 없다. 결과적으로 청년실업이 사회적 문제가 되지 않은 선순환구조를 갖게 된 것이다. 이들 국가뿐 아니라 도제제도를 성공적으로 운영하고 있는 나라들의 청년실업률이 낮게 나타나고 있다. 우리나라도 과거와는 달리 대학진학률이 70%이기 때문에 기능인의 길을 택한 청년들이 학벌에 관계없이 능력으로 평가받는 사회를 구축하는 것이 무엇보다도 필요하다.

그 방안의 하나가 박근혜 정부의 핵심국정과제인 일학습병행제도이다. 일학습병행제는 참여기업뿐 아니라 근로자들의 만족도가 높게 나타나고 있다. 일학습병행제도를 통해 양성된 젊은 기능인들이 기업 현장에서 블루엘리트로 성장할 수 있는 미래를 확인할 때 능력중심사회가 될 수 있다. 노동시장에서 학벌이나 연공을 대체할 수 있는 국가직무능력표준도 2014년 개발돼 2015년부터 공공기관 채용에 본격적으로 적용되고 있다. 채용뿐 아니라 교육훈련, 승진, 배치전환 등에서 있어서 공공부문, 민간기업 모두 국가직무능력이 활용돼야 한다.

지난해 브라질국제기능올림픽에서 우리나라를 위협할 정도로 급성장한 브라질이나 중국은 우리나라의 1960~70년대 블루엘리트 양성정책을 벤치마킹해 제조업 강국의 꿈을 키워가고 있다. 젊은이들에게 블루엘리트로 성장할 수 있는 길을 제시하여야 신흥 기능강국의 도전을 물리치고 기술선진국으로 도약할 수 있다.

4. 숙련기술, 능력중심사회 구현 지름길[28)]

통계청 발표에 따르면 올해 2월 청년 실업률(15~29세)은 12.5%까지 상승했으며 이는 1999년 실업자 산정 기준 변경 후 가장 높은 수치다. 2015년 기준 전문대를 포함한 우리나라의 대학 진학률은 70%로 경제협력개발기구(OECD) 평균 41%를 크게 웃돌며 여전히 세계 최고 수준

28) 서울신문_2016.4.1

이다. 중소기업은 인력난으로 더 많은 외국인력의 도입을 요구하고 있다. 한국고용정보원의 청년층 인력수급전망(2013~2023)에 따르면 인문계열은 공급과잉이지만, 이공계열은 지속적으로 인력 부족에 직면할 것이다. 그런데도 아직 40만 여명으로 추정되는 공시족은 노량진 등에서 젊음을 보내고 있다.

고용시장의 '미스매칭'(수급 불균형)이 지속되고 오히려 악화되는 근본 원인 가운데 하나는 숙련기술에 대한 유교적인 낡은 사고와 함께 닫힌 고용시장이라는 큰 장애물 앞에서 우리가 청년에게 제대로 된 방향성을 제시하지 못한다는 것이다. 어떤 입구를 통해 고용시장에 진입했느냐에 따라 개인 일생의 상당 부분이 정해져 버리는 환경에서는 아무도 무모한 결정을 하지 않을 것이다.

고용시장을 과감히 열고 그 안에서 능력에 따라 공정한 게임이 이뤄지도록 해야 한다. 그래야만 청년이 열정을 가지고 도전하는 자세로 고용시장에 진입할 것이다. 박근혜 대통령은 지난 3월 17일 고용창출 100대 우수기업의 청와대 초청 오찬에서 "낡은 노동시장의 제도와 관행을 개선하는 것은 더 이상 선택의 문제가 아니라 생존을 위한 필수 전략"이라고 강조했다.

우리나라와 독일 모두 중소기업이 전체 기업의 99%를 차지한다. 독일은 중소기업이 일자리 71%를 창출하고 법인세의 55%를 내는 반면, 우리나라는 고용의 88%를 차지하는 중소기업의 법인세 부담률이 10% 정도다. 독일은 마이스터라 불리는 우수한 고숙련 기능인이 중심이 돼 고품질의 제품을 생산하지만, 우리나라는 근로자의 숙련기술 정도가 낮아 제품의 가격경쟁에만 치중하고 차별화 경영 전략을 택하지 못하는 것이 주요 요인의 하나다. 노동시장의 양극화를 해소하고 양질의 일자리를 만들기 위한 지름길은 우수한 숙련기술인을 육성해 중소기업에 공급하고 이를 통해 중소기업의 생산성과 임금 상승이라는 선순환 생태계를 조성하는 것이다. 그러기 위해서는 열린 고용시장과 함께 숙련기술에 대한 사회적 인식 변화가 시급하다.

고용노동부와 한국산업인력공단은 국정과제로 국가직무능력표준(NCS)을 활용한 선취업-후진학 일학습병행제를 통해 중소기업이 우수한 숙련기술인을 육성할 수 있도록 지원하고 있다. 6,400여 개의 기업이 참여하고 있으며 새로운 고용문화를 구축하는 신호기제가 되고 있다. 지난해 산업인력공단의 설문조사 결과 응답자 74%가 첫 직장을 다시 선택할 수 있다면 전문(숙련)기술직을 택할 의향이 있다고 답했다. 숙련기술인이 좀 더 우대받아야 할 필요성이 있다고 답한 경우도 93.6%로 분명히 우리 사회가 변화하고 있다는 긍정적인 신호다.

에어컨 부품회사 기능공 입사를 시작으로 26년간 전기·전자 분야에서만 한 우물을 판 결과 연 250억 원의 매출을 올리는 기업 최고경영자(CEO)가 된 기능한국인 정병홍 그린산업㈜ 대표의 스토리가 우리 사회에 보편적인 롤 모델이 됐으면 한다.

4월 6일부터 11일까지 전국 17개 시·도 96개 경기장에서 정보기술 등 49개 직종, 7,600여 명이 참가해 기술의 숙련도를 경쟁하는 지방기능경기대회가 열린다. 이번 대회가 숙련기술에 대한 사회적 관심을 높이고 향후 숙련기술인으로 성공한 많은 사례가 나올 수 있는 계기가 되기를 기대한다.

5. 학벌보다 능력, 젊은 기능인을 응원하자[29)]

대한민국의 젊은이가 16일 브라질 상파울루에서 막을 내린 국제기능올림픽대회에서 이루어낸 성과다.

이번 대회에 참가한 45명의 20대 초반 젊은 예비 숙련기술인은 12시간의 시차와 30시간의 비행시간, 주최국 브라질의 텃세, 전통기능 강국 독일, 스위스 등 60개국 1,200여 명과의 경쟁으로 대회 마지막 날까지도 결과를 예측할 수 없었던 상황에서 종합우승의 꿈을 이루어냈다.

지난 6개월간 주말을 반납하고 하루 10시간 이상 강도 높은 훈련으로 기량을 연마한 대표선수, 별다른 보상 없이 오랜 기간 동안 대표선수를 열정적으로 지도한 심사위원과 지도위원, 지구 반대편까지 먼 길을 동행한 통역 봉사요원의 노력과 수고, 그리고 대회기간 동안 밤늦은 시간까지 치밀한 경기 분석으로 경기상황 변동에 대응한 사무국 직원이 있었기에 5연패가 가능했다. 19번째 종합우승의 뒤에는 대표선수 소속 회사의 지원 그리고 이들을 길러낸 학교 선생님의 노고가 있었음은 말할 필요도 없다.

48년 전 옷(양복)과 구두(제화)를 짓고 시계를 수리하던 '손끝 기술'에서 시작된 기능올림픽 신화는 1980~90년대 기계조립과 금형, 배관, 자동차 등 굴뚝산업을 거쳐 이제 정보기술(IT)과 모바일로보틱스 등 최첨단 산업과 문화서비스로 이동하고 있다. 특히 이번 대회에서는 제과, 제빵, 요리, 헤어디자인 등 문화서비스산업에서 선전하여 후발국의 견

29) 중앙일보_2015.8.28

제에도 기능올림픽에서의 향후 경쟁력을 유지할 수 있는 발판을 마련했다.

그러나 이번 대회에서 브라질, 중국, 러시아 등 브릭스(BRICs) 국가 등 후발국의 거침없는 성장세를 보면서 향후에도 기능올림픽에서의 절대적인 우위를 점하기 위해서는 더욱 많은 노력과 투자가 필요하다. 특히 이들 국가는 기능인력에 대한 집중적인 투자에 기반한 한국형 인적자원개발 전략이 한국 경제발전에 기여한 부분에 주목했다. 기능올림픽에서의 선전을 통해 자국의 기능인력 우대 풍토를 조성하고자 기능올림픽의 유치(2019년 러시아 개최가 이번에 확정됐다)와 지원에 매우 적극적이다.

한국보다 먼저 기능강국이었던 독일·스위스·일본 등이 이제 기능올림픽에서의 성적은 한국보다 못하지만 기술선진국으로의 위치를 차지하고 있는 반면 한국은 여전히 기능올림픽에서만 절대 강자인 상황은 능력보다는 학벌이 우선시되는, 그래서 청년실업이 심각한 사회적 문제가 된 한국 현실과 깊은 연관이 있다. 기능올림픽 5연패를 통해 잠재력을 인정받은 이 땅의 젊은 예비 숙련기술인들이 독일의 마이스터나 일본의 명인처럼 저마다 분야에서 일가(一家)를 이룬 명장도 하나 둘 뿌리내릴 수 있는 능력중심사회로의 변화를 더욱 가속화해야 한다.

이제는 기능올림픽 우승에 대한 반짝 환호를 넘어, 젊은 예비 숙련기술인이 넘버원(Number One)으로, 그리고 온리원(Only One)으로 성장할 수 있게 이들의 능력을 응원하고 지지하는 게 필요하다.

6. 기술 코리아 이끌 젊은 기능인들에게 박수를[30]

통산 18회 종합우승, 9회 연속 종합우승 위업 달성, 참가선수 62.6% 메달 수상. 1967년 제16회 스페인 국제기능올림픽대회에 처음 출전한 이래 2013년 독일 대회까지 27번의 국제기능올림픽대회에 출전해 한국이 거둔 성적이다.

스페인 대회에는 9개 직종, 9명의 선수가 처음 출전해 한국인 특유의 뛰어난 손기술로 양복과 제화 직종에서 금메달을 따 한국을 축제 분위기로 만들었다. 이후 한국은 경제발전의 원동력이 기술임을 깨닫고 젊은 기술 인재를 길러왔다. 그 결과 1977~1991년에 9회 연속, 그리고 총 18회 종합우승의 위업을 달성해 세계에 기술 강국 대한민국의 위상을 높여왔다.

그러나 지금 한국을 '기술선진국'이라고 하는 이는 드물다. 그것은 사회 저변에 남아있는 기능에 대한 낮은 인식 때문이다. 언제부터인가 메달리스트들의 카퍼레이드가 중단돼 국제기능올림픽대회가 있다는 사실도 점차 기억 속에서 사라져가고 있다. 기능과 기술의 중요성이 퇴색하면서 고교생 10명 중 7명이 대학에 가는 학력 중심의 사회가 돼버렸다.

박근혜 정부가 국가직무능력표준(NCS)과 일-학습병행제를 핵심 국정과제로 추진하면서 학벌보다 능력중심 사회로 만들기 위한 변화 노력이 빨라지고 있다. 능력중심 사회를 만들려면 기능과 기술의 중요성을

30) 동아일보_2015.8.4

부각시킬 필요가 있다. 현장의 기술과 기능을 바탕으로 성장해 온 숙련 기술인에 대한 관심과 지원도 절실하다.

8월 11일부터 6일간 브라질 상파울루에서 제43회 국제기능올림픽대회가 열려 60개국 1,117명이 50개 직종에서 경쟁한다. 한국도 41개 직종, 45명의 국가대표 선수들이 참가해 세계 수준에 도전한다.

국제기능올림픽대회는 젊은 기능인에게 꿈의 무대이자 도전이다. '기능올림픽 국가대표'는 기술선진국 코리아를 만들어 갈 주역이자 희망이다. 우리 대표 선수들은 지난 6개월 동안 자신의 일터와 한국산업인력공단 글로벌숙련기술진흥원에서 주말을 반납한 채 하루 10시간 이상의 강도 높은 훈련을 해왔다. 국제기능올림픽대회 한국위원회 회장으로서 각 훈련장에서 만난 대표 선수들의 숙련 수준이 상당히 높아진 것을 확인할 수 있었다. 이들이 그동안 갈고 닦은 기술과 능력을 맘껏 펼쳐 다시 한 번 세계를 놀라게 해 주기를 기대한다.

국제기능올림픽대회는 한국의 새로운 기술 동량(棟梁)을 탄생시킬 수 있는 흥겨운 잔치이다. 잔치는 많은 사람들과 함께할 때 더 흥이 나고 힘도 나는 법이다. 이번 대회에서 미래의 대한민국 명장을 꿈꾸는 새로운 젊은 스타 기능인들이 탄생하고 기술선진국 코리아의 위상을 높일 수 있도록 국민 여러분께서 힘찬 격려와 성원을 보내 주시기를 바란다.

7. 기술이 존중받는 사회를 위해[31)]

지난달 27일 인천의 한국산업인력공단 글로벌숙련기술진흥원에서는 '제43회 브라질 국제기능올림픽대회 종합우승을 위한 결의대회'가 열렸다. 매년 개최하는 지방기능경기대회, 전국기능경기대회와 대표선수 선발을 위한 평가경기에서 치열한 경쟁을 통해 출전권을 따낸 47명의 국가대표 선수들은 오는 8월 브라질 상파울루에서 열리는 올림픽에서의 종합우승을 위해 6개월간의 강화훈련을 받는다.

모바일로보틱스 등 42개 직종에 출전하는 47명의 대표선수들은 소속 업체와 공단 글로벌숙련기술진흥원에서 국제심사위원과 지도위원의 지도 아래 기술향상을 위한 훈련을 받을 것이다. 결의대회에서 선수들은 금연(禁煙), 금주(禁酒)는 물론 연인과의 사랑까지도 잠시 접어두는 금연(禁戀)도 약속했다. 우승의 영광을 위해 일시적인 즐거움은 잠시 접어두기로 한 것이다.

한국은 1967년 스페인 국제기능올림픽대회에 처음 출전한 이래 총 27번 참가해 18차례 종합우승을 차지했다. 1973년 제21회 대회 이후 1, 2위를 놓치지 않았고, 2007년 일본 국제기능올림픽부터는 4회 연속 종합우승하는 눈부신 성과를 이뤘다. 특히 2013년 옛 동독의 산업도시 라이프치히에서 열린 제42회 대회에서는 통일 독일의 경제적 성과와 위용을 입증하려는 주최국 독일의 추격과 견제 속에서도 종합우승하는 성과를 이뤘다.

---

31) 한국경제_2015.2.7

국제기능올림픽 우승은 선수 개개인에게도 영광이지만 기술강국 대한민국의 저력을 세계에 입증하는 것이다. 올해는 국제기능올림픽대회 한국위원회가 창립한 지 50주년이 되는 해로 종합우승은 10월에 울산에서 열리는 제50회 전국기능경기대회에 매우 의미 있는 선물이 될 것이다.

종합우승을 하면 카퍼레이드로 온 국민이 환영해 주던 과거에 비해서는 우리 사회의 관심과 지원이 줄어든 게 사실이다. 그간 우리 사회가 학력을 중시하다 보니 기술을 배우려는 젊은이들도 예전보다 많이 줄었다. 열정을 갖고 기술로 성장하는 젊은이들을 더 많이 키워야 한다. 그래야 한국 경제 발전의 기초가 더욱 튼튼해질 것이다. 또 국제기능올림픽 우승은 청년실업의 근원적 해결을 위해 필요한 능력중심사회를 구축하는 활력소가 될 것이다.

지난해 서울의 청년(15~29세) 실업자는 전년(8만 3,000여 명)보다 20.5%(1만 7,000여 명) 증가한 10만여 명을 기록해 통계치를 작성하기 시작한 2000년 이후 최대치를 기록했다. 청년 10명 중 1명은 실업자인 셈이다. 서울 이외의 다른 지역도 사정은 크게 다르지 않다. 1995년 대학설립준칙주의가 도입되고 수많은 대학들이 설립되면서 고졸자 10명 중 7명이 대학을 가지만, 대학 졸업 후에는 많은 젊은이들이 일자리를 찾지 못해 고통을 겪고 있다. 대학 졸업장보다는 일을 할 수 있는 능력이나 기능이 중시되는 열린 노동시장이 만들어져야 젊은이들이 과도한 학벌이나 스펙 쌓기에 불필요한 정열과 자원을 낭비하는 일이 없어질 것이다. 박근혜 정부는 일학습병행제도, 스위스식 도제학교 및 국가직무능력표준(NCS)을 기반으로 하는 직업교육훈련 시스템 구축과 채용 등을 통해 대학 졸업장이나 영어 점수가 아니라 현장에서 필요로 하는 기능과 역량이 평가받는 사회를 만들려고 하고 있다.

브라질 국제기능올림픽의 종합우승은 우리 젊은이들의 높은 기능수준을 전 세계뿐만 아니라 우리 자신에게 확신시키는 계기가 될 것으로 기대된다. 상파울루 하늘에 자랑스럽게 휘날릴 태극기를 그려보며 우리 선수단이 하나의 대한민국으로 굳게 뭉쳐 통산 19번째 종합우승의 쾌거를 달성할 수 있기를 기원한다.

8. 숙련 기술인이 능력중심사회 주역[32)]

가속화하는 유로존의 경제위기 속에서 독일의 선전이 주목받고 있다. 특히 높은 고용률과 경상수지 흑자, 강소기업의 눈부신 활약 등 독일 경제를 뒷받침해주는 많은 요소들 가운데 으뜸은 직업교육훈련제도다.

도제식 교육을 통해 일과 학습을 병행하고 기업이 필요한 인재를 일찍부터 숙련시켜 양질의 인력을 고용할 수 있다. 숙련기술인에 대한 사회적 대우도 상당히 높다. 독일 자동차산업에서 전문정비소를 운영하려면 마이스터를 고용해야 한다. 전문기술교육을 받고 중소기업에 취업한 사람도 대기업의 90% 수준 임금을 받는다. 숙련기술인들의 창업도 활발하다. 마이스터가 되기 위해서는 4개 분야 시험을 통과해야 하는데, 경제경영분야를 포함해 기술인들의 기업경영에 대한 이해를 돕고, 창업에 필요한 준비를 하도록 한다.

---

32) 서울신문_2014.10.8

독일처럼 우리나라도 제조업을 기반으로 경제성장을 이뤘다. 세계 10위권 경제대국이 되기까지 숙련기술인을 꾸준히 배출해 왔다. 1966년 기술진흥 및 기능장려사업 일환으로 국제기능올림픽대회 한국위원회를 설립했고, 전국기능경기대회도 개최했다. 1967년 제16회 스페인 국제기능올림픽에 첫 출전한 이래 지난해 독일 대회까지 모두 18회 종합우승을 달성함으로써 우리나라 숙련기술인과 훈련시스템에 대한 국제적 관심을 유도했다. 불과 30년 전만 해도 기능올림픽에서 금메달을 따면 카퍼레이드를 했던 기억이 생생하다. 하지만 1990년대 들어 학력 위주 사회 풍토로 바뀌면서 기능인 양성에 대한 관심도 줄었고 숙련기술인들의 사기도 저하됐다. 대학진학률이 70%를 넘고 청년실업이 고착화되면서 현장에서 필요한 역량을 가진 숙련기술인에 대한 사회적 관심도 다시 높아지고 있다.

점점 위축되고 있는 숙련기술인의 저변 확대와 청년 일자리 문제 해결을 위해 고용노동부와 한국산업인력공단은 독일식 도제제도를 우리 현실에 맞게 설계한 일·학습병행제를 핵심 국정과제로 추진하고 있다.

기업현장에서 배운 기술과 직무능력을 기준으로 직업자격을 부여해 사회적 통용성을 확보하고 학습근로자로 참여한 청년들의 근로조건을 보호하는 등 제도 시행을 위한 근거 법률 제정에 필요한 입법예고도 지난 9월 30일 마쳤다. 산업현장에서 무슨 일을 할 수 있는지를 평가하는 기준인 국가직무능력표준(NCS) 개발을 올해 말까지 완료하고 국가역량체계(NQF)도 조속히 구축해 나갈 계획이다. 이제는 더 이상 좋은 학벌, 뛰어난 스펙으로 취업과 성공의 삶을 보장받기 어려운 게 현실이다. 본인의 적성과 특기를 살린 전문화된 기술을 가진 사람이 100세 시대를 준비해 가는 선도자가 될 수 있다.

제49회 전국기능경기대회가 지난 6일 경기도에서 개막해 오는 13일까지 열린다. 숙련기술인의 꿈을 이루기 위해 1,900여명이 펼치는 열띤 경연과 더불어 국민들과 함께 소통하고 즐길 수 있는 축제의 장이다. 선수들에게는 대회 결과도 중요하지만, 앞으로 더 큰 미래를 위해 기술습득에 매진하고 실력을 쌓아 나간다면 진정한 능력중심사회의 주역이 될 것이라 확신한다.

9. 학력제한 철폐와 능력중심사회[33)]

앞으로 근로자를 모집하고 채용할 때 학력을 이유로 차별할 수 없다. 취업기회를 균등하게 보장하도록 규정한 고용정책기본법 제7조의 차별금지 항목인 성별, 신앙, 연령, 신체조건, 사회적 신분, 출신지역, 출신학교, 혼인·임신, 병력에 '학력'이 추가된다.

연구소에서 석사나 박사학위 소지자에 한해서 인력을 뽑는 것은 법 위반이 아니지만, 인력관리를 이유로 대졸 이상 혹은 고졸 이하로 학력을 제한하는 관행도 불합리한 차별로 간주된다. 처벌 조항이 없어서 강제력은 없으나 기업의 사회적 책임을 강조되는 추세에 비추어 공공기관이나 상당수 대기업은 채용 시 학력을 제한하지 않을 가능성이 크다. 학력을 속이고 입사했다 발각이 됐다고 해도 해고사유가 되지 않는 것은 법원 판례로 이미 오래 전에 확립된 것이다.

33) 경기일보_2014.8.14

10여 년 전에 대학 졸업을 숨기고 고등학교 졸업사실 만 기재하고 입사하여 노조활동을 주도하다가 학력 허위 기재를 이유로 회사 측이 해고당한 근로자에 대해 법원은 부당해고로 인정했다.

당시 재판부는 "경력 사칭을 이유로 징계해고 하는 것은 헌법에 보장된 근로 3권을 행사하는 것 자체를 위법한 행위로 전제하고 있는 것"이고, 또한 "청년실업률 증가 등으로 종래 고졸 이하 학력을 가진 근로자들이 주로 취업하던 직장에 4년제 대학 졸업자들이 취업하는 경우가 늘어나고 있어 고학력자를 채용하지 않는 것은 학력에 의한 차별"이라고 밝혔다.

그러나 현대자동차 등 주요 대기업의 생산직 근로자 채용에 대졸자도 지원하는 길이 열리면서 오는 8월 22일부터 시행되는 고용정책기본법 개정안은 산업현장에서 색다른 논란을 불러일으키고 있다.

현대차 등 일부 대기업의 고졸 생산직은 대졸자보다 급여도 많고, 정년까지 고용보장이 되기 때문에 고졸 이하라는 채용조건이 완화(?)되면 많은 대졸자들이 지원할 것이고, 그렇게 되면 어렵게 정착되어 가는 고졸취업 문화에 부정적인 영향이 우려되기 때문이다.

우리나라의 노동시장이 과도하게 학력중심으로 운영되고 있어 노동시장에서 수용할 수 없을 정도로 많은 젊은이가 대학에 진학하기 때문에 채용 조건을 학력에 따라 규정하는 것이 차별될 수 있다.

한국고용정보원에 따르면 지난 6월 기준으로 학력별 구직자의 임금충족률(구직자의 평균 희망임금 대비 채용 기업들이 제시한 임금의 비율)을 보면 학력이 높을수록(104.3인 중졸 이하를 제외하면) 임금충족률이 낮다.

고졸 취업자가 110.4로 가장 높았고, 전문대졸 106.6, 대졸 104.8의 순인데, 특히 대학원 졸업자는 98.6으로 구직자가 원하는 급여보다 실제 받는 액수가 적었다. 학력이 낮을수록 기대임금이 높지 않은 영향도 있지만, 고학력자의 절대 수가 늘어나면서 대졸 눈높이를 채울 수 있는 일자리가 많지 않은 현실을 반영하고 있다.

박근혜 정부의 핵심 국정과제의 하나는 학력이 아닌 능력중심사회의 구현이다. 그러나 학력만이 유일하게 노동시장에서 인적자원을 평가하는 수단인 상황에서는 학력중심의 노동시장 관행을 개선하는 것은 매우 어려운 일이다.

이런 차원에서 올해로 개발이 완료되는 국가직무능력표준(NCS)에 대한 기대도 크고 그만큼 정책적으로도 매우 중요하다. 현장에서 요구되는 숙련수요를 잘 반영하는 NCS가 개발되고 현장의 변화하는 수요에 맞추어 부단히 개선된다면 학력을 대체하는 노동시장에서 인적자원을 평가하는 수단이 될 수 있다.

NCS는 교원들의 현장 경험이 부족한 특성화 고교와 전문대학의 교육과정을 보다 현장 숙련수요 중심으로 개편하는 기저도 된다.

교육부는 NCS에 기반을 둬 특성화고교 교육과정을 개편하는 작업을 하고 있고 130여 개의 전문대학 중 100개 대학을 선정해 집중적으로 지원할 계획이다. 선정의 가장 큰 준거의 하나가 교육과정을 NCS에 기반을 둬 개편했느냐의 여부이다.

10. 신직업, 직업의식, 진로교육[34)]

온라인상의 개인평판을 관리해 주며, 인터넷에 돌아다니는 나빠진 평판을 개선하고 관리해 주는 '평판관리전문가', 질병이 있거나 병원 치료를 앞둔 아동의 두려움과 불안을 덜어주어 정서적으로 안정화시키는 '병원아동생활 전문가', 사랑하는 사람과의 사별 혹은 이별로 인해 정신·육체적으로 고통을 받는 사람들이 정상생활로 돌아 갈 수 있도록 도와주는 '사별애도 상담원', 자살을 예방하는 상담을 제공하는 '자살예방 상담원', 이혼을 앞두거나 이혼을 한 부모들이 자녀문제로 겪게 되는 갈등을 중립적인 위치에서 중재해주는 '이혼부모 코디네이터…', 선진국에는 있으나 우리나라에는 없는 직업들이다.

정부가 고용률 70% 달성을 위해 우리나라에는 없지만 외국에는 있는 직업 중 도입 가능한 유망 직업을 발굴하여 새로운 일자리로 연결시킬 전략 수립 및 실천 방안 마련에 고심하고 있다.

스타벅스가 우리나라에 진출한 후 바리스타라는 새로운 직업이 등장하면서 프랜차이즈 커피전문점뿐 아니라 개인이 운영하는 커피전문점까지 많이 생겨서 고용창출에 기여한 바가 크다. 바리스타 외에도 푸드스타일리스트, 소믈리에, 파티플래너 등 10여 년 전에는 생소한 직업들이 우리사회 구조 및 의식 변화로 선진국으로부터 도입되어 새로운 시장이 창출된 사례는 많다.

2011년 현재 우리나라에는 1만 1,655개의 직업이 있는데, 미국 3만

---

34) 한국일보_2013.8.9

654개(2010년), 일본 1만 7,209개(2011년)에 비해선 적다.

정부는 전문가들의 도움으로 우리나라에는 없으나 외국엔 있는 직업 중 국정과제에의 기여, 융합기술을 바탕으로 한 새로운 시장 창출, 양질의 시간제 일자리 창출 가능성을 기준으로 100개 직업을 선정하였다. 이후 관련 법제도를 정비하고 산업현장에 필요한 직무수행에 요구되는 직무능력표준을 개발하고 재정지원을 통해 새로운 직업이 생겨날 수 있는 토양을 조성할 계획이다.

관련 부처 간의 협업을 통해 실효성이 있는 정책방안이 시행되어 신직업을 발굴하고 블루오션이 창출되기를 기대해 본다.

신직업 개발 및 보급과 함께 직업, 진로교육이 제대로 이루어지는 것이 중요하다. 청소년을 대상으로 장래희망 직업을 조사하면 교사, 의사, 공무원 등 특정 직업에 편중되어 있다. 한국직업능력개발원의 2012년 조사에 따르면, 다양한 직업에 대한 정보를 가지고 있는 고등학생의 경우도 절반 정도의 학생들이 희망하는 직업은 교사 등 20개에 불과하였다. 중학교 1학년생은 50%가 희망하는 직업의 수가 11개에 그쳤다.

우리나라 노동시장에서 가장 문제가 되고 있는 것은 구조적인 '미스매치'이다. 중소기업에서는 일 할 사람을 구하지 못하여 아우성인데, 청년들은 대기업이나 공공기관에 취업하기 위해 취업 재수, 삼수를 하고 있다. 우리나라 청년 고용률은 경제협력개발기구(OECD) 국가중 가장 낮은 편에 속한다.

대기업과 중소기업 간의 현격한 임금 격차, 그리고 장래성 때문에 대기업이나 공공기관을 선호하기도 하겠지만 다양한 직업에 대한 이해가 부족한 것도 이유가 될 것이다.

우리나라 사람들의 직업에 대한 귀천의식은 미국, 일본, 독일 등 선진국보다 훨씬 심하다. 교사, 약사 등 공공부문과 고소득 전문자영업자 그리고 사회적 평판이 높은 직업을 높이 평가하는 방면 민간부문의 직업을 낮게 평가하는 경향이 있다.

진학 위주의 교육에서 직업이나 진로교육을 소홀히 하여 온 것이 한국인의 직업에 대한 귀천의식을 심하게 만든 요인의 하나라고 본다.

지난 몇 년간 정부는 진학 위주 교육에서 탈피하여 고졸취업 활성화 정책을 시행하면서 진로교육에 대한 투자를 확대하고 있다. 박근혜 정부도 진로교육이나 체험활동을 중요시하는 자유학기제를 시범운영을 거쳐 중학교에 도입할 계획이다.

정부는 신직업 발굴을 통해 새로운 일자리를 만드는 세심한 전략과 실천방안을 모색하고, 중고등학생들의 진로교육을 강화하여 올바른 직업의식을 심어주고 다양한 직업의 세계를 체험하도록 하여야 한다.

11. 고졸취업 활성화, 아직도 멀었다[35)]

미국 젊은이들 사이에 자격증 따기 열풍이 불고 있다고 한다. 미국도 청년들이 많은 비용을 들여 대학을 나와도 변변한 일자리를 찾지 못하는 현실은 우리와 비슷한 듯하다.

미국인 4,000만 명이 약 1조 달러의 학자금 상환 부담을 갖고 있고, 대학을 졸업해도 절반 이상이 대학 교육을 필요로 하지 않은 일을 하고

---

35) 한국일보_2013.7.26

있으니 대학을 가는 대신 혹은 대학을 중퇴하고 비교적 짧은 기간의 교육이나 연수를 거쳐 취업을 하면 급여도 대졸자보다 많이 받을 수도 있어 자격증을 따려고 하는 것이다.

우리나라도 사정은 비슷하다. 한국직업능력개발원이 학생 1만 명 이상인 중위권 10여 개 대학의 재학생 1,000여 명을 조사한 결과에 따르면, 우리나라 청년들은 자격증을 영어능력, 대학 졸업 여부와 함께 취업에 중요한 것으로 보고 있는 것으로 나타났다. 대학생들이 어학연수를 통한 영어능력 향상, 자격증 취득 등 소위 스펙 쌓기에 공을 들이는 이유다.

그러나 대학생들의 영어능력이나 자격증이 실제로 취업에 도움이 되는지는 불확실하다. 취업포털 잡코리아에 따르면, 지난해 조사대상 400여 개 주요기업의 3분의 2가 신입사원 공채 때 영어 어학 점수에 제한을 두지 않았다. 제한을 둔 기업의 토익점수 평균 커트라인도(일반적으로 조금만 노력해도 얻을 수 있는 점수인) 700점을 약간 넘었다. 민간자격도 취업에 도움이 되는 국가에서 공인된 것은 100여개 정도이다.

1997년 말 외환위기 이후 심각해진 청년실업문제가 15년이 지난 현 시점에서 근원적으로 해결되지 못하고 오히려 악화된 듯하고 많은 대학생들이 별로 소용되지 않은 자격증 등 스펙 쌓기로 귀중한 시간과 자원을 낭비하는 것은 고졸 경시라는 노동시장 관행 및 사회분위기가 획기적으로 개선되고 있지 못하기 때문이다.

최근 몇 년간 약간 줄어들었지만 우리나라는 여전히 너무 많은 젊은이들이 대학에 진학하고 있다. 경제협력개발기구(OECD) 국가 중 대학 진학률이 가장 높은 나라 군에 속한다. 대학교육에 걸 맞는, 누구나 원하는 좋은 일자리는 오히려 줄어들고 있는데, 젊은이들은 대학을 가려고 하고, 부모들은 어떠한 희생에도 자식들을 대학, 그것도 좋은 대학에 진학시키려고 한다.

자식의 교육을 위해 가족을 해외에 보내고 국내에 남아 돈을 버는 기러기아빠라는 우리나라에만 있는 사회적 병리현상이 존재하는 한 인위적으로 대학에 진학하려는 국민들의 욕구를 막을 수는 없다.

청년 노동시장의 인력수급 불일치를 해결하는 유일한 대안은 고졸취업을 더욱 활성화시키는 것이다.

지난 몇 년간 기술예비명장을 양성하는 마이스터고의 육성으로 대표하는 '선취업-후진학' 정책의 시행으로 고졸취업의 노동시장 여건이 상당히 개선되었다. 주요 대기업 및 공공기관에서 고졸자를 일정부분 할당하여 선발하고, 승진 등에 있어서도 제도적인 차별을 없애는 등 여러 노력으로 졸업 후 취업하거나 취업을 희망하는 특성화고(예전의 실업고) 학생의 비율이 올라가는 등 정상화되고 있다.

'선취업-후학습' 체계가 더욱 공고해 지기 위해서는 학벌이나 인연이 아닌 능력중심의 노동시장 관행이 만들어져야 한다.

우리나라 노동시장은 닫혀 있다. 어느 곳에서 출발하느냐 하는 것이 개인의 취업경로를 일생동안 좌우하게 된다. 대기업이나 공공기관에 들어가기 위해 젊은이들이 대학 졸업까지 미루면서 몇 년간 준비하는 이유이다.

출신대학이나 직장에서의 근속년수가 아닌 무슨 일을 얼마나 잘 할 수 있느냐가 채용, 이직, 승진 등의 준거가 되는 열린 노동시장이 만들어져야 한다.

박근혜 정부가 추진하고 있는 국가직무능력(NCS)체계 구축, 일-학습 병행제도 등이 성공적으로 시행되면 능력중심 사회로 다가갈 것으로 기대된다.

궁극적으로 정부의 능력중심 사회를 지향하는 정책의 결과로 고졸 취업 성공시대라는 노동시장 결과가 우리사회에 현저히 나타날 때 고졸자를 경시하는 사회적분위기도 획기적으로 바뀔 것이다.

12. 자유학기제에 거는 기대[36)]

박근혜 정부 교육정책의 핵심과제 중 하나인 자유학기제의 도입과 관련해 우려의 목소리가 제기되고 있다. 현실과 유리된 정책으로 오히려 더 많은 교육문제를 야기할 수 있다는 것이다.

우리나라 학생과 학부모들은 초·중·고교 12년의 학교생활을 미래의 진로나 직업에 대한 별 고민 없이 좋은 대학, 좋은 학과를 가기 위해 매진하고 있다. 그러나 대학입시 위주의 교육, 그래서 사교육시장이 이상 비대해진 우리의 현실을 더 이상 방치할 수 없기 때문에 자유학기제는 도입됐고, 여러 가지 어려움이 예상되지만 교육현장에 성공적으로 정착시켜야 한다.

우리나라의 대학진학률은 경제협력개발기구(OECD) 회원국 중 가장 높은 수준이라는 것은 주지의 사실이다. 지난 정부에서 중점적으로 추진한 '선취업-후진학' 장려정책의 시행 결과 대학진학률이 어느 정도 완화되었으나 여전히 진학 위주의 고교 교육이 이뤄지고 있다. 특히 취업이 우선시돼야 하는 특성화고교 졸업생의 절반이 아직도 대학에 진학

---

36) 국민일보 2013.4.16

하고 있다.

대학을 졸업하고 원하는 일자리를 잡을 수 있다면 큰 문제는 없겠지만 졸업 후 6개월 내 일자리를 얻는 경우가 절반에 불과하고, 직장을 얻어도 처우가 좋지 않아 자주 직장을 옮긴다. 이처럼 우리 사회의 가장 큰 현안 중 하나인 청년실업의 근원적인 원인의 하나는 과도한 대학진학 열기이다.

누구나 대학을 가려고 하는 것은 사회문화적 분위기의 영향도 있지만 교육현장에서 학력주의를 시정하고 개혁하려는 적극적인 노력을 기울이기보다는 오히려 이에 편승해 진학성과 위주로 교육이 이뤄지는 탓도 크다. 한 고등학교 교실에서 졸업을 앞둔 10월쯤 장래 10년 후 자신들의 모습을 적어내라는 설문에 학생 절반 정도가 백지로 내면서 그 이유로 수학능력시험 결과가 나와 진학하는 대학과 학과가 정해진 후에야 알 수 있다고 적었다고 한다. 이런 우스꽝스러운 현실이 지난 40여 년간 교육현장의 변치 않는 모습이다.

자유학기제는 통상적인 교육과정에서 벗어나 운영되는 별도의 학기로서 학생들의 꿈과 끼를 살려주는 교육과정 운영으로 학생들에게 진로탐색의 기회를 제공하고 학생 주도적이고 창의적인 탐구활동을 장려하는 것이다. 아일랜드의 전환학년제(Transition year), 덴마크의 가교학년제(Bridge year), 영국의 쉼표학년제(Gap year) 등이 자유학기제가 지향하는 외국의 유사제도이다. 외국의 교육현실이 우리와 다른 점이 있지만, 자유학기제가 시행되면 학생들은 한 학기 동안 입시 위주의 학교교육에서 자유로워져 창의적인 탐구활동을 통해 인성을 함양하고 자신의 장래에 대해 고민을 하는 기회를 가지게 될 것이다.

지난 정부에서 시작된 고졸취업 활성화 및 진로교육 강화가 자유학기제 시행과 선순환적 구조로 결합될 때 '선취업-후진학' 생태계가 정착되어 청년실업의 근원적 원인의 하나가 해결될 것이다. 특히 현 정부 핵심교육정책 중 하나인 '개개인이 학력이 아닌 역량에 의해 평가받는 사회 형성'의 기저가 되는 국가직무능력표준체제 구축도 자유학기제와 상호 보완적으로 긍정적인 효과를 가져 올 것이다.

자유학기제가 성공하기 위해서는 산업계와 지역사회의 적극적인 참여와 지지가 필요하다. 학생들의 창의적 활동과 진로체험의 장(場)을 지역사회의 기업체와 단체들에서 제공해 줘야 한다. 자유학기제 시행의 책임을 맡은 교육부뿐만 아니라 미래창조과학부, 문화체육관광부, 지방자치단체 등이 부처영역을 넘어 공동으로 책임을 진다는 자세에서 협조해야 한다.

끝으로 자유학기제의 성패는 새로운 교육과정을 운영해야 하는 학교현장의 선생님들의 능동적인 참여에 달려 있다. 우리 교육의 병폐를 치유할 수 있는 제도라는 공감대를 일선 현장에서 형성시키기 위한 교육행정당국의 절실한 노력이 필요하다.

13. 高卒취업 성공시대의 조건[37)]

'고졸(高卒)취업 성공시대'가 활짝 열리고 있다. 과거 지속적으로 감소하던 고졸 고용률이 2011년 하반기를 기점으로 증가세로 돌아섰고

37) 문화일보_2012.10.9

상용직의 비중도 커지는 등 고용의 질도 개선되고 있다. 새로이 고교를 졸업한 고졸자의 실업률은 2월 기준으로 2010년 8.6%, 2011년 5.6%, 2012년 4.2%로 크게 줄어드는 추세다.

특성화고교의 취업률은 2009년 16.7%로 바닥을 친 이후 정부의 적극적인 '선취업-후진학(학습)' 정책 추진 등에 힘입어 2010년 19.2%, 2011년 25.9%로 가파르게 상승했으며 올해는 40% 가까이 될 것으로 전망된다. 특히 특성화고교 중 중점 육성 대상 학교인 마이스터교(校)의 경우 대부분의 학교에서 90% 이상의 2013학년도 졸업생이 취업을 확정했다. 이번 달에는 대부분 직장을 구할 것이 확실시된다.

필자가 최근에 방문한 인천전자마이스터교의 경우 학생들의 진로 경로를 글로벌인재형, 기술인재형, 기능인재형, 창업인재형으로 구분하고 수요 맞춤형 교육을 하고 있었다. 특히 캐나다 및 독일 산업체의 해외 인턴 연수를 통해 해외 우량기업에서의 취업 문을 두드리는 등 국내 현장에 머물지 않고 세계 시장에서 통하는 글로벌 인재를 육성하는 것을 교육목표로 하고 있다.

고졸자의 80% 이상이 대학을 가는 우리의 이상한 현실은 1990년대 정부의 중등직업교육 정책이 취업 우선에서 취업과 진학을 병행하는 방향으로 바뀐 것에 기인한 바 크기 때문이다. 대졸자의 구조적 실업 문제, 노동시장의 인력 수급 불균형 문제 등을 해결하기 위해 '선취업-후진학(학습)' 체계를 정착시킬 필요가 있다는 사회적 인식이 자리잡았기 때문에 새 정부가 들어서도 정책 기조를 크게 바꾸기는 어려울 것으로 보인다.

이제 막 시작된 '고졸취업 성공시대'가 정착되기 위해서는 추진해야 할 과제가 많다. 마이스터교를 비롯한 특성화고교에 대한 정부의 지속적인 재정 지원, 학교와 산업체가 함께 하는 산학(産學) 협력의 추진, 노동시장에서의 고졸자에 대한 차별 해소, 고교 졸업 후 계속 교육 및 학습체계·특성화고교에 대한 별도의 성과관리체계 구축 등이다.

고졸취업 성공시대를 정착시키려면 무엇보다도 기업과 학교가 굳건한 산학 협력체계를 구축해야 한다는 것을 취업 선도 모델인 마이스터교의 사례에서 알 수 있다. 21개 1기 마이스터교의 학교당 산학협력협약을 체결한 업체가 77개이고 80% 이상의 학생이 취업약정을 맺은 상황에서 교육을 받고 있다. 산업체 인사가 마이스터교 신입생의 심층면접에 참여하고 있다. 그리고 지난 3월 현재 35개 마이스터교 중 10개 고교의 학교장이 산업체 출신이다. 또한 많은 교원이 산업 현장을 이해하고 현장 전문성을 높이기 위해 3개월 이상의 중장기 연수를 협약을 맺은 기업에서 하고 있다.

기업들이 특성화고 학생들의 현장실습에 적극적으로 참여해야 한다. '선취업-후진학(학습)' 체계가 잘 정착돼 있는 스위스의 경우 기업들이 직업훈련용으로 지불하는 비용보다 수습생의 생산에 기여하는 성과가 높기 때문에 기업 입장에서도 수습생들에게 직업훈련을 실시하는 것이 유리하다는 게 여러 연구를 통해 실증적으로 입증되고 있다. 기업들이 학교와의 산학 협력에 적극적으로 나설 때 기업맞춤형 인력 양성을 위해 학교가 교육과정을 기업 수요에 맞춰 개편하고 교원들의 현장 전문성도 높이는 등의 일을 할 수 있다. 인력 양성이 기업의 사회적 책임이라는 인식을 가지고 기업들이 마이스터교를 넘어서 특성화고와의 산학 협력에 적극적으로 나설 때 고졸취업 성공시대의 기반이 구축되고 노동시장의 구조적 인력 수급 불균형 문제도 해결될 수 있다.

14. '先취업-後진학' 체제 정착시켜야[38]

고졸 취업시대가 열리고 있다. 부산자동차고는 1997년에 개교한 우리나라의 대표적인 특성화고인데, 2010년 마이스터고로 지정된 10이후 취업하는 학생들이 많아졌다. 2010년 2월 졸업자 중 취업하는 학생의 비율은 23.3%였는데, 2011년에는 32.2%, 2012년에는 40.2%로 높아졌다. 전원 취업을 서약하고 입학한 2013년 졸업예정자는 5월 현재 45.2%가 취업이 확정돼 있다.

취업을 목적으로 한 학생들을 위해 설립된 실업계고 졸업자의 절반도 취업하지 않는 현실은 우리나라 노동시장의 고질적 문제인 일자리를 찾는 사람은 많으나 일할 사람은 구할 수 없는 '구직난(求職難)과 구인난(求人難)'이 병존하는 현상을 악화시키고 있다.

최근 발표된 삼성경제연구소의 보고서에 따르면 대졸자의 42%가 일자리를 구하지 못하거나 대학 졸업장이 필요 없는 직장으로 하향 취업하고 있다. 2008년 대학진학률이 83.8%로 정점을 기록한 후 떨어지고 있지만 우리나라의 대학진학률이 독일, 일본, 미국 등 선진국에 비해 아직은 매우 높은 수준이다.

대학생들이 취업을 위해 대학졸업을 늦추고, 고교 졸업 후 취업도 되지 않는 대학에 들어가기 위해 지불하는 사교육비로 인한 사회적 비용은 40조 원에 가까운 것으로 추정되고 있다. 고용노동부에 따르면 2020년까지 전문대졸 이상은 50만 명이 노동시장에 초과 공급되는 반면 고

38) 한국경제_2012.6.7

졸자는 32만 명이 부족하다.

고졸취업박람회에 삼성, KT 등 많은 대기업들이 참여하면서 고졸자들이 몰리고, 대우조선해양 등 많은 대기업과 공공기관에서 고졸채용을 늘리거나 10여 년 만에 새로이 고졸자를 뽑는 것은 매우 바람직한 현상이다. 하지만 고졸 취업시대는 아직 시작에 불과하다.

많은 기업에서 아직은 고졸자들이 자신의 경력관리를 할 수 있는 경로가 마련돼 있지 않다. 보수 등에 있어 대졸자와의 차별을 해소하는 방안이 마련되고 있으나 고졸자들이 취업 후 원하면 진학하거나 훈련을 통해 자신들의 역량을 높일 수 있는 제도가 구축돼 있지 않은 것도 취약점이다. 또한 고졸자들을 조직 속으로 끌어들여 융화시키는 조직문화가 아직은 미흡하다. 정부 관계자와 기업들이 '선취업(先就業)-후진학(後進學)' 체제를 정착시킬 수 있는 방안을 함께 고민하고 마련해야 한다.

올해의 경우 특성화고를 졸업하고 대기업이나 공공기관에 취업하는 학생 비율이 대졸자보다 두 배 이상 높다. 일부 마이스터고, 특성화고 졸업생들이나 졸업예정자는 대기업이나 공공기관에 취업하기 위해 건실한 중견기업이나 중소기업에서의 취업 제의를 거절하고 있다고 한다.

고졸 취업시대를 열어야 하는 사회적 당위성으로 인해 올해 특성화고 졸업자들의 취업 여건이 상당히 좋은 것은 사실이나 모든 구직자가 대기업이나 공공기관에 취업할 수 없는 것도 엄연한 사회적 현실이다.

고졸 취업자들이 차별받지 않는 고졸 취업시대가 지속되기 위해서는 고졸자들도 과도한 눈높이를 낮추고(어느 측면에서는 사회적 배려에 의해) 취업한 좋은 직장에서 열심히 노력하려는 자세를 가져야 한다.

현재 지방소재의 많은 대학들이 학생 모집에 어려움을 겪고 있는데, 고졸자들이 대학 대신 일단 일자리를 택하는 고졸 취업시대가 지속된다면 많은 대학, 특히 전문대들이 학생 충원에 어려움을 겪을 것으로 예상된다. 한국직업능력개발원의 추계에 따르면 학령인구 추이만을 고려할 때 전문대들의 학생충원율은 향후 10년이 지나면 40%대로 떨어질 것이다.

대학들이 자기혁신을 통해 직장인들을 대학으로 끌어들일 수 있을 때 '선취업-후진학' 시대도 공고해질 것이다. 뿐만 아니라 그것이 대학들도 살아남을 수 있는 길이다.

마이스터교와 특성화고 육성책으로 대변되는 고졸 취업시대는 현 정부의 가장 성공적인 교육정책이라는 것이 국민들의 인식이다. 내년도 출범하는 새로운 정부도 우리나라의 많은 사회, 경제적 문제를 해결할 수 있는 고졸 취업시대가 더욱 공고해지도록 각고의 노력을 다해야 한다.

15. 선취업-후진학도 좋은 시도[39)]

직업 체험은 청년백수 무기력증 '막을 수 있는 특효약'

대학들이 수시모집 합격자를 발표하면서 수험생과 가족의 희비가 엇갈리고 있다. 합격생은 축하를 받지만 이 가운데 얼마만큼의 학생이 대

39) 동아일보_2012.12.12

학을 졸업할 때 밝게 웃을 수 있을지는 의문이다. 올해 대학 졸업자의 절반은 졸업 후 6개월 안에 변변한 직장을 잡지 못했다. 대학 휴학생 100만 명 시대가 10년 이상 지속되면서 '절대로, 휴학하시길'이란 문구를 내건 휴학컨설팅 업체까지 생겼다. 미래의 노동시장 상황이나 자신의 적성에 대한 고민 없이 성적에 맞춰 대학에 가는 우리 사회의 '대학 열풍(university fever)'이 만든 슬픈 현실이다.

정부가 고졸 취업 성공시대를 강조하면서 '선취업-후진학'을 하려는 고교생이 늘어나는 현상은 그나마 다행이다. 정부가 중고교에 진로교육 전담교사를 배치하고 관련 교재를 개발하는 등 진로교육에 투자를 하는 모습도 고무적이다. 그러나 정부의 노력만으로 청소년이 진로를 바르게 선택하는 풍토가 조성되지는 않는다. 국민, 특히 학부모의 의식수준이 직업세계의 변화를 못 따라가는 탓이다.

한국직업능력개발원의 조사에 따르면 자녀가 소질과 적성에 맞는 직업을 가지기를 원하는 학부모는 50%가 넘지만 실제로는 70% 이상의 학부모가 교수, 의사, 법조인 등 이른바 '사'자 직업을 바랐다. 부모와 자녀의 희망 직업이 일치하는 비율도 22%에 그쳤다.

요즘 특성화고에 가려는 10대는 많아졌지만 전통적인 직업관을 가진 부모의 반대로 진학하지 못하는 사례도 많다. 부모가 미래의 직업세계를 공부해, 자녀의 적성과 소질을 이해하고 진로를 같이 고민하며 대안을 찾는 노력을 해야 한다. 청소년이 진로를 결정할 때 직업세계에 대한 경험은 필수적이다. 1974년 전환학년제를 도입한 아일랜드에서는 중학교를 졸업한 뒤 학생이 원하면 1년 동안 봉사활동과 직업 체험을 한다. 국내에 이를 전면 도입하기에는 제약이 많지만 우리도 청소년 직업 체험 기회를 늘려야 한다.

현재 우리나라에서 직업 체험을 할 수 있는 곳은 올해 개관한 잡월드가 거의 유일하다. 기업이 단기 인턴제도를 활용해 청소년의 직업 체험 기회를 적극 제공해야 한다. 미래의 인재 양성은 기업의 중요한 사회적 책무이기 때문이다. 대학도 아일랜드와 같이 학생에게 학교를 개방하여 전공별 교과과정 체험 기회를 줘야 한다. 독일이나 스위스에서는 인턴 혹은 도제제도를 통해 청소년에게 직업교육을 적극적으로 한다. 여러 연구 결과 이런 나라에서는 기업이 청소년 대상 직업훈련에 쓰는 비용보다 거두는 수익이 많았다. 진로교육에 대한 국가의 적극적인 지원, 미래의 직업세계를 이해하고 자녀의 올바른 진로 선택을 돕는 학부모의 의식 전환, 청소년에게 직업 체험의 기회를 적극적으로 제공하는 기업의 자세 전환이 있을 때 우리 청소년들이 희망 찬 20대로 사회에 진출할 수 있다.

16. 온 가족이 함께하는 진로교육[40)]

우리나라 부모들의 교육열이 높다는 것은 전 세계적으로 잘 알려져 있다. 자녀 뒷바라지를 위해 허드렛일을 마다하지 않는 우리 부모들의 모습, 심심치 않게 들려오는 기러기아빠들의 안타까운 이야기들을 접하면, 나 역시 부모 입장에서 뭔가 잘못되어 있다는 생각을 가져본다. 우리 부모들은 우리 아이가 행복한 삶을 살았으면 좋겠다는 생각으로 아이

40) 한국직업능력개발원 드림레터_2012.9.3

공부에 물신양면으로 전력투구를 하지만, 정작 그것이 아이의 행복을 찾아주는 바른 길인지에 대해서는 별로 생각하지 못하고, 아이의 능력과 적성에 맞는 진로 찾아주기에 대해서는 아직 초보적이다.

아이의 진로 찾기에 온 가족, 특히 엄마, 아빠가 아이와 함께 고민해야 한다. 40대 중반 이후 우리나라 주부들의 인생 성적표는 자녀가 어떤 대학에 가느냐에 따라 매겨진다는 말이 있다. 이제 엄마의 역할은 아이를 좋은 학교 보내기에서 아이가 진로를 찾을 수 있도록 도와주는 것으로 바뀌어야 한다. 아이 공부에 필요한 경비를 대는 것이 아빠의 역할을 다하는 것이라는 생각에서 벗어나야 한다.

아이들이 대학에 진학할 때 어느 학과를 가느냐, 고교 졸업 후 취업을 할 때 어느 직업을 택하느냐 하는데 있어서 엄마, 아빠의 역할이 매우 중요하다. 사회생활을 하는 엄마, 아빠의 경험이 제대로 전달된다면, 아이가 장래 진로를 결정할 때 매우 소중한 자산이 된다. 사회생활로 바쁘겠지만 엄마, 아빠들도 아이들의 적성, 하고자 하는 분야의 장래 전망 등 아이들의 진로에 대하여 지속적으로 관심을 가지고 아이들과 대화해야 한다.

또한 어느 한 쪽의 부모에 의해 아이의 진로가 결정되기 보다는 엄마, 아빠를 포함하여 온 가족이 함께 고민하고 결정하는 과정이 아이가 장래에 사회생활에서 어려운 상황에 부딪칠 때, 난관을 극복하는 큰 힘이 될 것이다.

제4장

경력단절 없는 여성 취업

제4장

경력단절 없는 여성 취업

글로벌 컨설팅그룹인 베인앤컴퍼니에 따르면 우리나라 여성 잠재력 활용지수는 2013년 기준으로 100점 만점에 35점으로 비교대상 25개국 중 23위다. 1위 아이슬란드, 2위 노르웨이, 3위 스웨덴의 점수는 70점이 넘는다. 2014년 기준으로 여성 고용률은 49.5%로 남성 71.4%에 비해 20%P이상 낮은데, 그 격차가 1990년 이래 좁혀지지 않고 있다.

남성 근로자 임금이 100일 때 여성 근로자 임금은 62.6로 2012년 기준으로 OECD가 발표한 비교대상 11개국 중 가장 낮은데, 그 격차가 2000년 이후 전혀 개선되지 않고 있으며 오히려 OECD 평균과 더 멀어지고 있다.

결혼이나 출산과 함께 여성이 노동시장에서 이탈하여 육아 부담이 해소된 후 다시 노동시장에 진입하는 'M자형 곡선'의 연령-고용률 구조도 40년간 유지되고 있다.

공공기관을 제외하고는 여전히 많은 여성들이 법에 정해진 출산휴가 혜택을 누리지 못하고 있다. 여성정책연구원 조사에 따르면 출산휴가

90일을 보장하는 사업체는 56.1%이고, 300인 이상 사업체도 80.4%만 보장하고 있다.

여성 근로자는 비정규직 비중이 높고, 특히 30대 후반에서 50대 전반의 여성은 비정규직 비율이 남성보다 2배 가까이 높다.

우리나라 여성 인력이 제대로 활용되면 GDP가 1% 높아진다는 연구 결과도 있다. 여성인력이 경력 단절 없이 일하기 위해서는 출산 전후 근로시간 단축을 통한 일과 가정의 양립, 부모 육아 휴직 활성화 등의 환경 조성이 필요하다.

유연근무제나 시간선택제가 확산되면 경력 단절이 없이 일하는 여성이 늘어날 것이다. 시간선택제를 노동계에서는 새로운 비정규직 직군을 양산하는 제도라고 반대하고 있으나 시간선택제 일자리가 현재의 시간제 일자리로 변질되지 않도록 정부와 기업의 노력이 필요하다. 반듯한 전일제 일자리와 질 좋은 시간제 일자리로 이뤄진 맞벌이 부부가구의 경우 시간제 일자리 활성화가 일과 가정을 양립시키는데 기여할 것이다.

시간선택제 일자리 뿐 아니라 현재의 시간제 일자리도 질 좋은 일자리로 만들기 위해서는 열린 노동시장이 구축되어야 한다. 사람 중심의 업무 수행 방식이 육아휴직 그리고 시간선택제 확산의 걸림돌이 되고 있다. 육아 휴직에 따른 업무 공백을 임시인력으로 대체하여야 하기 때문에 조직의 생산성이 저하되고 동료들에게 결과적으로 부담이 되기 때문이다.

직무 중심으로 일하는 방식이 개편된다면 일자리 나누기도 용이하여질 것이다. 2016년 고시된 국가직무능력표준에 기반하여 직업훈련시스템과 국가자격제도가 개편된다면 경력이 단절된 여성들도 비정규직이 아니라 정규직으로 노동시장에 재진입하는 기회가 확대될 수 있다.

경직된 의사결정 구조, 정원관리로 인한 유연한 인사관리 시스템 부재, 성과보다는 연공에 의한 승진문화로 인해 공공기관의 경우 중간관리자급 여성리더의 육성을 위해서는 별도의 대책이 필요하다. 여성리더 육성에는 CEO의 역할이 중요한데, 공공기관장 임기가 3년이기 때문에 여성의 파격적(?) 간부로의 승진이 과시용 행정으로 귀결되지 않기 위해서는 여성 승진 할당제와 같은 방안도 고려하여 보아야 한다.

1. 공공서비스는 여성리더를 원한다[41)]

브렉시트 이후 영국의 운명이 체크아웃(check out)은 하였으나 떠날 수는 없는 이글스(Eagles)의 노래 '호텔 캘리포니아(Hotel California)'의 투숙객의 운명처럼 될 것이라는 예상을 하는 등 향후 전개될 상황이 불확실하다. 그러나 캐머런 영국 수상 등 남성들의 정치적 과욕이 초래한 대혼란을 여성들이 뒷수습을 할 것은 확실해 보인다.

영국의 차기 총리 후보 테리사 메이, 앤드리아 레드섬 두 여성 중 메이가 26년 만에 영국의 여성 총리가 되어 앙겔라 메르켈 독일 총리와 브렉시트 협상을 할 것이다. 미국 차기 대통령으로는 힐러리 클린턴이 유리해 보인다. 독일 일간지 디벨트는 '남자들이 벌여 놓은 쓰레기를 치

41) 이데일리_2016.7.21

우기 위해 여성들이 나섰다'고 보도하고 있다.

미국보다 먼저 여성대통령을 배출한 우리나라지만 공공부문에서의 여성의 위치는 아직 취약하다. 20대 국회의원 중 지역구 여성국회의원은 26명에 불과하였다. 공공기관에서의 여성 관리자 비율은 개선되는 추세에 있지만 15.94%에 불과하다.

공공부문에 대한 국민의 요구가 수요자 중심으로 다양화되고 있기 때문에 공공부문의 대국민 서비스 제고를 위해서는 친화력, 배려심, 수평 중심의 커뮤니케이션, 섬세함 등 여성의 강점이라 할 수 있는 요인들이 필요하나 공공부문에서 여성인재가 리더로 성장할 여지는 민간부분에 비해 오히려 취약하다.

하위직급에서는 남녀 비율이 비슷하나 중간관리층을 포함하여 상위직급으로 갈수록 여성의 비율이 줄어든다. 한국산업인력공단도 2016년 하반기 승진에서 승진예정 인원의 5배수에 포함된 1, 2급 승진 대상자 중 여성은 한 명에 불과하였다. 보다 심각한 문제는 하위직급의 여성들이 멘토로 하여 직접적으로 경력개발의 롤 모델로 삼을 수 있는 중간직급에서 여성인력들이 적은 것이다.

공공부문은 성과가 수익 등으로 가시적으로 표출되지 않기 때문에 열위적 위치에 있는 여성들이 역량 발휘를 통해 리더로 성장하기가 더 어렵다. 특히 정부지침에 따라 정책을 집행하고 국민에게 서비스하는 공공기관의 경우 규율에 따라 철저하게 업무를 집행하는 보수적이고 경직된 조직문화가 여성의 리더로서 성장의 장애 요인이다.

경직적 의사결정 구조, 정원관리로 인한 유연한 인사관리 시스템 부재, 성과보다는 연공에 의한 승진문화, 직무가 아니라 사람에 의해 일이 이루어지는 업무 추진방식 하에서 공공기관의 중간관리자급 여성리더의 육성을 위해서는 한시적으로 여성 승진 강제 할당제와 같은 제도의 도입이 필요하다. 특별 승진제도가 활용될 수도 있으나 예외적인 것을 터부시하는 공공기관의 특성상 특별승진제도가 활성화 될 가능성은 크지 않다.

공공부문에 보장되어 있는 육아휴직제도가 역설적으로 여성리더 육성의 장애요인이 될 수 있다. 육아휴직에 따른 업무 공백을 임시인력으로 대체하여 조직의 생산성이 저하되고 동료 직원들에게 결과적으로 부담을 주기 때문이다. 별도의 정원관리 등 조직의 생산성을 저해하는 부작용을 줄일 수 있는 조치가 필요하다.

거시적으로는 고용시장이 능력중심으로 작동할 수 있도록 인프라를 구축하여야 한다. 국가직무능력표준(NCS)에 기반한 능력중심사회 구축이 하나의 대안이다. NCS가 고용시장에서 훈련, 채용, 전직, 승진 시 능력평가의 공정한 기준이 될 수 있다. NCS 기반으로 직업훈련제도를 개편하여 여성들이 산업현장에서 필요한 능력을 키우는 것이 용이해짐으로써, 경력이 단절된 여성도 능력중심의 채용을 통해 노동시장으로 재진입할 수 있는 기회가 확대될 수 있다. NCS에 기반하여 조직의 인적자원관리가 이루어진다면 남성중심의 경직된 조직문화도 바뀔 것이다.

2. 힐러리 클린턴과 유리천장[42)]

차기 미국대통령 선거에서 경선할 공화당과 민주당의 후보를 뽑는 프라이머리가 매우 흥미롭다. 올해는 공화당과 민주당 모두 당 주류가 아닌 외부자가 경선에서 돌풍을 일으키고 있다.

공화당 경선에서 1위를 달리고 있는 억만장자 도날드 트럼프는 무수히 쏟아내는 막말에도 불구하고 파죽지세로 부동의 1위를 지키고 있다. 그 기세가 초반에 비해 꺾였지만 민주당도 버니 샌더스가 상위 1%가 아닌 미국 국민 전부를 위한 경제체제를 만들어야 한다고 역설하여 젊은 층의 지지를 많이 받고 있다.

가장 흥미로운 점의 하나는 미국 최초의 여성대통령을 꿈꾸는 힐러리 클린턴에 대한 여성들의 지지가 여전히 힐러리의 기대만큼 못하다는 것이다.

매들린 울브라이트 전 국무장관은 '지옥에는 여성을 돕지 않은 여성을 위한 특별한 자리가 마련돼 있다'고 했다가 오히려 클린튼의 지지율을 떨어뜨리고 본인도 '나의 가장 비외교적 순간'이었다고 사과해야 했다.

뉴햄프셔주에서 참패한 클린튼에게 기사회생의 전기를 마련해 준 네바다주 경선에서 힐러리를 구한 것은 여성이 아닌 흑인과 45세 이상 중 고령자였다.

2008년 오바마 현 대통령과의 경선에서 젊은 미혼의 미국 여성들은 오바마를 더 지지했는데, 올해도 그 상황은 변하지 않았다.

---

42) 경상일보_2016.3.16

힐러리는 여성이 보다 남의 이야기를 경청하고, 동료를 잘 이해하고, 새로운 생각에 개방적이고, 양자에게 이득이 되는 방향으로 일을 풀어 간다고 여성을 치하하고 있지만 대졸자 중 50% 이상, 대학원 졸업자 중 60% 이상의 젊은 여성들은 힐러리를 지지하지 않고 있다.

최초의 여성 대통령에 대한 미국 젊은 여성층의 시원치 않은 갈망은 78세인 울브라이트 전 국무장관이 뚫어야 했던 유리천장을 현재의 미국 젊은 여성들은 그다지 심각하게 보지 않고, 성별에 관계없이 역량에 따라 평가받아야 한다고 인식하는 것을 나타낸다고 볼 수 있다.

미국에서 남성과 대등한 교육수준으로 무장된 젊은 여성들이 차별받지 않고 경쟁할 수 있는 노동시장 여건이 되었느냐는 상당히 주관적인 문제이지만 여성이 꼭 대통령이 될 필요는 없다는 많은 미국 젊은 여성들의 인식은 여성활용도 지수가 OECD국가 중 맨 밑바닥 수준이 우리나라로서는 부러운 이야기이다.

한국산업인력공단의 경우 204명의 1, 2급 간부 중 여성은 13명에 불과하다. 이사장이 되고 승진 시 여성을 우대하고 있는데, 상위직일수록 승진후보자 명부에 여성은 매우 적다. 공공기관의 특성상 연공서열이 상대적으로 중요하고 특별승진은 아주 예외적이기 때문에 많은 공공기관에서 유리천장은 구조적으로 존재한다.

지난 해 7월에는 구조적 한계를 극복하기 위해육아휴직에서 복귀한 여성 직원을 간부직으로 승진시켰는데 내부 반발이 컸다. 육아휴직으로 대체하는 인력을 쓰게 되면 생산성이 떨어져 해당 부서에 업무 부담이 되고, 육아휴직자도 휴직기간동안역량개발이 안 되는 측면이 있으나 우리나라 노동시장의 구조적 유리천장을 깨트려야하는 공공기관의 역할도 중요하다고 보았기 때문에 육아휴직자를 승진시켰다.

그러나 공공기관장 임기가 3년이기 때문에 여성의 파격적(?) 간부 승진은 전시행정으로 오해받기 쉽고 실제적으로 과시용 행정으로 귀결될 가능성도 크다. 여성인력에 대한 우대가 전시행정으로 귀결되지 않기 위해서는 일과 육아를 병행할 수 있는 사회적 인프라가 구축되어야 하고 후임 기관장들의 여성인력의 활용에 대한 지속적인 관심, 그리고 무엇보다도 여성들이 유리천장을 깨기 위한 스스로의 각고의 노력이 필요하다.

3. 시간선택제 정착을 위해 풀어야 할 숙제들[43)]

출산이나 육아, 학업 등을 이유로 퇴사하는 인력을 최소화하기 위해 재계 최초로 CJ가 전환형 시간선택제를 도입한다고 한다. 반가운 소식이다. 불과 1~2년 전까지만 해도 시간선택제가 기존 시간제와 어떻게 다른지, 어떤 장점이 있는지 설명하기 바빴는데 어느새 시간선택제는 우리 사회에 긍정적인 모습으로 자리 잡고 있다. 그러나 완전한 정착을 위해서는 아직 해결해야 할 과제들이 남아 있다.

작년 10월 대한상의 조사 결과에 따르면 시간선택제를 도입한 기업 10곳 중 7곳이 인력난 해소와 생산성 향상 등의 효과를 거두고 있는 것으로 나타났다. 그러나 시간선택제 일자리를 도입하지 않은 기업 중 25%만이 향후 도입을 검토하겠다고 응답해 제도 확산을 위해서는 더

43) 조선일보_2015.4.15

많은 노력이 필요하다.

시간선택제 확산 속도가 더딘 이유는 무엇일까? 첫째, 한 사람이 하던 일을 두 사람으로 나누기 어려운 점, 둘째, 24시간 공장을 가동해야 하는 문제, 셋째, 시간선택제를 원하는 전문직 부족, 넷째, 적은 급여로 인한 높은 이직률 등이 원인으로 꼽힌다.

기업들은 시간선택제를 도입하지 않는 이유로 적합 직무 발굴의 어려움과 업무 연속성의 저하, 다른 업무와의 협조 곤란 등을 꼽았다. 하지만 이 문제는 정부에 국가직무능력표준이 정착된다면 상당 부분 해결될 수 있을 것이다. 아울러 시간선택제에 대한 부정적인 인식을 없애는 것도 중요하다. 시간선택제 근로자는 근로시간에 따른 보수의 차이가 있을 뿐 사회보장 혜택 및 복리후생이 전일제 근로자와 차이가 없다는 점이 확실하게 전달되고, 민간 부문에서 그 점이 지켜지도록 정부가 유도해야 한다.

전일제 근로자를 전제로 제정된 노동관계법과 사회보장법제도 개편되어야 한다. 단시간 근로자에게 불리한 노동, 사회보장 관련법으로 인해 시간선택제가 아르바이트와 동일시되는 등 부정적 이미지가 남아 있기 때문이다. 공공 부문 시간선택제 정원 관리도 필요하다. 전일제 근로자가 시간선택제로 전환할 경우 동료 근로자들의 업무 부담이 늘어나므로 출산휴가나 육아휴직처럼 대체 근로자를 고용할 수 있도록 허용되어야 한다. 경력단절 여성을 비롯해 퇴직을 준비하는 중·장년, 일과 학업을 병행하고자 하는 청년층에게 더 없이 좋은 시간선택제 일자리는 지속적인 성장 동력을 확보하는 데 유용한 수단이 될 수 있다.

4. 김효주 우승과 여성 경력단절[44]

프로골퍼 김효주 선수가 지난 주말 미국에서 열린 파인더스컵선대회에서 우승했다. 김 선수는 올해 미국여자프로골프(LPGA)에 처음 참가해 우승컵을 거머쥐는 등 우리 낭자군들이 LPGA 개막이후 연속 우승하는 위업을 달성했다.

지난 몇 십년간을 보면 여러 국제대회에서 한국인으로 처음 우승하는 선수는 주로 여자였다. 우리 여성들이 국제적으로 경쟁력이 있음을 보여주는 것이지만 정작 국내에서는 우수 여성인력을 제대로 활용하지 못하고 있다.

글로벌 컨설팅그룹 베인앤컴퍼니에 따르면 2013년 기준으로 우리 여성 잠재력 활용지수는 100점 기준에 35점으로 비교대상 25개국 중 23위다. 1위 아이슬란드, 2위 노르웨이, 3위 스웨덴의 점수는 각각 76점, 75점, 73점이다. 우리 여성들이 잠재력을 발휘하지 못하고 있다는 것은 남녀간 고용률 차이에서도 확인된다. 2014년 15세 이상 인구 기준으로 여성 고용률은 49.5%로 남성 71.4%에 비해 20%P 이상 낮았다.

이처럼 여성과 남성 고용률 격차는 좀처럼 좁혀지지 않고 있다 1990년에 남녀간 고용률 격차가 20%P 이상이었는데 지금도 그 차이가 유지될 정도다.

보다 심각한 문제는 결혼이나 출산과 함께 여성이 노동시장에서 일시적으로 이탈하는 현상이 지속되고 있다는 점이다. 우리 여성의 고용

---

44) 이데일리_2015.3.26

률은 결혼 시점까지는 올라가지만 그 이후 떨어지기 시작해 육아 부담에서 어느 정도 해방되는 시점부터 다시 올라가는 소위 'M자형 곡선'을 40여 년간 유지하고 있다.

20여 년 전 필자 직장에서 여직원 한 명이 90일간 유급출산 휴가를 간 후 또다시 1년간 무급휴가를 허가 받으려 하자 이에 따른 논란이 불거졌다. 최근에는 출산휴가와 관련된 전반적인 상황이 개선된 듯 보이지만 대기업, 공공기관을 제외하고 여전히 많은 여성들이 법에 보장된 출산휴가 혜택을 누리지 못하는 게 현실이다. 여성정책연구원 조사에 따르면 출산휴가 90일을 보장하는 사업체 비율은 56.1%이고 300인 이상 사업체도 80.4%만이 보장하고 있다. 정규직, 비정규직 모두 출산휴가를 갈 수 있는 사업체는 42.9%에 불과한 게 우리의 현실이다.

국가경쟁력 향상에 필요한 여성인력을 경력단절 없이 활용하기 위해서는 출산 전후 때 근로시간 단축을 통한 일과 가정업무의 양립, 부모 육아휴직 활성화 등 부모 공동의 육아 환경 조성이 시급하다. 유연근무제나 시간선택제가 확산되면 경력 단절 없이 일하는 여성이 늘어날 것이기 때문이다. 경력단절 여성의 재취업을 지원하기 위한 정부 노력도 필요하다.

여성 경력단절 문제를 해결하기 위해서는 정부 노력이나 제도적 장치 마련도 중요하지만 여성인력을 제대로 활용하는 것이 국가경쟁력 향상과 사회 인징 확립에 필요하나는 사회적 공감대가 형성돼야 한다. 출산이나 육아휴직자는 기간제 근로자로 대체할 수밖에 없어 생산성이 떨어지지만 미래 노동력을 확보하기 위해 부담을 짊어지겠다는 기업의 인식 전환도 절실한 시점이다.

5. 남녀 간 임금격차 줄이기 위한 해법은[45)]

통계청이 발표한 고용동향에 따르면 올해 1월 고용률은 58.7%로 지난해 1월보다 0.2%P 올랐다. 남자는 1월에 69.9%로 전년 동월 대비 0.3%P 하락했지만 여자는 48.0%로 지난해 같은 기간에 비해 0.6%P 상승해 남녀 시장 활동비율의 격차가 좁혀지고 있다. 그러나 그 격차를 고려할 때 남녀 간 실질적인 임금차이는 줄어들지 않고 있다고 해도 과언이 아니다.

경제협력개발기구(OECD)에 따르면 우리나라 남녀 임금 격차는 2012년 기준으로 최근 수치가 집계된 11개 회원국 가운데 가장 크다. 남성 근로자 임금이 100일 때 여성 근로자 임금은 62.6에 불과하기 때문이다.

우리나라 남녀 간 임금격차는 OECD가 통계를 집계한 2000년 이후 전혀 개선되지 않고 있다. 오히려 OECD 평균과 점점 더 벌어지고 있는 추세다. 우리의 남녀 임금격차는 2000년 40.4%에서 2012년 37.4%로 3.0%P 줄어드는데 그친 반면 일본은 2000년 33.9%에서 2012년 26.5%로 7.4%P 줄었다. OECD 평균은 2000년 19.2%에서 2011년 14.8%로 4.4%P 줄어 우리의 남녀 임금격차는 2000년 OECD 평균의 2.1배에서 2011년에는 2.5배로 높아졌다.

남녀 임금 차이를 설명하는 주요 변수는 성차별 외에 근속연수, 남성 프리미엄, 연령, 학력 등이다. 개인 능력이 아닌 단지 여성이라는 이유

45) 이데일리_2015.2.24

만으로 차별받아 발생하는 임금격차는 사회적 편견이나 관행을 개혁하는 구조적 변화가 필요하다. 이는 임금차이가 해결될 때 까지 시간이 많이 걸린다는 얘기다. 남녀가 평등하게 대우받는 미국도 남녀 간 임금격차가 2058년에 가서야 해소될 것이라는 전망이 나올 정도다.

최근 공대에 진학하는 여성들이 많아지고 과거 '금녀(禁女)의 영역' 이었던 판검사 임용자의 절반이 여성으로 채워지고 남녀 간 대학진학률 차이가 없는 현실을 감안할 때 남녀 간 임금격차는 점차 줄어들 수 밖에 없다.

우리나라 여성의 'M자형 고용구조'는 근속 등 연공에 따른 보상체계 하에서 개선되지 않으면 남녀 간 임금격차 해소에 걸림돌이 될 것이다. 육아부담을 획기적으로 줄이는 조치를 통해 여성들이 경력단절 없이 노동시장에 지속적으로 머물게 하는 것이 필요하다.

M자형 고용 구조 외에 우리 노동시장의 보상체계도 남녀 간 임금격차가 줄이는 데 장애물이 되고 있다. 우리나라 급여는 성과나 일을 할 수 있는 직무역량보다는 학력이나 근속년수에 따라 결정되는 연공급이다. 연공보다는 직무역량에 따라 보상이 이뤄진다면 여성이 육아 등 가사부담으로 노동시장에서 일시 퇴출한 후 다시 진입하더라고 일을 할 수 있는 역량을 검증받으면 재진입에 따른 불이익은 없을 것이다.

시간선택제 일자리와 같은 유연적 근무형태도 직무능력에 따라 평가받고 보상받는 체제가 구축된다면 현재보다 더 활성화될 가능성이 크다. 사람이 아니라 일에 의해 업무가 수행된다면 업무 분장이 보다 명쾌해져 업무 효율성도 향상될 것이다.

6. 民間기업 나서야 女性고용 해결된다[46)]

20대에는 남성과 큰 차이가 없는 우리나라 여성(女性)의 경제활동은 30대 이후 급격히 떨어지고, 육아 부담을 어느 정도 벗어난 40대 이후에는 다시 노동시장에 진입하고 있으나 좋은 일자리에 재취업할 수 없어 많은 여성 인재가 재취업을 포기하는 전형적인 후진적 구조다. LG경제연구원에 따르면 지난해 여성의 경력 단절로 인한 잠재소득 손실 규모는 국내총생산(GDP) 대비 4.9%인데, 미국은 0.1%에 불과하다.

정부가 지난 4일 발표한 '일하는 여성의 생애주기별 경력 유지 지원 방안'은 기대가 크다. 사회 구조의 특성상 자녀 양육에 우선순위를 둘 수밖에 없는 여성들에게 임신 및 출산, 자녀의 영유아기, 초·중·고 시기에 맞춰 모성 보호, 보육 및 돌봄, 재취업 지원 그리고 일·가정 양립 문화를 조성해 여성의 경력 유지와 경제활동 참가를 뒷받침하는 종합적이고 다각적인 대책을 정부는 제시하고 있다.

육아휴직을 다녀온 비정규직 근로자의 고용기간을 연장하면 임금의 일정 부분을 보전해 주고, 남성이 육아휴직을 사용하면 첫 1개월 급여를 100% 지원하며, 육아휴직 대신 근로시간을 단축하는 대안을 택한 경우 근로시간 단축으로 줄어드는 소득의 일부를 지원하는 등 눈에 띄는 새로운 대책들이 보인다.

지난해 여성의 경제활동참가율이 글로벌 금융위기 이후 처음으로 50%를 넘어섰고, 특히 기혼여성의 고용률이 전년 대비 0.7%포인트

46) 문화일보_2014.2.10

상승하고, '여성새로일하기센터'를 통해 취업한 경력단절 여성이 10만 8,000명이며 이 가운데 63%가 상용직이라는 반가운 소식이 들리나, 국가재정이나 고용보험 재정을 활용해 여성의 경력 유지를 지원하는 등 정부의 여러 방안이 실효성 있는 여성의 고용률을 제고하는 대안이 되기 위해서는 여성 취업에 대한 기업의 인식이 바뀌어야 한다.

대기업을 포함한 국내 민간(民間)기업들은 자체적인 인력 양성에는 소홀하고 다른 곳에서 경력을 쌓은 인재를 영입하는 데는 열심이어서 몇 년 전에 고용노동부 장관이 중소기업에서 양성된 인력을 대기업에서 채용하는 경우 일종의 '이적비'를 물리는 방안을 검토한 적이 있을 정도다. 여성인력 채용에 있어서도 많은 기업은 당장의 손익계산만 고려하는 경향이 있다.

우리나라 여성의 경제활동참가율이 남성 수준으로 높아지면 경제성장률이 연평균 1% 제고된다는 것이 경제협력개발기구(OECD)의 연구 결과다. 여성 채용 및 경력 유지는 기업의 사회적 책임이라는 인식이 확산돼야 정부의 여성 경력 유지를 위한 여러 가지 대책이 실효성을 발휘할 수 있다. 공공부문을 통해서 여성 채용이나 경력 유지를 선도하는 것은 한계가 있다. 보다 근원적으로는 열린 노동시장이 구축되고 스펙(SPEC)이나 학벌이 아닌 능력을 기준으로 인적자원이 평가되는 시스템이 구축돼야 한다.

여성 근로자는 비정규직 비중이 높고, 특히 30대 후반에서 50대 전반은 비정규직 비율이 남성보다 2배 가까이 높다. 이미 정규직으로 진입한 남성들의 기득권이 과도하게 보호되고 있기 때문이다. 2년 고용 이후에는 정규직으로 전환을 의무화한 기간제법으로 2년마다 새로운 일자리를 찾아야 하는 많은 여성의 고용은 상대적으로 불안정하다. 또한 결혼과 육아 후에 다시 일자리를 찾을 때 학벌이나 근무경력에 의해 평가받을 수밖에 없는 것이 현실이기 때문에 육아 부담으로 경력이 단절된 많은 여성들은 생계형 취업을 할 수밖에 없다.

정부가 핵심 국정과제의 하나로 추진하고 있는 국가직무능력(NCS), 이에 기반한 학습 모듈 개발, 국가역량체계(NQF)가 성공적으로 구축된다면 경력 단절이 된 여성이 현장 수요를 반영한 교육훈련을 거쳐 제대로 된 일자리에 취업할 수 있는 기반이 구축될 것이다.

7. 시간선택제 일자리, 대기업에 달렸다[47)]

지난달 26일에 열린 '시간선택제 일자리 채용박람회'에 3만 5,000여 명의 구직자들이 몰렸다고 한다. 육아부담으로 직장을 떠났으나 일을 다시 시작하기를 원하는 여성인력들의 구직 열기가 매우 뜨거웠다고 한다.

박근혜 정부가 추진하고 있는 시간선택제 일자리는 고용이 안정되고, 차별이 없으며, 4대 보험 등 기본적인 근로조건이 충족된다. 여성이 육아 부담을 질 수밖에 없는 사회구조 하에서는 여성 근로자에게 매우 반가운 소식이다. 그러나 노동계에서 새로운 비정규직 직군을 양산하는 제도라고 반대하고 있다. 정부가 시간선택제 교사 등도 공공부문에 1만 6,500명을 채용하기로 한 것에 대해 전교조·교총 등도 교육현장에 혼란을 줄 것을 우려해 반대하고 있다. 특히 이명박 정부 때 채용된 학교의

47) 중앙일보_2013.12.10

영어전담강사들과 같이 새로운 정부가 들어서면 대규모 계약해지 사태로 발전할 것을 우려하고 있다.

우리나라에는 현재 183만 명의 시간제 근로자가 있는데, 임시일용직이 90% 이상이고 80% 이상이 30인 미만 기업 근로자여서 고용이 불안정하고 처우가 열악하다. 임금수준은 전체 근로자 대비 73%, 사회보험 가입률도 30%대다. 시간선택제 일자리를 현재의 시간제 일자리로 인식하면 우려의 목소리가 나오는 것은 당연하다. 그러나 시간선택제 일자리는 우리나라 노동시장을 선진화시키고 고용률 70%를 달성해 1인당 국민소득 3만 달러 시대를 여는 단초를 제공할 수 있는 제도다.

우리나라 노동시장의 특징 중 하나가 여성의 경제활동 참가가 다른 경제협력개발기구(OECD) 국가들에 비해 저조하다는 것이다. 2011년 기준으로 우리나라 여성고용률은 53.1%로 OECD 평균 69.1%보다 훨씬 낮다. 시간선택제 일자리는 많은 여성이 육아에 많은 시간을 쏟아 부어야 하는 시기에도 일을 계속해 뒤처지지 않고 자신의 역량을 축적할 수 있도록 하는 제도다. 시간선택제 일자리가 정년연장 근로자에게 적용된다면 정년연장으로 기존의 일자리가 유지됨에도 불구하고 여유분의 급여로 청년을 새로 채용할 수 있기 때문에 시간선택제 일자리는 청년 일자리를 위협하는 것이 아니라 오히려 촉진시키는 효과를 가져 올 수 있다.

박근혜 정부는 시간선택제 일자리를 임기 중에 93만 개 만드는 것을 목표로 하고 관련법이나 제도를 정비하고 있다. 그러나 일자리를 만드는 것은 기업이기 때문에 정부가 아무리 노력을 해도 한계가 있다는 것이 외환위기 이후 우리의 경험이다. 정부의 역할도 중요하지만 기업, 특히 대기업들이 시간선택제 일자리를 많이 만들어야 한다. 외환위기 이후 대기업에서 채용하는 일자리의 전체 수준은 외환위기 이전보다 오히려 줄어들었다. 전일제 정규직의 채용을 늘리는 것이 바람직하지만 대안으로 고용이 보장되는 시간선택제 일자리를 많이 늘리는 것도 좋다. 노사정이 합심해 시간선택제 일자리가 기존의 시간제 일자리로 전락하지 않고, 여성·고령근로자 및 청년들에게 희망을 주는 제도로 발전되도록 해야 한다.

8. 시간제 일자리 정착되려면[48)]

정부가 최근 시간제 일자리 활성화 대책을 발표했다. 정부는 2017년까지 공공 부문에서 1만 6,500명 정도의 시간제 일자리를 만들 계획이다. 공공기관에서 경력단절 여성을 중심으로 9,000여 명, 국공립학교에서 시간제 교사 3만 5,000명을 채용하는 등 구체적인 청사진을 제시하고 있다.

삼성그룹이 6,000여 명의 시간제 일자리 창출 계획을 발표하는 등 민간 부문에서도 1만여 명의 시간제 일자리가 만들어질 것으로 전망된다.

그러나 민주노총 등 노동계는 시간제 일자리는 파트타임 아르바이트를 말만 바꾼 것으로 고용률 70%를 나쁜 일자리로 채우려는 비정규직 양산 계획이라며 '일자리는 단순히 수치의 문제가 아니라 삶의 질 문제'라고 반발하고 있다. 노사정위원회 위원장도 정부의 시간제 일자리 정책에 대해 우려의 목소리를 냈다는 전언이다.

---

48) 서울경제_2013.11.20

정부의 시간제 일자리 활성화 대책은 향후 보완이 필요한 점이 있는 것은 사실이지만 질 좋은 시간제 일자리 창출을 통해 일과 가정이 양립하는 사회를 건설하겠다는 정부의 구상을 고용률 목표를 달성하기 위한 무리한 정책으로 몰아붙이는 것은 과도한 측면이 있다.

지난 3월 기준으로 우리나라에는 183만 개의 시간제 일자리가 있는데 90% 이상이 임시 일용직이고 80% 이상이 30인 미만 사업장에 고용돼 있기 때문에 고용이 불안하고 처우가 열악한 것이 현실이다.

공공 부문과 대기업 민간 부분에서 만들어지는 좋은 시간제 일자리들은 현재의 열악한 시간제 일자리를 질 좋은 일자리로 전환시키는 단초가 될 수 있다.

지금까지 여러 번의 경제위기로 인한 고용위기 때마다 노사정이 한 목소리로 제시한 대책은 일자리 나누기였는데 그 결과는 기대 이하였다. 근로시간 단축에 따른 임금 하락 등 기존의 일자리를 가지고 있는 계층의 양보를 이끌어낼 수 없었기 때문이다. 정부의 이번 시간제 일자리 활성화 대책은 새롭게 생기는 일자리를 여러 사람이 나누는 대안으로 볼 수 있다.

정부의 시간제 일자리 활성화 대책으로 노동시장을 떠났던 보다 많은 여성인력들이 다시 반듯한 일자리를 가지고 육아 등 가사 일을 병행할 수 있도록 해야 한다.

우리나라의 맞벌이 가구비율은 1990년 16.1%에서 2012년 41.1%로 25%포인트 증가했는데 질 좋은 시간제 일자리가 많이 만들어질 때 맞벌이 가구 비율이 보다 늘어날 것이다. 같은 기간 평균 가구원수는 4.2명에 3.5명으로 감소했는데 전체 가구의 소득측면에서 보면 반듯한 전일제 일자리와 질 좋은 시간제 일자리로 이뤄진 맞벌이 부부가구의 경우 정부의 시간제 일자리 활성화 정책이 비정규직을 양산하기보다는 일과 가정을 양립시키는 데 기여할 것으로 보인다.

시간제 일자리가 일부에서 우려하듯이 질 나쁜 일자리가 되지 않도록 정부가 각별히 노력하겠지만 정부나 대기업이 만드는 시간제 일자리뿐 아니라 현재의 시간제 일자리도 질 좋은 일자리가 되기 위한 근원적인 대책은 열린 노동시장을 구축하는 것이다.

1980년대 기나 긴 불황의 터널을 벗어나 1990년대 세계경제가 회복됐을 때 미국은 일자리가 많이 생긴 반면 유럽은 일자리가 크게 늘어나지 않는 등 고용창출 실적이 큰 차이가 났다. 경기 불황이 다시 왔을 때 정리해고가 상대적으로 어려운 유럽의 고용주들이 경기회복에도 불구하고 신규채용을 최소화했기 때문이다.

일자리가 없는 것보다는 좋은 일자리가 아니더라도 일자리가 있는 것이 개인에게나 사회 전체적으로 바람직하다. 만들어지는 일자리의 질을 따지기에 앞서 새로운 일자리가 만들어질 수 있는 여건을 조성하고 개개인이 역량 축적에 따라 상대적으로 질 나쁜 일자리에서 질 좋은 일자리로 옮겨갈 수 있는 시스템을 구축하는 것이 중요하다.

제5장

차별 없는 채용

제5장

차별 없는 채용

젊은이들이 일하고 싶어 하는 대기업, 공기업들은 대부분 신입직원을 채용할 때 학력, 어학 등 일반적 역량을 기준으로 평가하고 입사 후 필요에 따라 인재를 육성, 활용한다. 경력직 채용도 있기는 하나 대부분의 직원들을 신입직원으로 뽑은 후 내부노동시장을 통해 인재를 관리한다.

우리나라 노동시장에서 채용 기준으로 학력이 가장 중요한 기준이다. 그래서 젊은이들이 대학을 가려고 하고, 그 것도 좋은 대학을 가야 한다. 좋은 일자리를 얻기 위해서는 높은 학점, 높은 영어 점수가 필요하고 해외연수 및 봉사활동 경험이 필요하다고 생각하고 대학생들은 소위 스펙 쌓기에 열심이다. 영어 점수가 채용은 물론이고 입사 후 승진에서도 널리 활용되는 나라는 우리나라가 유일한 듯하다.

몇 해 전에 취업포털 잡코리아가 구직자 847명을 대상으로 한 조사에서 '실무에 필요 없는 스펙 쌓기'(54.3%, 복수 응답)가 취업시장에서 비정상이라고 생각되는 것 중 1위였다. 그러나 스팩초월 채용에 대해 구직자들은 그다지 긍정적이지 않다. 온라인 취업포털 사람인의 조사결과에 따르면 42.4%가 '스펙초월 채용 확산 추세가 자신에게 불리하게 작용할 것 같다'고 답하였다.

공공기관을 중심으로 추진되고 있는 박근혜 정부의 NCS(국가직무능력표준: National Competency Standards)기반 채용, 문재인 정부의 '차별 없는 채용(블라인드 채용)'은 사람중심 채용에서 직무중심으로 노동시장의 채용방식을 바꾸려고 하는 시도이다. 채용방식의 개혁을 통해 과도한 스펙 쌓기에 따른 사회적 비용과 부작용을 줄이고자 하는 것이다.

박근혜 정부의 NCS 기반 채용은 직무중심 채용이 채용기준의 하나였지만 문재인 정부의 '차별 없는 채용'은 모든 공공기관의 채용시 학력, 나이, 전공 등을 입사지원서에 적지 못하도록 하고 직무관련 사항만을 기술하도록 함으로써 매우 강력한 '탈스펙 채용' 방식이라고 할 수 있다.

특히 10여 년간의 개발과정을 거쳐 847 개의 직무를 중심으로 2015년 1차 완성되어 2016년 확정 고시된 국가직무능력은 학력을 대체할 수 있는, 새로운 채용기준이 될 수 있다.

'차별 없는 채용'이 민간부분으로 확산되기 위해서는 다소 주관적일 수 있는 직무 중심의 채용의 정당성을 확보하여야 한다. 객관화된 기준에 의해 인적자원을 평가하는 관행이 노동시장에 자리 잡은 것은 주관적인 평가에 대해 불신하는 우리나라 사회 분위기와 연관이 있다. 몇몇 공공기관에 한정된 것이기는 하지만 공공기관의 채용비리가 반복된다면 '차별 없는 채용'의 민간부분 확산은 기대할 수 있다.

학력, 학점, 영어 점수 등은 우리나라 뿐 아니라 다른 나라에서도 구직자를 선별하는 준거로 활용되고 있다. 기업의 채용비용의 측면에서 합리적인 기준이기 때문이다. 몇 해 전에 '탈스펙 채용'을 별도로 실시하여 화제가 되었던 모 공공기관이 서울소재 대학과 지방대학을 차별하는 등급제를 채용 시 적용하였던 것이 최근에 밝혀졌다. '차별 없는 채용'시 발생할 막대한 채용비용을 감내하려고 하는 민간 기업을 찾는 것은 쉽지 않을 것이다. 지필고사 중심의 대규모 공채에 의한 채용방식과 '차별 없는 채용'은 같이 갈 수 없는 부분이 있다.

몇 해 전에 모 대기업에서 채용 인원의 일정 부분을 각 대학 추천으로 선발하려 했다가 대학 서열을 조장한다는 비판에 포기한 사례에서 보듯이 합리적인 차별을 인정하고 주관적 평가를 신뢰하는 성숙한 사회분위기가 조성되어야 한다.

우리나라는 채용 뿐 아니라 승진, 교육훈련 기회 및 배치전환에 있어서도 직무보다는 출신 대학 및 연공이 중시되고 있다. 능력과 성과 중심의 노동시장이 구축되어야만 차별 없는 채용이 정착될 수 있다.

1. 블라인드 채용, 합리적인 차별을 인정해야[49)]

우리나라 노동시장에서 학력이 가장 중요한 채용 기준이다. 그래서 젊은이들이 대학, 그 것도 평판이 좋은 대학을 가려고 한다. 대학을 간 후에도 좋은 일자리를 얻기 위해서는 높은 학점, 높은 영어 점수, 해외연수 및 봉사활동 경험이 필요하다고 생각하고 대학생들은 소위 스펙 쌓기에 열심이다. 영어 점수가 채용은 물론이고 입사 후 승진에서도 널리 활용되는 나라는 우리나라가 유일한 듯하다.

---

49) 한국경제_2017.10.14

몇 해 전에 취업포털 잡코리아가 구직자 847명을 대상으로 한 '취업 시장에서 비정상이라고 생각되는 것'을 묻는 조사에서 '실무에 필요 없는 스펙 쌓기'(54.3%, 복수 응답)가 1위였다. 그러나 정부가 추진하고 있는 스팩초월 채용에 대해 구직자들은 그다지 긍정적이지 않다. 온라인 취업포털 사람인의 조사결과에 따르면 42.4%가 '스펙초월 채용 확산 추세가 자신에게 불리하게 작용할 것 같다'고 답하였다.

공공기관을 중심으로 추진되었던 박근혜 정부의 NCS(국가직무능력: National Competency Standards)기반 채용, 문재인 정부의 '차별 없는 채용(블라인드 채용)'은 사람중심 채용에서 직무중심으로 노동시장의 채용방식을 바꾸려고 하는 시도이다. 채용방식의 개혁을 통해 과도한 스펙 쌓기에 따른 사회적 비용과 부작용을 줄이고자 하는 것이다.

박근혜 정부의 NCS 기반 채용은 직무중심 채용이 채용기준의 하나였지만 문재인 정부의 '차별 없는 채용'은 모든 공공기관의 채용 시 학력, 나이, 전공 등을 입사지원서에 적지 못하도록 하고 직무관련 사항만을 기술하도록 함으로써 매우 강력한 탈스펙 채용 방식이라고 할 수 있다.

'차별 없는 채용'이 공공기관 뿐 아니라 민간에도 확산된다면 국내 채용시장에 상당한 영향을 줄 것이다. 국내 채용시장에서 가장 중요한 준거의 하나로 활용되고 있는 영어시험을 주관하고 있는 기업에서 차별 없는 채용의 확산으로 매출이 급감할 것을 우려하여 대응논리를 모색하고 있다는 이야기가 들린다.

'차별 없는 채용'이 민간부분으로 확산되기 위해서는 다소 주관적일 수 있는 직무 중심의 채용의 정당성을 확보하여야 한다. 객관화된 기준에 의해 인적자원을 평가하는 관행이 노동시장에 자리 잡은 것은 주관적인 평가에 대해 불신하는 사회 분위기와 연관이 있다.

몇몇 공공기관에 한정된 것이기는 하지만 규정을 무시하거나 시험 점수를 조작하여 유력인사의 연고자를 우선으로 채용하는 채용비리 그리고 감독기관이 이를 몇 해나 수수방관하는 사례가 반복된다면 '차별 없는 채용'의 민간부분 확산은 기대할 수 있다.

학력, 학점, 영어 점수 등은 우리나라 뿐 아니라 다른 나라에서도 구직자를 선별하는 준거로 활용되고 있다. 기업의 채용비용의 측면에서 합리적인 기준이기 때문이다. 우리나라 대부분 대기업에서 시행하고 있는 지필고사 중심의 대규모 공채에 의한 채용방식과 '차별 없는 채용'은 같이 갈 수 없는 부분이 있다. IT의 발달로 응시원서 작성이 매우 수월하여 진 상황에서 노동시장에서 통용되는 객관적인 준거를 고려하지 않는 '차별 없는 채용'시 발생할 막대한 채용비용을 감내하려고 하는 민간기업을 찾는 것은 쉽지 않을 것이다.

몇 해 전에 모 대기업에서 채용 인원의 일정 부분을 각 대학 추천으로 선발하려 했다가 대학 서열을 조장한다는 비판에 포기한 사례에서 보듯이 합리적인 차별을 인정하고 주관적 평가를 신뢰하는 성숙한 사회분위기가 조성되어야 '차별 없는 채용'이 확산될 수 있다.

끝으로 우리나라는 채용 뿐 아니라 보상, 승진, 교육훈련 기회 및 배치전환에 있어서도 직무보다는 출신 대학 및 연공이 중시되고 있다. 능력과 성과 중심의 열린 노동시장이 구축되어야만 차별 없는 채용이 정착될 수 있다.

2. 불신사회와 스펙 쌓기[50)]

'학벌 없는 사회'라는 시민단체가 해체를 선언했다고 한다. 좋은 대학을 나와도 취업에 어려움을 겪는 현실에서 사회의 구조적인 계층분절을 타파하기 위해서는 보다 더 근본적인 개혁이 필요하다는 메시지를 주기 위해서가 아닌가 한다. 그러나 아직도 우리 사회에서 학벌은 매우 중요하다. 외국에서도 좋은 대학을 나오면 연봉도 높고 사회에서 대우도 받지만 우리만큼 심하지는 않다.

최근 음서제 논란의 중심에 서 있는 법학전문대학원 출신의 올해 검사 신규임용 결과를 보면 서울대, 연세대, 고려대 등 소위 'SKY대' 출신이 전체의 66.7%였다. 지난해(59%)보다 이들 대학의 쏠림이 더욱 심화됐다. 우리는 대학을 가야하고, 그것도 좋은 대학을 가야한다. 대학에 가서도 좋은 직장에 취업하기 위해 많은 스펙을 쌓아야 한다. 이는 우리 사회에 만연한 불신풍조 탓이 아닌가 한다. 높은 학점, 높은 영어 점수, 해외연수 경험, 봉사 활동 등 될 수 있으면 객관화된 기준에 의해 인적 자원을 평가하는 관행과 많은 연관이 있는 것이다. 대학 수시전형에서 수상실적, 봉사활동 등 스펙관련 사항을 입학원서에 기재하는 것을 금지했는데, 수학능력 점수를 활용할 수 없는 상황에서 많은 대학들이 공정성 확보를 위해 객관적으로 인정될 수 있는 활동을 많이 한 지원자를 우대했기 때문이다.

능력중심 채용의 확산으로 그 정도가 줄어들기는 했지만 TOEIC 점

50) 경상일보_2016.5.18

수가 채용은 물론이고 입사 후 승진에서도 광범위하게 활용되는 나라는 우리가 유일한 듯하다. 영어가 그다지 활용되지 않는 직장에서도 TOEIC 점수만이 시비 거리를 줄일 수 있는 대안이기 때문이다. 미국대학들은 대학원은 물론이고 학부 입학 전형에서도 GRE, GMAT, SAT 등 시험 점수뿐 아니라 추천서, 학생들의 성장과정, 지원동기 등 여러 요소를 주관적으로 평가해 학생들을 선발한다. SAT를 만점 받고 학과성적이 최상위권인 학생이 일류 대학에서 입학 허가서를 받지 못할 수 있는 나라가 미국이다. 오바마 미국 대통령의 딸을 여러 명문대학에서 구애했으나 하버드대학으로 가기로 결정했다는 언론보도가 있었다. SAT 성적에 대한 보도가 없었지만 신뢰사회이기 때문에 대통령 딸에 대한 특혜 입학 시비가 없는 것으로 보인다.

저신뢰 사회가 지불하는 사회적 비용에 주목한 후꾸야마 교수는 미국과 일본을 고신뢰(高信賴)사회, 우리나라를 저신뢰(低信賴)사회로 분류했다. 저신뢰 사회로 인해 우리가 지불하는 비용은 매우 크다. 불필요한 스펙 쌓기에 낭비되는 자원손실도 크지만 선진사회로 도약하기 위해 도입하려는 제도적 개혁이 좌초되거나 의도하지 않는 방향으로 진행되기도 한다.

미국의 법학전문대학원 제도와는 달리 우리나라가 변호사 시험의 합격률은 50%까지 내리도록 설계된 것도 법학전문대학원 입학전형이 주관적인 요소에 좌우될 여지가 크다는 것과 무관하지 않는 듯하다. 법학전문대학원 입학 전형 개선안에는 니트 성적 등 객관적 평가 비중을 강화하고 면접위원에 외부 인사를 포함시키는 블라인드 면접이 포함돼 있다. 선생님에 대한 불신이 깔려 있는 것 같아 씁쓸하다.

정부는 공무원 사회의 폐쇄성 완화를 위해 개방형 직위를 대폭 확대할 계획이다. 경력자에 대한 평가는 주관적일 수밖에 없기 때문에 법학전문대학원과 같이 음서제 논란에 휘말릴 소지가 있다. 많은 공공기관들이 성과연봉제 도입을 둘러싸고 진통을 겪고 있다. 핵심쟁점의 하나가 평가제도다. 피평가자의 평가자에 대한 불신이 성과연봉제의 수용성을 높이는 데 장애요인이다. 학벌대체를 위해 정부가 추진하는 능력중심사회도 표준화된 기준에 의거한 직무능력 평가체계 구축과 함께 능력에 대한 주관적 평가가 수용될 수 있는 신뢰사회가 돼야 가능하다.

3. 채용방식 국가직무능력표준 기반으로 바꾸자[51]

삼성그룹 신입사원 채용제도가 올해 하반기부터 새롭게 확 바뀐다. 직무적성검사(SSAT)에는 연간 20만 명이 몰려 수험서, 학원 등 사교육시장 과열로 또 다른 스펙 채용이 아니냐는 지적을 받아왔다. 기존 전형에 직무적합성평가와 창의성면접이 추가된다. 국내 채용시장에 상당한 영향을 줄 것으로 전망된다.

국내 기업들은 신입직원을 채용할 때 학력 어학 등 일반적 역량을 기준으로 평가하고 입사 후 필요에 따라 인재를 육성, 활용해 왔다. 수십년간 지속된 이 같은 인재육성·활용전략은 경쟁이 글로벌화한 시대에는 효용성이 떨어지고 있다. 사후 교육훈련 비용이 너무 많이 투입되고 경영환경의 빠른 변화에 내부 인력만의 활용은 한계가 있기 때문이다.

---

51) 동아일보_2015.1.21

직무가 아닌 사람 중심 채용방식은 청년층의 과도한 스펙 쌓기에 따른 사회적 비용과 부작용을 낳고 있다. 스펙 초월 채용이 공기업, 대기업에서 시도되고 있으나 아직 방향성을 못 잡고 있다.

'경력 3년, 공모전 입상, 해외 봉사 1년.' 모 공기업이 지난해 스펙 초월 채용으로 내건 기본 요건이다. 학벌이나 어학을 보지 않겠다는 것이 취지인 듯하지만 또 다른 스펙 채용을 한 것 아니냐고 국정감사에서 지적을 받았다. 전공이나 능력 적성 등과 실제 직장에서 하는 일 사이의 부조화 해소 대안으로 국가가 제시한 것이 국가직무능력표준(NCS)이다.

한국산업인력공단은 지난해까지 한국직업능력개발원과 협업해 전 산업 분야의 797개 직무표준과 직무기술서, 평생경력 개발경로 등이 담긴 활용 패키지를 개발했다. NCS 기반 역량중심 채용이 정착된다면 학벌과 스펙을 쌓기 위해 시간과 비용을 허비하는 현실을 완화할 수 있다. NCS를 통해 우수한 직업교육훈련을 받을 수 있고 자격을 취득한 뒤 취업까지 이어지는 기반이 구축된다.

NCS는 근로자의 노동시장 이동도 유연하게 해준다. 여러 기업에 활용될 수 있는 공통 프로그램을 이수하면 다른 기업의 업무에 적응하는데 도움이 될 수 있다. NCS를 기반으로 국내 노동시장이 연공이 아닌 직무 중심으로 개편된다면 중장년층이 정규직에서 조기 퇴직하고 비정규직으로 재취업하는 노동시장의 구조적 문제도 해소될 수 있다.

4. NCS기반 채용, 능력중심사회의 시작[52)]

정부는 능력중심사회의 구현을 위해 국가직무능력표준(NCS)에 기반한 채용을 공공기관부터 선도적으로 추진키로 했다. 정부와 130개 공공기관은 '직무능력중심 채용 업무협약'을 맺었다. 130개 공공기관은 올해부터 NCS에 기반한 채용을 한다. 2017년부터는 전 공공기관에 NCS 채용이 적용된다.

NCS는 산업 현장에서 업무를 수행하기 위해 필요한 지식, 기술, 태도 등의 직무능력을 국가가 표준화한 것이다. 작년 말 민간이 주도하고 정부가 지원해 건설, 정보통신, 문화예술디자인 등 797개 직무별 모델 개발을 마쳤다.

대학을 나와도 취업이 매우 어려운 현실에서 청년들이 사용설명서(specification)를 뜻하는 '스펙' 쌓기에 많은 시간과 자원을 들이고 있지만 사용설명서의 일부만이 활용되듯이 대부분의 스펙은 현장에서 일을 하는 데도, 채용에도 크게 도움이 되지 않는다.

취업포털 잡코리아는 구직자 874명을 대상으로 '취업시장에서 비정상이라고 생각되는 것'을 조사한 결과, '실무에 필요 없는 스펙 쌓기'(54.3%, 복수응답)를 가장 많이 지적했다. 81.8%가 이를 포함해 '대기업만 바라며 장기 구직', '연수 등 해외경험 필수로 생각', '취업 위해 졸업유예' 등을 비정상 행동으로 응답했다.

NCS는 불필요하고 비용도 많이 드는 스펙을 대체하는 유용한 수단

52) 한국경제_2015.4.18

이다. 지난 2월 초에 정부는 NCS가 스펙을 어떤 식으로 대체할지를 공공기관 취업 준비생들에게 이해시키기 위해 NCS를 기반으로 한 자기소개서, 필기평가, 면접문항 등의 예문을 담은 'NCS기반 능력중심 채용방안'을 만들어 NCS 홈페이지(www.ncs.go.kr)를 통해 공개했다.

NCS 채용과 기존 채용의 가장 큰 차이점은 구직자들을 스펙으로 거르지 않는다는 것, 관련 현장경험이 유리하다는 것이다. 경력자라도 관련 경력이 없다면 인턴경험이 있는 신입에 비해 오히려 불리하다. 청년들을 책상에서 현장으로 끌어오는 효과가 기대된다.

한국산업인력공단은 공공기관으로서 올해 처음 NCS기반 채용을 통해 신입사원을 선발했다. 채용인원의 2배를 선발한 기초직업능력평가인 필기시험 합격자에 대한 설문조사(인력공단의 입사지원서에는 영어성적 점수나 학점을 물어보지 않고 직무를 수행하는 데 필요한 과목이나 실무경험을 적는다) 결과에 따르면, 13%가 토익(TOEIC) 700점 미만이었고 89%가 NCS기반 채용문화 확산을 긍정적으로 평가했다.

NCS 채용을 위해서는 구직자가 준비하고 대응하는 현장에서 혼선이 없어야 한다. 우선 올해 적용하는 30개 기관의 경우도 직무면접에 중점을 두고 있다. 사전에 일정 기간 채용 공지도 한다. 필기평가의 경우 올해 준비를 거쳐 내년에 중점 적용하는 것으로 이해하고 있다. 그리고 많은 기관에서 이미 직업에 대한 소양, 직무관련 능력 등을 평가하기 위해 채용 방법을 지속적으로 개선해 왔다. NCS 채용이 이미 적용되고 있는 것이다. 구직자들은 NCS 홈페이지 등을 통해 정보를 수집하고 준비하는 것이 필요하다.

NCS 채용 확대 시 인문학이 고사될 수 있다는 우려도 일부 있으나 이는 우려에 불과하다. 오히려 암기보다는 이해, 현장에 대한 경험 등이 필요한 NCS 채용에서 인문학적 소양이 더 필요하다는 지적이 많다. 민간 채용에서 소통, 업무자세, 사회관 등 인문학적 소양을 강조하고 있는 추세와도 맥이 닿아 있다.

NCS 채용은 시작에 불과하다. 교육훈련, 임금 등 보상, 그리고 승진 등 인사관리가 NCS에 기반해 이뤄질 때 학벌이 아니라 능력에 따라 대우받는 '열린 노동시장'이 구축될 수 있다.

5. NCS는 또 하나의 스펙이 아니다[53)]

공공기관들이 국가직무능력(NCS; National Competence Standards)에 기반을 둔 채용을 하면서 채용시장에 큰 변화의 바람이 불고 있다. 지난 3월 정부와 130개 공공기관은 올해 NCS에 기반을 둔 채용을 하는 양해각서(MOU)를 체결했다. 2017년까지 모든 공공기관은 NCS에 기반을 둔 채용을 해야 한다. NCS에 기반을 둔 채용이란 해당 직무를 수행하는 데 필요한 역량을 어느 정도 가지고 있는지를 평가해 채용하겠다는 것인데, NCS가 아직 일반인들에게 생소한 개념이기 때문에 관련 사교육 시장이 형성되고 있다는 반갑지 않은 소식도 들린다.

우리나라는 학벌 중심의 닫힌 노동시장이다. 대학을 나왔느냐, 어느 대학을 나왔느냐가 채용의 중요한 준거이며, 경력의 초기 단계를 어디에서 시작하느냐가 나머지 경력을 결정한다. 비정규직이나 중소기업

53) 문화일보_2015.4.17

에서 출발하면 대기업, 공공기관의 정규직으로 중도에 전환하는 것이 어렵다. 정부가 공공기관을 중심으로 NCS 채용을 의욕적으로 추진하는 것은 학벌이 아닌 능력에 의해 평가받는 사회를 구축해 청년실업, 중·장년 재취업, 여성의 경력 단절 등 우리나라 노동시장의 구조적 문제를 근원적으로 해결하려는 것이다.

많은 청년이 대학 졸업 후 직장을 얻지 못해 이른바 '칠포세대'가 되고 있다. 많은 경력 단절 여성은 비정규직으로 노동시장에 재진입 한다. 연공급 체계로 직장에서 조기 퇴직한 중장년층을 위한 마땅한 일자리가 없다. 학벌이나 연공 외에는 인재를 평가할 마땅한 수단이 없기 때문이다.

2002년 노·사·정 합의에 따라 NCS가 개발되기 시작했으나 큰 진전이 없다가 박근혜 정부가 지향하는 능력중심사회의 중심축으로 2013년과 2014년에 집중적으로 개발돼 지난해까지 NCS가 797개나 된다. 50여 개의 새로운 NCS가 올해 개발이 끝나면 우리나라 NCS 체계의 기본 골격은 갖춰지게 된다. 그러나 산업 현장에서 표준적으로 필요한 지식 등을 현장이 주도적으로 정한 것이기 때문에 NCS는 변화하는 수요에 맞춰 지속적으로 보완돼야 한다.

특성화고와 전문대는 NCS에 기반을 둔 교육과정을 개편하고 있으며, 정부에서 향후 5년간 50여억 원을 지원받는 '기업연계형 장기 현장실습' (IPP) 사업의 참여 대학으로 선정된 14개 4년제 대학도 NCS에 기반을 둔 교육과정으로 개편해야 한다. 검정형 중심으로 현장과 괴리돼 있는 자격 제도도 NCS 기반으로 개편 중이며, NCS 기반으로 국가 역량 체계가 구축되면 자격이 노동시장에서 학벌 및 경력을 대체할 수 있을 것이다.

6. 채용방식의 혁신이 필요하다[54)]

대졸자들의 취업난이 좀처럼 나아질 기미가 보이지 않는다. 한국직업능력개발원의 분석에 따르면, 대졸자의 취업난이 가중되면서 취업을 위해 시험을 준비하는 청년들이 2007년 68만 2천 명에서 2013년 96만 명으로 40.8%나 늘어났다.

지난해 9급 공무원 공채시험에는 20만 4천 698명이 응시해 경쟁률이 74.8대 1에 달했다. 공무원 수험생이 31만 9천 명으로 가장 많았다. 우리나라 4년제 대학 및 대학원 졸업 청년층 미취업자의 약 4분의 1은 공무원 시험 준비를 하고 있다. 4년제 대학 재학생(휴학생 포함) 중 취업관련 시험을 준비하는 학생비율은 2007년 8.7%에서 2013년 12.1%로 3.4%p 상승했다.

입사시험(공무원, 민간기업, 공기업) 준비생 중 취업자 비중은 2007년 14.0%에서 2013년 22.9%로 8.9%p 상승해 더 좋은 조건의 직장으로 이직을 준비하는 청년 취업자도 증가했다.

민간기업의 취업을 준비하는 청년층은 2010년 13만 3천 명으로 저점을 나타냈으나 이후 지속적으로 증가해 지난해 26만 명이 늘어났다. 삼성그룹 등 대기업에서 직무적성검사가 확산된 데에 따른 것으로 보인다.

그러나 우리나라 노동시장의 특성 중의 하나인 지필고사 위주의 채용방식이 과연 바람직한 제도인가는 의문이다.

법학전문대학원 제도 도입 이전의 사법시험제도가 '考試 浪人(고시

---

54) 경기일보_2014.4.30

낭인)'을 양산했듯이 지필고사 중심의 대규모 공채에 의한 채용방식은 오랜 기간 입사 시험을 준비하는 수험생을 양산했다. 우리의 소중한 청년 인적자원들이 역량 축적보다는 시험 합격을 위해 많은 시간과 자원을 투입하는 낭비적 사회현상을 일으키고 있다.

이처럼 공공기관, 대기업 등 소위 젊은이들이 가고 싶어 하는 좋은 직장들이 지필고사 중심의 공채에 의존하는 것은 겉으로 드러나는 채용의 공정성에 중점을 두는 우리 사회의 현실과 연관이 깊다.

얼마 전 삼성그룹이 채용 인원의 일정 부분을 각 대학의 추천에 의해 선발하려 했다가 지방대학 등 추천인원을 적게 받은 대학들의 항의와 대학서열을 조장한다는 사회적 비판에 굴복해 새로운 채용방식을 포기한 사례는 이와 같은 사회적 압력을 잘 보여주고 있다.

공무원, 공공기관 등이 선도적으로 채용방식을 지필고사 중심에서 학교추천, 서류전형, 실무경력, 면접 등을 종합적으로 고려하는 방식으로 바꿔야 한다. 또한, 민간기업의 직무적성검사는 대학 수능시험과 같이 직무적성검사 합격을 위한 사교육 시장이 형성되는 등의 부작용이 크기 때문에 대기업들이 좀 더 깊은 고민을 해야 한다.

최근에 현대자동차 그룹이 이공계 졸업생들에 대해서는 수시채용방식으로 전환했듯이 수험생을 양산하는 지필고사 중심의 대규모 공채에서 탈피해 새로운 신입직원 충원방식을 도입하는 결단이 필요하다. 대기업들의 공채시험이 있는 4월에 청년 실업률이 올라가고 같은 날 실시한 현대자동차그룹과 삼성그룹의 대졸자 공채 시험에서 어느 회사의 지원자가 많은가 하는 것이 사회적 관심거리가 되는 일은 더는 없어야 한다.

공무원, 공공기관, 대기업 등의 대규모 공채에 의한 채용방식은 입사

기수에 기반을 둔 조직문화는 선후배 간의 끈끈한 유대감으로 조직의 결속력이 다져지는 장점을 갖고 있다. 그러나 개방화된 사회에서는 그 효용성이 한계가 있다. 특히 외부 노동시장과의 단절된 근속과 조직에 대한 충성도에 기반을 둔 위계질서는 사회지도층을 이루는 공공기관 및 대기업 집단의 '끼리끼리' 문화의 한 축을 이룬다. 원자력업계의 비리구조에서 나타나듯이 우리 사회의 '끼리끼리' 문화는 심각한 사회병폐를 유발하고 있다.

대기업이나 공공기관들이 절차의 공정성을 과도하게 고려하지 않고 다양한 채용방식에 의해 자신들이 요구하는 인재들을 선발하는 시스템을 구축하려면 우리 사회의 신뢰기반이 보다 강화돼야 한다. 주관적 판단이 더욱 개입된 다양한 방식으로 인재를 선발하는 시스템이 잘 운영된다면 우리 사회의 신뢰기반도 강화될 것이다.

7. '스펙초월 채용'을 넘어서[55)]

최근 과도한 학벌중심의 노동시장 관행에 대한 자성 목소리가 높아지면서 은행권 및 대기업을 중심으로 소위 '탈(脫)스펙(Spec) 채용'이 확산되고 있다. 포스코는 올해 초 지원서류에 학력과 출신학교 등을 없앤 '탈스펙 전형'을 포함한 850여명의 인턴사원을 뽑아, 이 중 근무성적 우수자는 정규직으로 채용할 계획이다. 가을 신입직원 공채에서 수출입은행은 채용 홈페이지에서 본인 이름만 입력하고 같은 날 제시되는 기금 관련 에세이만 작성

55) 한국경제_2013.10.10

해서 제출하면 되는 '스펙초월 지원자 전형'을 별도로 실시했다.

정부도 학교, 학점, 영어성적 등 스펙과 관계없이 직무능력이나 역량평가를 통해 인재를 선발하는 능력중심의 채용을 확산시키기 위해 '스펙초월 멘토스쿨'을 운영할 계획이다. 해당분야를 대표하는 실무형 멘토가 잠재력과 열정이 있는 청년 멘티(mentee)를 지도한 뒤 취업에 성공시키는 탈스펙 채용을 확산시킬 방침이다.

그러나 온라인 취업포털 사람인의 설문조사에 따르면 상당수의 청년 구직자는 스펙초월 채용에 대해 그다지 호의적이지 않다. 42.4%가 스펙초월 채용 확산 추세가 자신에게 '불리하게 작용할 것 같다'고 답했다. 그 이유로는 '어차피 기본 스펙을 갖춰야 할 것 같아서', '뭘 준비해야 할지 막막해서', '외향적인 일부에게만 유리할 것 같아서', '공정한 경쟁이 어려울 것 같아서', '일반전형과 별도로 준비해야 해서', '새로운 방식에 적응해야 해서' 등을 들었다. 스펙초월 채용이 확산돼야 하는 당위성에도 불구하고 탈스펙 채용에 대한 이와 같은 우려는 대학 교육을 통해 인적 자원의 생산성을 올릴 수 있느냐에 대한, 경제학에서 해결하지 못한 논쟁과 깊은 연관이 있다.

일단의 학자들은 노동시장에서 대졸자의 급여가 고졸자보다는 지속적으로 높기 때문에 교육이 인적자본의 생산성을 제고시켰다고 보는 반면, 고용주들은 인력을 채용할 때 학벌을 대체할 수 있는 신뢰할 만한 기준이 없어 학력이 가장 중요한 채용 기준이 되고, 결과적으로 대졸자의 급여가 고졸자보다 높다는 주장도 있다. 마이크로소프트 창업자인 빌 게이츠는 노동시장에서 높은 성과를 내기 위해 꼭 대학 교육을 필요로 하는 것이 아니라는 것을 지지해 주는 대표적인 사례이다.

필자가 대학을 졸업할 당시에는 대학졸업장 자체가 대기업에의 취업을 보장해 주었다. 그러나 1990년대 중반 대학설립준칙주의가 도입되면서 대졸자들이 노동시장에 쏟아져 들어오는 반면, 1997년 말 외환위기 이후 기업들이 핵심인력 위주로 운영하면서 대졸자들이 갈 수 있는 일자리는 크게 늘어나지 않는 구조가 됐다. 이런 상황 아래에서 구직자들은 스펙 쌓기에 매달릴 수밖에 없었다. 또한 스펙 자체가 구직자를 선별하는 상당히 중요한 기준이 되기 때문에 탈스펙 채용은 그 확산이 제한적일 수밖에 없다.

한국 사회가 학력 등 스펙을 초월하는 능력중심 사회로 가기 위해서는 학력을 대체할 수 있는, 노동시장에서 통용되는 새 채용 기준을 만들어야 한다. 박근혜 정부가 추진하고 있는 산업현장에 기반한 국가직무능력표준제도(NCS), 이에 기준한 교육과정 모듈 개발, 그리고 NCS와 연계한 국가자격체계 구축이 가지는 중요성은 아무리 강조해도 지나치지 않다. NCS 기준 교육과정 모듈이 현재는 특성화고와 전문대만을 대상으로 개발되고 있지만 향후에는 일반 대학 그리고 산업현장 훈련에서도 활용될 수 있는 모듈이 개발돼야 한다.

정부가 내년부터 추진하고자 하는, 젊은이들이 근로자로서 산업현장에서 이론과 실무교육을 받고 대학 학위나 자격을 취득할 수 있는 '일·학습 듀얼 시스템'에 대한 기대도 크다.

능력중심 사회 구축에 기여하면서 산업체에서 요구하는 맞춤역량을 갖춘 인력을 양성할 수 있을 것이란 전망 때문이다. 독일의 듀얼시스템을 벤치마킹한 '일·학습 듀얼 시스템'이 성공적으로 운영된다면 중소기업의 인력난 해소에도 큰 도움이 될 것이다.

제6장

현장중심의 교육훈련

제6장

현장중심의 교육훈련

세계 경제의 불황에도 불구하고 지속적인 성장 기조를 유지하고 있는 독일 산업의 경쟁력의 주요 원천은 인재육성이 기업의 사회적 책임이라는 인식이 산업계에 확고히 자리를 잡고 있는 것이다. 우리나라에서도 벤치마킹을 한 도제제도를 통해 근로자들이 재직하면서 교육훈련과정을 병행하여 학위나 자격을 취득한다. 인문계 고교나 일반 대학 재학생들에게도 인턴, 현장기반 논문작성 지원 등을 통해 현장실습의 기회를 제공하고 있다.

정부주도의 인력개발 체제에 익숙한 우리나라 기업들은 청년들에게 인턴 등을 통해 실무경험을 제공하는 것을 기피할 뿐 아니라 필요 인력이 있을 경우 자체적으로 양성하기 보다는 외부에서 스카우트하여 수혈하려고 한다. 몇 해 전에 고용노동부 장관이 대기업이 중소기업의 핵심인력을 빼 갈 경우에는 스카우트 비용을 지불하도록 하겠다는 정책 구상을 밝혀 논란이 되었을 정도이다.

청년들에게 현장중심의 교육훈련을 받을 기회를 제공하는데 인색한 기업들은 대학이나 훈련기관에서 양성하는 인력들이 현장성이 떨어져 재교육비용이 많이 들어간다고 불평을 한다.

독일과 스위스의 도제제도를 벤치마킹하여 2014년부터 시작되어 현재 10,000 여개 기업에서 실시되고 있는 일학습병행제는 현장 중심의 인력양성체계를 구축하는 초석이 되고 있다.

일학습병행제는 훈련 비용 및 이직에 대한 위험부담으로 인력투자에 소홀한 중소기업들의 선순환적 인력양성체계를 구축하는 것을 목표로 하고 있다. 중소기업들이 자신들의 필요에 맞춘 훈련시스템을 통해 필요 인력을 양성하여 경쟁력이 높아지고, 체계적인 훈련에 참여하여 자격이나 학위를 취득할 수 있기 때문에 근로자들의 이직률도 줄어들어 인력난 완화에도 도움을 주고 있다.

기업기반 일학습병행제뿐 아니라 고교단계 산학일체형 도제학교, 고교와 전문대학 통합과정인 유니테크사업, 4년제 대학의 장기현장실습 제도인 IPP 등 학교와 기업을 유기적으로 연계하는 단계별 모델이 정착되면 현장에서 요구되는 역량을 키울 수 있는 교육훈련이 이루어지고 학벌이 아닌 역량에 의해 평가받는 사회가 구축되면 청년실업의 구조적 문제도 해결될 수 있을 것이다.

1만 2천명의 현장 전문가, 교사, 그리고 학자들이 참여하여 개발된 847개 직무의 국가직무능력표준(NCS)에 기반하여 특성화고교 및 전문대학 교육과정, 일학습병행제 교육과정, 국가자격제도가 개편되면서 직업훈련교육의 현장성이 대폭 강화될 것이다. 향후 NCS 의 주기적인 점검 및 새로운 NCS 개발을 통해 NCS의 현장성을 유지 내지 강화하는 과제가 있다.

대학교육도 일자리, 현장중심으로 개편되어야 한다. 30여년 후에는 연구중심대학의 존재감도 희미해 질 것이라는 OECD 연구결과가 시사하는 바와 같이 생애교육기관으로서의 대학의 역할이 중요해 질 전망인데, 상당수의 우리나라 대학은 졸업생들의 취업난을 해소하기 위해 일자리, 현장 중심으로 대학 교육을 획기적으로 바꾸어야 한다. 진학도 하지 않고, 일자리도 얻지 못한 석사과정 대학원 졸업자의 비율이 3분의 1이 넘는 현실에서 대학원의 취업역량을 강화하는 것도 중요한 과제이다. 대학원에서도 대학과 같이 취업을 위한 산학협력이 이루어지는 등 취업을 적극적으로 지원하는 체제가 구축되어야 한다.

정부주도의 노력이나 교육훈련기관의 개혁과 함께 인력양성은 기업의 토대가 되는 사회적 자산을 쌓은 일이라는 기업의 인식이 확고히 자리 잡고, 특히 중소기업 스스로가 젊은이들에게 미래에 대한 희망과 비전을 줄 때 현장중심의 교육훈련이 확고히 뿌리를 내릴 것이다.

1. 獨 도제제도와 한국의 일학습병행제[56)]

세계적인 경기 침체로 많은 청년들이 일자리를 찾지 못해 고통받고 있다. 경제협력개발기구(OECD) 회원국의 2016년 기준 평균 청년실업률은 17%다. 유럽도 예외는 아니다. 경제위기를 겪고 있는 그리스와 스페인의 청년실업률은 50%가 넘고, 이탈리아도 40% 이상이다. 반면 독일, 오스트리아 등 일부 유럽 국가들은 청년실업률이 10% 내외이고 성

---

56) 매일경제_2017.5.4

인실업률과 비교해도 큰 차이가 없다. OECD, 국제노동기구(ILO) 등은 독일식 도제제도에 바탕을 둔 교육훈련제도가 낮은 청년실업률의 주요 요인이라고 보고 있다.

지난 4월 초 독일 기업 현장 방문에서 칼자이스(초일류 글로벌 광학 기업) 등 히든챔피언들은 공통적으로 `지속가능한 성장을 위해 가장 중요한 것은 인재육성`이라는 확고한 정책이 있으며 인재육성이 기업의 사회적 책임이라고 인식하고 있는 것을 확인할 수 있었다. 독일은 고교 진학 단계에서 대학에 진학할 청년들과 고교 졸업 후 바로 일자리를 가지는 청년들로 구분해 진로 지도를 하는 이원화된 교육제도를 채택하고 있다. 특성화고교 졸업 후 바로 사회에 진출하는 경우 고교 단계에서 직업교육과 수습 근로활동을 병행한 현장실습을 거쳐 일자리를 가질 수 있도록 지원한다. 독일 기업들은 상공회의소를 중심으로 자율적으로 도제제도를 운영하고 있고, 도제훈련에 참여하는 청년들의 역량 증진을 위한 지원을 아끼지 않는다. 청년들도 자신의 진로에 적합한 기업을 선택해 도제훈련에 집중한다.

글로벌 볼트 나사 생산·유통기업인 뷔르트그룹 방문 시 만난 랄프 라거바워 이사는 본인도 도제생 출신이라고 소개하며, 도제훈련 실시는 기업의 비용부담이 아니며 무엇보다 효과가 높은 투자라고 강조했다. 도제훈련을 통해 들어온 근로자들은 재직하면서 대학이나 교육훈련 과정을 병행해 학위나 자격을 취득하도록 기업이 지원한다. 도제훈련을 거쳐 조직에서 성장한 근로자가 차별받지 않고 임원도 될 수 있는 능력과 성과 중심의 인적자원관리 시스템도 독일 도제제도의 성공요인 중 하나인 것을 확인할 수 있었다.

독일 기업들은 인문계 고교와 대학 재학생들에게도 인턴과 현장 기반 졸업논문 작성 지원 등을 통한 현장실습의 문을 활짝 열어놓고 있다. 인턴, 도제제도 등을 통한 현장실습에서 기업들은 구직자의 역량을 검증할 수 있고, 근로자들도 노동시장 진출 시 필요한 직무역량을 갖추게 된다. 독일 제도를 벤치마킹한 한국형 도제제도인 일·학습병행제는 2013년 말 50여 개 시범기업을 시작으로 2015년부터는 특성화 고교 재학생 단계로 대상을 확대하는 등 4월 현재 6700여 개 기업에서 4만여 명의 학습근로자가 일과 학습을 병행했거나 병행하고 있다.

일·학습병행제의 성공적인 정착을 위해서는 무엇보다 독일과 같이 기업의 자발적 참여와 기업, 교육·훈련기관, 정부의 유기적인 협업 그리고 능력중심사회가 구축돼야 한다.

장이 구축되어야 포용적 성장의 한 축이 구현될 수 있을 것이다.

2. 일자리정책 성공열쇠는 '직업훈련'57)

트럼프 미국 대통령이 지난 2월 28일 하원 연설에서 새로운 이민정책을 발표했다. 학력수준이 높은 숙련근로자를 선호하는 '성과에 기초한 이민제도(merits basedimmigration system)'를 도입하겠다는 것이다. 많은 미국 시민이나 영주권자의 가족들이 미국으로 이주하는 주요 통로인 가족초청 이민을 줄이겠다는 것이 요지인데, 실현될 경우 저숙련 외국인 근로자들이 합법적으로 이주할 수 있는 길이 상당히 좁아질 것이다.

57) 이데일리_2017.3.7

영국, 캐나다, 호주 등 주요 이민국가들이 이미성과기초이민제도를 채택하고 있는 것을 고려하면 합리적인 정책이라고 할 수 있으나 트럼프의 정책기조로 볼 때 성과기반 제도를 이민자 수를 줄이는 수단으로 활용할 가능성이 높다는 것이 전문가들의 견해이다.

트럼프 행정부의 정책 변화는 우리나라 청년들의 해외 취업 그리고 미국내 한인 기업들에게도 부정적인 영향을 미칠 것이다. 고용노동부와 한국산업인력공단은 2016년에 케이무브(K-Move·청년해외취업지원프로그램) 사업을 통해 4,800여 명의 청년들이 해외에서 일자리를 찾는 것을 지원하였는데, 전년대비 66% 증가한 실적이었다. 미국 취업자는 전체 취업자의 21%인 1,800여 명으로 이중50%가 한인기업에서 일자리를 찾았다. 일본 다음으로 많은 수의 우리 젊은이들이 취업하고 있는 미국시장이 저숙련 근로자의 합법적인 취업을 제한한다면 많은 청년들이 다른 나라에서 일자리를 찾아야 할 것이다. 한인 기업들도 대체 활용 인력을 확보하는데 어려움을 겪을 것으로 예상된다.

3월 초 미국인적자원개발학회(AHRD) 주관국제학회 참석차 미국을 방문할 기회가 있었는데 트럼프 취임 이전과는 입국절차가 확연히 달라진 것을 확인할 수 있었다. 입국 절차가 까다로워졌고 입국심사 시간도 길어졌다. 예전에 환하게 웃으며 방문객을 맞아 주었던 미국 대통령의 사진은 없어졌고 외국인 방문객은 환영받지 못하는 '이방인'이라는 메시지를 주는 듯했다. 포드가 당초 멕시코에 건설하려 하였던 공장을 미국에 짓기로 변경했고, 인텔이 70억 달러를 투자해 3만 명의 일자리, 중국의 알리바바가 향후 5년간 100만 개 일자리, 도요타가 향후 5년간 100억 달러를 투자하기로 약속했다. 미국기업뿐 아니라 외국의 다국적

기업들도 고율의 관세 부과로 위협하여 반강제적으로 미국 내에서 일자리를 만들겠다는 약속을 받아내고, 불법이민을 없애고, 저숙련 근로자의 합법적인 통로를 줄여서 미국인들의 일자리를 만들어내겠다는 트럼프의 일자리 정책으로 미국은 직업교육훈련이 강화될 것으로 예상된다.

현장인력의 숙련 향상을 소홀히 하고 실리콘 벨리 등에서 필요로 하는 고숙련 하이텍 근로자와 다국적기업의 관리직 양성에 주력하는 현재의 미국 교육훈련제도로는 해외에서 값싼 노동력에 기반한 저렴한 제품을 생산하여 미국에 들여왔던 많은 기업들의 미국내 공장에서 필요한 인력을 공급하기는 어렵기 때문이다. 저임금 일자리를 미국인들이 차지한다면 임금은 올라 갈 수밖에 없고, 높은 임금에 부합하는 생산성을 미국으로 다시 돌아온 기업들은 요구할 것이다.

자국인 우선주의를 내세우는 트럼프의 일자리 정책의 승리(성공)는 미국의 직업교육훈련제도가 기업의 요구에 부응하도록 혁신적으로 변화할 수 있느냐에 상당 부분 달려 있다. 저숙련 미국인 근로자들이 사회보장 혜택 대신에 직업능력개발에 몰입하는 인센티브를 강화하고 직업능력개발제도의 인프라를 빠른 시간에 구축해야 한다. 우리나라의 의료보험제도를 미국에서 벤치마킹하고자 하듯이 능력중심사회 구축이라는 국정과제를 계기로 획기적으로 혁신되고 있는 우리나라의 능력개발정책도 미국이 참고하여야 할 우수사례가 될 것이다.

3. 실무형 인재키워 노동시장 미스매치 줄여야[58)]

한국은 경제개발협력기구(OECD) 국가 중 가장 높은 대학 진학율에도 불구하고 젊은이들은 현장에서 필요하지 않는 스펙 쌓기로 시간을 낭비하고 기업들은 현장과 괴리된 학교 교육을 신뢰하지 않고 채용 후 직원의 재교육에 많은 투자를 하고 있다.

과도하게 높은 대학 진학율 그리고 이에 결과한 청년들의 심각한 취업난을 근원적으로 해결하기 위해서 정부가 추진하고 있는 중점 과제가 '국가직무능력표준 (National Competency Standards: NCS)' 개발 및 활용· 확산 그리고 한국형 도제제도인 '일학습병행제'의 보급이다.

현장에서 필요한 직무능력을 표준화해 국가 차원에서 체계화시킨 NCS의 개발에는 1만 2,000여명의 현장 전문가, 교사, 그리고 학자들이 참여했다. 지난해까지 24개 직업분야 847개 직무에 대한 NCS가 개발되었는데, 지난 7월에 확정·고시되어 제도적 기반을 갖추게 됐다.

올해까지 230개 공공기관에서 NCS기반 채용을 했다. 이를 도입한 공공, 민간기업 모두 신규 직원의 퇴사율이 감소하고 업무 적응도가 상승했다. 지난해와 올해 1900여개 민간 기업이 NCS기반 채용 및 훈련을 해 NCS가 민간 부분에도 확산되고 있다.

현장성이 떨어진다는 비판을 받아 왔던 직업교육훈련 과정과 자격제도가 NCS에 기반해 전면 개편되고 있다. 특성화고교와 전문대, 그리고 직업훈련기관이 NCS를 기반으로 교육훈련 과정을 개편하고 있다.

---

58) 중앙일보_2016.11.21

기존의 검정형 자격은 대폭 축소되고, NCS에 기반한 과정평가형 자격을 중심으로 자격 체계가 개편되면서 자격의 현장성이 높아지고 있다.

기업 현장에 적합한 교육훈련으로 실무형 인재를 육성해 노동 시장의 미스매치를 해소하고 청년들의 조기 취업을 촉진함으로써 청년 일자리 문제를 해결하고자 하는 것이 일학습병행제의 정책목표다.

지난 9월까지 8153개 기업에서 NCS에 기반한 맞춤형 훈련프로그램이 만들어졌고, 2만 4042명의 학습근로자가 취업과 함께 체계적인 훈련을 받았거나 받고 있다. 신입직원의 직무능력과 업무 적응력이 크게 향상됐고, 신규 직원의 이직률 또한 줄어드는 등 기업 생산성과 경쟁력 강화에 큰 도움이 된다는 것이 일학습병행제를 도입한 현장의 목소리다.

기업기반 일학습병행제 뿐 아니라 고교 단계의 산학일체형 도제학교, 고교와 전문대 통합과정인 유니테크(Uni-Tech)사업, 4년제 대학의 장기현장실습제도인 IPP 등 학교와 기업을 유기적으로 연계한 단계별 모델이 운영되고 있다.

그러나 현재 국회에 상정돼 있는 일학습병행법이 제정돼야 학습근로자가 일학습병행으로 취득한 자격이 국가자격으로 인정되는 길이 열린다.

기업, 대학과 전문대학, 특성화고교 등 교육현장, 그리고 직업훈련기관에서 현장에서 요구되는 역량을 키울 수 있는 교육훈련이 이루어지고 학벌이 아닌 역량에 의해 평가받은 사회가 구축된다면 청년 실업의 구조적 문제가 해결될 수 있을 것이다.

4. 일학습병행제로 니트족 줄여야[59)]

지난 리먼 브라더스 사태로 촉발된 글로벌 금융위기가 발생한 지 8년이 지났으나 미국 경제만이 회생의 조짐이 뚜렷할 뿐 유럽 등 다른 경제권은 침체를 벗어나지 못하고 있으면서 실업이 전 세계 국가의 공통 고민거리이다. 특히 청년 실업이 문제이다. 지난해 스페인과 이탈리아의 청년 실업률은 각각 48%와 40%를 넘었고, 프랑스와 벨기에의 청년 실업률도 24.7%와 22.1%였다.

우리나라의 청년 실업률은 올해 8월 기준으로 17년 만에 가장 높은 수준이기는 하나 9.3%여서 이들 나라에 비해 나은 듯 보이나 실상은 심각하다. 전체 실업률 3.6%에 비해 세 배 가까이 높고 청년 대졸자 4명 중 1명은 교육·훈련을 받지 않으면서 고용 상태도 아닌 이른바 '니트(NEET·Not in Education, Employment or Training)족인데 니트족의 비중은 경제협력개발기구(OECD) 회원국 중 3번째로 높다. 특히 우리나라는 다른 나라에 비해 고학력인 대졸 출신의 니트족 비중이 높다. 대부분의 OECD 국가는 대졸보다 중졸·고졸의 니트족 비중이 높다.

정부가 실현 가능한 모든 청년실업 대책을 지속적으로 내놓고 있지만 상황이 나아지지 않는 것은 경직된 노동시장 등 여러 요인이 있으나 무엇보다도 불필요한 학벌이나 스펙에 의해 인적자원을 평가하는 노동시장의 관행 때문이다. 박근혜 정부가 핵심 국정과제로 추진하고 있는 능력중심사회 구현의 중요한 축인 일학습병행제는 청년 실업률을 낮추고 기

---

59) 이데일리_2016.9.28

업이 요구하는 현장중심의 인력 양성체계를 구축하는 초석이 될 것이다.

청년들이 상급학교에 진학하지 않고 취업해 최장 4년까지의 국가직무능력표준(NCS) 기반 기업맞춤형 체계적 교육훈련을 받고 학위나 자격을 취득하게 되는 일학습병행제에는 8월말 기준(누적)으로 7883개의 기업이 참여하였다. 참여기업의 96%가 중소기업이다. 전문가의 도움으로 기업맞춤형 훈련프로그램을 만들어서 채용하는 기간이 있기 때문에 참여기업과 훈련실시 기업이 차이가 나는데, 지난 8월말까지 4725개의 기업에서 2만 3025명의 학습근로자가 일하면서 훈련을 받았다. 학습근로자의 월평균임금은 164만원으로 최저임금 대비 1.3배 수준이다. 학습근로자의 3분의 1만이 특성화고 재학생 내지 졸업생이기 때문에 현장에 필요한 기술을 체계적으로 습득할 기회가 없던 일반고나 대졸 출신의 취업난을 해소하는데 기여하고 있다.

현장에서의 일학습병행제에 대한 평가는 매우 우호적이다. 대기업과는 달리 비용 등의 문제로 체계적인 훈련프로그램을 가지고 있지 못했던 중소기업들이 자신들의 필요에 맞춘 적합한 맞춤 훈련시스템을 갖추게 되었을 뿐 아니라 체계적인 훈련에 참여하여 자격이나 학위를 취득할 수 있다는 유인으로 이직률이 줄어들어 중소기업 경영의 주요 애로요인의 하나인 인력난 완화에도 도움이 된다는 평가이다.

단기간 훈련 후 일정기간의 고용유지만을 기준으로 사업을 평가하는 청년인턴사업 등 정부의 다른 일자리사업과는 달리 일하면서 일정시간을 따로 떼어내서 정해진 훈련프로그램에 따라 훈련을 받는 학습근로자들은 학교에서 배우지 못한 현장 기술을 얻을 수 있고 훈련의 일정 부분은 NCS를 기반으로 하기 때문에 다른 직장으로 옮기더라도 배운 기술은 유용하다. 학위형 프로그램에 참여하면 수료 후 학위를 취득하기 때문에 상급학교에 진학할 필요가 없다. 자격형 프로그램에 참여하면 일학습자격을 받게 되는데, 현재 국회에 상정된 관련법이 통과되면 일학습자격은 국가자격으로 인정된다.

정부는 한국형 도제제도인 일학습병행제 정착으로 투자비용 및 이직에 대한 위험부담 때문에 인력투자에 소홀한 중소기업들의 선순환적 인력양성체계를 구축하는 것을 목표로 하고 있다.

5. 사법시험 존치와 국가자격시험60)

지난해 말 불거진 사법시험 폐지 유예 논란은 연간 약 330만명의 국민들이 응시하는 기술사, 기사 등 479개 기술자격과 변리사, 세무사 등 37개 전문자격 등 우리나라 대부분의 국가자격 시험을 주관하고 있는 한국산업인력공단에 시사하는 바가 크다.

지난해 12월3일 법무부는 2017년 폐지가 예정되어 있던 사법시험을 2021년까지 4년간 유예한다는 입장을 돌연히 발표했다. 한국산업인력공단이 변리사 시험을 주관하듯이 법무부는 사법시험과 로스쿨 졸업생들이 응시하는 변호사시험을 주관하는 기관이다.

법무부 발표 이후 전국 25개 로스쿨 재학생들은 학사일정을 거부하고 거리로 나서서 집단 자퇴원을 제출하고 금년 1월 초 실시된 변호사시험을 집단 거부하겠다는 의사를 밝혔다. '금수저'를 갖고 태어난 부유

---

60) 경상일보_2016.1.20

층, 특권층만이 로스쿨에 다닐 수 있다고 주장하며 사법시험 존치를 일찍부터 주장해 왔던 사법시험 준비생들도 거리로 나서서 사법시험을 영구히 존치해야 한다고 외쳤다. 대법원은 국회, 대법원, 정부 관계자 등으로 구성된 협의체를 구성해 논의하자는 제안을 했는데, 법무부는 참여 의사를 밝혔으나 국회는 법안 사항은 국회의 고유권한이라고 대법원 제안을 일축했다. 법무부가 사법시험 폐지 유예입장을 번복하면서 올해 초 치러진 변호사 시험은 예년과 같은 결시율이 유지됐다. 일단 사법시험 폐지를 둘러싼 논란은 수면 아래로 잠복했으나 언제든지 폭발적 이슈로 등장할 가능성은 매우 크다.

로스쿨 교수, 로스쿨 유치 경쟁에서 실패한 법과대학 교수들까지 가세한 사법시험 폐지 유예 논란을 보면서 법률서비스의 고객인 국민이 어디에도 없다는 것은 심히 유감이다.

판검사 및 변호사가 신분상승의 지름길이라는 사회적 인식을 바탕으로 인력의 수요처와 공급처간의 입장이 상충되는 것이 사법시험 폐지 논란의 핵심이다. 법무부 입장은 우수 인력을 검사로 임용하는데 기존의 사법시험이 유리하다는데 그간의 경험을 반영하는 듯하고, 대법원은 로스쿨제도를 통해서도 판사인력 양성 및 법원 운영에 큰 문제점이 없다고 판단한 듯하다. 많은 투자를 했으나 결과적으로 (비용 측면에서) 굉장히 비효율적으로 운영되는 로스쿨 입장에서는 졸업생의 취업난을 가중시키고 궁극적으로 존폐여부까지 갈 수 있는 사법시험 존치를 반대할 수밖에 없고, 로스쿨 유치에는 실패하였으나 사법시험이 유지되면 그나마 명맥을 유지할 수 있는 법과대학들도 사법시험 유지에 사활을 걸 수밖에 없다.

지난해 울산혁신도시로 이전한 한국산업인력공단은 국가 자격시험

운영과 관련된 민원인들의 항의 시위로 근로복지공단, 한국석유공사 등 인접 공공기관에 폐를 끼치는 경우가 종종 있다. 자격시험과 관련된 훈련기관이나 학원 등에서 시험문제 출제의 난이도 등을 문제 삼아 공단 앞에서 집회를 하기 때문이다. 집회 참가자들이 트는 확성기는 법이 정한 기준이내이지만 공단 건물이 위에 위치해서 업무를 하는데 고충이 많다. 특정 자격시험에 합격 보장을 내세우며 교육을 받도록 했는데, 합격률이 떨어지면 학원이나 양성기관의 난감한 입장은 로스쿨이나 법과대학 교수들이 더욱 잘 이해할 것이다.

한국산업인력공단은 학벌을 대체하는 능력중심사회 구축을 위해서는 자격의 현장성을 높이는 것이 필요하다고 보고 국가직무능력표준(NCS)을 반영하도록 국가기술자격제도를 전면적으로 개편하고 있으며 기존의 검정형 자격 외에 과정평가형 자격을 도입하고 있다.

사법시험 존치 여부도 금수저, 흙수저 타령 보다는 국민에게 저렴하고 효율적인 법률서비스를 제공하는 방안이 무엇인가를 고민하는 방향에서 풀어야 한다.

6. 일학습지원법 반드시 통과돼야[61)]

'산업현장 일·학습 지원에 관한 법률 제정안(일·학습지원법)'은 학습근로자로 취업한 청년들이 기업에서 일정 기간 교육을 받은 뒤 최종 평가에 합격하면 일반 정규직으로 전환 고용되는 과정인 '일·학습병행제'와

---

61) 한국경제_2016.1.4

관련된 법안이다. 2014년부터 고용노동부에서 시범사업으로 시작한 일·학습병행제는 '한국형 도제제도'로 불리며 제조업계에서 큰 환영을 받았다. 정부 쪽에선 청년실업 문제 해결방안으로 손꼽혔다.

하지만 일·학습지원법은 2014년 입법예고 뒤 여전히 국회에 계류돼 있다. 오는 8일 종료될 임시국회에서 꼭 통과돼야 한다는 목소리가 높지만 통과 여부를 장담할 수 없는 상황이다.

국제노동기구(ILO)에 따르면 2013년 기준으로 세계 15~24세 연령대 젊은이 중 12.6%인 7억3400만여명이 실업 상태다. 유럽연합(EU)은 2014년 역내 청년실업률이 17.5%에 달했다. 금융위기를 혹독히 겪고 있는 그리스는 청년실업률이 60%에 육박한다.

ILO에선 스위스와 독일을 예로 들며 "각국이 도제제도를 적극 도입해야 한다"고 권고하고 있다. 스위스와 독일의 청년실업률은 10% 미만이다. 최근 한국산업인력공단과 업무협약을 체결한 스위스직업능력개발원(SFIVET) 필리프 그네기 원장은 "스위스의 청년실업률이 낮은 이유는 도제제도가 성공적으로 운영되고 있기 때문"이라고 말했다.

2015년 11월 말 현재 5,600여 개 국내 기업에서 1만 700여 명의 학습근로자가 일하고 있다. 정부는 2017년까지 1만개 기업에서 7만 명의 학습근로자가 참여하는 것을 목표로 한다. 일·학습병행제는 한국형 도제식 직업학교와 특성화고교, 전문대와 4년제 대학까지 확대되고 있다. 특히 장기현장실습형 일·학습병행제를 시행 중인 4년제 대학 13곳은 취업을 강화하는 방향으로 대학 교육을 바꾸는 데 선도적 역할을 할 것으로 기대되고 있다.

필자는 지난 1년간 일·학습병행제에 참여한 많은 기업을 방문했다.

현장 반응이 매우 뜨거웠다. 기업 내부에서 체계 없이 진행되던 신입 직원 교육을 이 제도를 통해 체계화할 수 있고, 개별 기업에 특화한 핵심기술을 전수할 수 있다는 이유에서다. 우수인력을 직접 육성하고, 중소기업이 겪는 만성적 구인난을 해소해 매출 신장과 이직률 감소를 함께 달성한 사례도 있다. 금형제조사 아진산업은 일·학습병행제를 시작한 후 매출이 50% 늘었고, 이직률은 260% 하락했다. 정밀기계부품사 거산정밀은 외국인 근로자들에게 전수하던 핵심기술을 일·학습병행제를 통해 내국인 학습근로자들이 배우도록 하고 있다.

현장에서 만난 일·학습병행제 참여 기업과 학습근로자들은 일·학습지원법이 아직 제정되지 못하고 있다는 점을 크게 우려한다. 관련법이 없으면 이 제도가 장기적으로 지속 가능할 것인지 불투명하기 때문이다.

학습근로자는 일하면서 공부하는 청년들이다. 자기 진로를 위해 새로운 길을 나선 사람들이다. 이들은 현장에서 실무를 배우고, 관련 교육프로그램을 이수하면 자격증을 받는다. 일·학습지원법이 제정돼야 일·학습병행제에 참여한 학습근로자가 취득한 각종 자격증이 국가자격으로 인정받을 수 있다.

실무능력에 기반한 학습근로자의 자격이 학위와 동등하게 노동시장에서 인정받아야 한다. 그래야 고등학교 졸업 후 곧바로 대학 진학만을 원하기보다, 취업을 하고 현장에서 필요한 기술을 습득하는 젊은이가 많아질 것이다. 이는 지나치게 높은 대학 진학률을 낮추고, 대졸자의 실업 문제와 중소기업의 인력난 해결에 도움을 줄 것이다. 일·학습지원법은 반드시 이번 임시국회에서 통과돼야 한다.

7. 대학교육, 일자리·현장 중심으로 개편해야[62)]

지난 1월 취임한 부구욱 한국대학교육협의회 회장은 사견임을 전제로 "대학교육이 보통교육 시대에 들어선 만큼 상위 40개 대학은 기초과학을 기반으로 한 연구중심 대학으로 육성하고, 나머지 대학은 일자리·현장중심산업(NCS 기반) 교육으로 개혁해야 한다"고 말했다. 그는 "그렇게 해야 '일자리 미스매치' 문제를 해결하고 높은 대학 진학률이 장점으로 작용한다"고 밝혔다.

4년제 대학을 대표하는 대교협 회장이 250여개 4년제 대학의 80% 정도를 취업중심 대학으로 전환해야 한다는 견해를 밝힌 것은 상당히 고무적이며, '청년 고용절벽'이 그만큼 심각하다는 것을 보여준다. 정부가 구조조정을 통해 대학의 정원 감축을 유도하고 있지만, 사실상 강제적인 인력 감축으로 대학들의 반발과 저항이 예상되는 가운데 나온 발언이다.

대부분의 대학을 일자리·현장중심으로 개편해야 한다는 인식은 다른 나라에서도 확산되고 있다. 현재의 교육시스템이 20대 후반에 대부분의 교육이 이뤄지는 단거리 경주 형태라면, 미래에는 개인 생애에 걸쳐 지속적으로 교육이 이뤄지는 마라톤 형태가 되면서 현장 중심 교육이 강조될 것이다. 러시아의 파벨 룩사 교수를 중심으로 경제협력개발기구(OECD) 국가의 학자와 세계은행이 참여해 30년 뒤 교육의 역할을 연구하는 미래교육포럼의 연구 결과다. 미래교육포럼은 10년 뒤에는 지식위주 전문학회지의 중요성이 감소하고, 30년 뒤에는 연구중심 대학의

62) 한국경제_2015.7.6

존재감도 희미해질 것으로 전망했다. 실용적 효용가치가 의문시되는 '연구를 위한 연구'를 하는 대학의 존재가 약화되고 '생애교육' 기관으로서의 대학 역할이 중요해지기 때문이다. 청년들이 일자리를 찾지 못해 대학졸업 후 첫 직장을 잡는 데 1년이 걸리고, 그나마 찾은 일자리의 상당수도 비정규직 등 고용조건이 좋지 않아 '3포 세대'를 넘어 '9포 세대'로 불린다. 이는 1997년 말 외환위기 이후 한국 고용시장의 패러다임이 바뀌었는데도 대학설립준칙주의 도입(1995년) 이후 제도적으로 빗장이 풀린 대학의 무분별한 설립을 방임한 '정책 실패' 탓이라는 게 주지의 사실이다.

정부 주도로 대학교육을 일자리·현장중심으로 하려는 시도들이 일어나고 있다. 우선 전문대학은 2017년까지 교육과정의 70%를 국가직무능력표준(NCS) 중심으로 개편해야 국가에서 각종 지원을 받을 수 있다. 고용노동부 지원으로 올해부터 13개 대학에 5년 기한으로 장기현장실습(IPP)형 일·학습병행제도가 시행된다. 대학 재학생들의 현장실무능력을 제고해 대졸자의 취업률을 높이고 중소기업 인력난을 상당부분 해소해줄 것으로 기대하고 있다. 설립취지와는 달리 지식위주의 교육이 이뤄진다는 비판을 받아온 전문대 교육시스템도 내년부터 15개 전문대를 대상으로 시행하는 특성화 고교와 전문대를 연계해 통합 교육한다. '유니텍(Uni-Tech) 프로그램'이 그것으로, 이를 통해 전문대 교육을 실무현장 위주로 전환시킬 수 있을 것으로 보인다.

한국 대학교육을 일자리·현장중심으로 바꿀 수 있느냐 하는 것은 대학사회의 핵심구성원인 교수들에게 달렸다. 전통적으로 대학은 지식 창출의 중심기관이었고 대부분 교수는 지식 창출의 선도역할을 하도록 교육받았다. 그러나 10명의 고등학생 중 7명이 취업 대신 대학 진학을 하고 대다수 대학생이 졸업 후 취업난을 겪는 현실에서는 교수들이 지식을 전수하는 것도 중요하지만 현장에서 실제로 할 수 있는 것을 가르쳐야 한다. 일자리·현장 중심의 교육을 위해서는 대학교수들이 자기변신을 위한 고통을 감내해야 한다. 청년 취업난을 타개하기 위해 교수들이 대학교육 혁신에 선도 역할을 하기를 기대한다.

8. 청년 고용절벽과 현장 교육훈련[63)]

통계청에 따르면 지난 4월 기준으로 일하거나 학교에 다니지 않으나 취업할 의지가 없는 청년을 말하는 '니트(NEET)족'이 청년층(15~29세) 실업자 44만 5,000명의 3배인 147만 1,000명에 이른다. 청년실업자는 전년도보다 1만 1,000명 늘어나 관련 통계가 작성된 1999년 이후 최고치다. 국제노동기구(ILO) 기준에 따라 더 많은 시간을 일하고 싶은 청년, 구직활동을 안 하고 있지만 취업을 희망하고, 취업을 할 의지가 있는 청년을 공식적인 실업자에 합한 실질적 청년실업자는 110만 명에 육박하고 있다. 내년부터 60세 정년이 법적으로 의무화되나 임금피크제 등 보완장치가 마련되지 않고 있기에 청년층의 고용절벽을 막기 위해 주3일 근무제 도입이 필요하다고 한국노동연구원이 주장할 정도로 청년 일자리 문제가 더욱 심각해질 전망이다.

정부가 청년실업 문제를 해결하기 위해 다각적으로 열심히 노력하고

63) 세계일보_2015.6.19

있지만 단기적으로 묘책을 찾기는 어려운 것이 현실이다. 여전히 중소기업에서는 인력난을 호소하고 있으나 젊은이들은 일자리를 찾지 못하는 노동시장의 '미스매치(mismatch)' 등 구조적 요인이 크기 때문이다. 현장과 괴리되는 교육훈련이 대학 등 교육훈련전문기관을 통해 이루어지고 몇몇 대기업집단을 예외로 하고 대부분의 기업도 비용이 많이 들어가는 현장중심의 교육훈련에 대한 투자에 인색하기에 노동시장의 미스매치가 개선되지 않고 있다.

현장중심의 교육훈련에 대한 미흡한 투자는 기업에도 손해다. 우리나라와 독일 모두 세계적인 자동차 강국이지만 우리나라의 신입직원들이 능력을 발휘할 때까지 걸리는 기간이 독일보다 상당히 긴 것으로 나타났다. 한국직업능력개발원이 한국과 독일의 자동차정비 분야 신입직원 채용과 현장적응 실태를 연구한 결과 우리나라는 신입직원들이 경력사원만큼 업무를 수행할 수 있게 되기까지 걸리는 기간은 3.3년으로 독일의 1.7년과 비교해 약 2배 길다.

독일은 법에 의해 의무화된 이원화제도로 83%의 기업에서 연수생을 선발해 훈련을 시키고 그중 52%를 정규직으로 채용하고 있다. 반면 우리나라는 자동차 정비업체 중 35%만이 연수생을 선발하고, 연수생 중 37%만 정규직으로 전환시키는 등 충분한 직무교육을 받지 않고 노동시장에 진입하고 있다. 정부 통계에 따르면 우리나라 청년층 신입직원의 첫해 이직률은 중소제조업의 경우 50%에 근접하고, 첫 일자리 취업 후 5년간 평균 4.3회 이직하는데 '조직 및 직무 적응 실패'가 이직의 가장 큰 사유(48%)다.

정부가 능력중심사회의 중심축으로 추진하고 있는 일학습병행제는 현장중심의 교육훈련을 꺼리는 기업이 맞춤형 교육훈련을 실시하는 것을 지원하고 구직자들에게 현장훈련을 강화함으로써 경쟁력 있는 인력으로 성장하는 것을 도와주는 제도다. 일반 사업주 훈련보다 지원되는 금액이 약 3배다. 2017년까지 1만 개 기업에서 7만 명의 근로자를 훈련시킬 계획인데, 정부가 추구하는 수치적 목표도 중요하지만 현장중심의 교육훈련에 대한 기업의 투자가 활성화되고 노동시장의 미스매치도 구조적으로 해소하고자 하는 것이 제도의 내재된 목적이다.

9. 일학습지원법 제정 시급하다[64]

통계청이 발표한 자료에 따르면 지난 10월 기준 우리나라 청년실업률은 7.4%로 29개월 만에 최저 수준으로 떨어졌다. 그러나 세월호 사건, 중동호흡기증후군(메르스) 사태 등으로 얼어붙었던 내수가 살아나면서 청년들의 구직난도 어느 정도 완화된 듯하다. 그러나 청년들은 일자리 사정이 좋아졌다고 체감하지는 못하고 있다.

원하는 직장을 찾지 못해 구직을 포기한 수많은 젊은이, 1주일에 1시간 이상 일하면 취업자로 간주하는 실업률 산정 방식 등도 체감실업률과 공식실업률의 차이가 나는 원인이지만, 70%가 넘은 대학진학률, 많은 대졸자가 원하는 직상이 충분히 만들어질 수 없는 경제 구조상의 문제를 해결하지 않으면 청년실업은 근원적으로 줄어들 수 없다. 2014년부터 본격적으로 시행되고 있는 일학습병행제는 청년실업을 해소하면서

64) 문화일보_2015.12.2

중소기업들의 인력난을 완화하기 위해 박근혜 정부가 추진하고 있는 핵심 국정과제의 하나다.

일학습병행제에 참여하는 기업에 대해 정부는 기업맞춤형 훈련 프로그램을 만드는 것을 지원해 주고, 학습 근로자들을 지도하는 기업의 현장 전문가들에게는 지도수당을 지급하고 있다. 또한, 학습 근로자들에게는 훈련수당을 지급해 훈련으로 인해 일하는 시간이 줄어들어도 급여상의 차별이 없도록 하고 있다.

학습 근로자들은 체계적인 훈련을 받아서 역량을 제고시킬 기회를 얻고, 참여 기업들은 생산성 제고와 함께 이직률이 줄어들어(특히 중소기업) 안정적인 인력 운영을 할 수 있다.

올해 13개 4년제 대학에서 시행되고 있는 장기현장실습(IPP)형 일학습병행제는 현장과 괴리된 교육을 받고 있는 대학생들의 현장 적응 능력을 높여주고, 기업 중심 일학습병행제와 결합되면 중소·중견 기업의 구인난도 완화시켜 줄 것이 기대된다. 2017년까지 모든 특성화고등학교에 도입하기로 예정돼 있는 도제형 일학습병행제는 학교 중심의 직업교육을 현장 중심으로 전환하는 획기적인 계기가 될 것이다.

또, 특성화고와 전문대학을 연계하는 유니테크(Uni-Tech)형 일학습병행제도 전문대학의 현장 중심 교육을 강화시켜 줄 것이다.

그러나 일학습병행제가 청년실업을 해소하는 근원적인 대책의 하나가 되기 위해선 현재 국회에 계류돼 있는 '산업현장 일학습 지원에 관한 법'(일학습지원법)이 조속히 제정돼야 한다. 일학습병행제에 참여하는 기업들의 훈련 프로그램은 국가직무능력표준(NCS)을 일정 비율 이상 반영토록 돼 있고, 학습 근로자에겐 훈련이 완료되면 평가를 거쳐 자격이 주어진다. 국가직무능력표준이 일정 부분 반영돼 있기 때문에 학습근로자가 취득한 자격은 해당 기업뿐 아니라 노동시장에서 인정되고 통용되도록 제도가 설계돼 있는데, 일학습지원법이 제정돼야 일학습병행제 아래서 취득한 자격이 국가자격으로 인정받을 수 있다.

일학습 자격이 대졸자들과 똑같은 수준의 직무 능력을 가지는 국가자격으로 인정될 때 청년들이 무조건 대학을 진학하려고 하는 경향도 완화되고 청년실업의 구조적인 원인의 하나가 해소된다.

독일, 스위스 등 도제형 직업교육훈련 제도를 효율적으로 운영하고 있는 나라들이 청년실업 문제를 겪고 있지 않기 때문에, 많은 나라가 도제형 훈련 제도의 도입을 검토하고 있는데, 국제노동기구(ILO)는 법적 기반이 뒷받침될 때 기대효과를 거둘 수 있다고 권고한다.

현재 국회에 계류 중인 일학습지원법안이 조속히 통과돼 청년실업을 줄이고 중소·중견 기업의 인력난도 완화되기를 기대한다.

10. 현장형 인재 키우는 일학습병행제[65)]

한국산업인력공단과 가천대 등 13개 대학이 5월 18일 대학형 일학습병행제도 관련 협력협정을 체결하면서, 대학생들의 현장 실무능력을 향상시키고 청년 고용시장의 미스매치(mismatch)를 해소하기 위한 목적으로 정부가 의욕적으로 추진하고 있는 대학형(IPP: Industry Professional Practice) 일학습병행제 사업이 본격적으로 시행된다.

65) 중앙일보_2015.5.12

한국기술교육대학교의 IPP 모델을 바탕으로 대학의 학사제도를 현장 중심으로 개편하고 체계적인 현장훈련을 지원하고자 하는 대학형 일학습병행제도 운영기관으로 선정된 13개 대학들은 1년에 10억 원씩 향후 5년간 50억 원을 정부로부터 지원을 받는다. 13개 대학 2,000여 명의 학생들이 800여 개 기업에서 장기적인 현장실습을 받게 된다. IPP형 일학습병행제는 당초 10개 대학에서 시범운영할 계획이었으나 예비공모에 44개 대학이 응모하는 등 열기가 뜨거워 14개 대학이 선정되었다. 그러나 선정된 대학 중 1개 대학은 교수 등 학내 구성원의 반발을 극복하지 못하고 포기하였다.

기업은 필요한 인재를 양성하고, 정부는 기업이 체계적으로 훈련할 수 있도록 지원하는 일학습병행제도는 박근혜 정부의 능력중심사회 구현의 중심축으로서 이미 2,000여 개의 기업에서 시행중에 있다.

중소기업에 인턴으로 일하면 학점을 인정하여 주는 인턴제도와는 달리, 대학형 일학습병행제도에서는 참여 대학, 기업에게 경비가 지원되고, 근로자(동시에 대학생인)와 현장교수들에게도 수당이 지급된다. 체계적인 훈련을 위한 훈련프로그램 개발도 정부가 지원한다. 훈련 수료후 참여 학생이 원하고 기업이 특별한 사정이 없는 한 취업기회를 제공하는 것이 원칙임으로 중소기업 및 중견기업의 인력난 해소에도 도움이 될 것이 기대된다.

선정된 대학 중 한 곳이 학내 반발로 포기한 것에서 알 수 있듯이 학사운영의 전반적인 개편이 필요하기 때문에 대학으로서도 해결하여야 할 과제가 많다. 그러나 청년실업이 심각한 상황에서 학생들의 현장실무능력을 높임으로서 취업률을 올릴 수 있기 때문에 참여 대학들이 이

제도를 꼭 성공시키고자 하는 열의가 높다.

청년 실업 등 사회적 문제를 근원적으로 해결하기 위해서 고졸취업을 장려하고 지원하는 정부의 정책기조는 지난 정부의 선취업-후진학 제도, 박근혜 정부의 능력중심사회 구현을 위한 NCS 개발 및 확산, 일학습병행제도 등의 제도로 유지되고 있다.

고졸취업 장려 정책으로 현재의 대학생 및 대학졸업생들은 소위 '낀 세대'가 상대적으로 불이익을 받고 있다. 대학형 일학습병행제도는 전환기적 시점에서 대학생들에도 취업기회를 확대할 수 있다는 점에서 현재의 대학생들이 받고 있는 불이익을 어느 정도 해소할 수 있다.

대학형 일학습병행제도에 참여할 대학생은 2,000명에 불과하지만 정부는 성과를 모니터링하면서 확대할 계획이다. 대학들이 보다 현장에 충실한 실사구시의 교육을 하는 기회가 되었으면 하는 바람이다.

11. 권역별 국가기술자격 종합시험장 구축 필요[66]

젊은이들이 대학을 나와도 적절한 일자리를 찾지 못해 고통을 받으면서 연애, 결혼, 출산, 내집 마련, 인간관계뿐 아니라 꿈과 희망마저 포기하는 7포(抛)세대가 되고 있다. 학벌중심 사회의 폐해다.

박근혜 정부는 '능력중심사회 구축'을 국정과제로 채택해 실력과 능력이 존중받는 사회 구현을 위해 역량을 집중하고 있다. 현장 직무(일)의 체계적인 분석과 역량 수준 설정을 통해 교육훈련체계를 개편하자는

66) 머니투데이_2015.4.29

것이다. 이를 통해 불필요한 스펙, 학력거품, 취업 후 재교육에 드는 사회적 비용을 최소화하고 개인의 능력에 따라 적합한 대우를 받을 수 있다. 그 중심에 국가직무능력표준(NCS)이 있다.

정부는 NCS의 조기 확산을 위해 올해 130개 공공기관을 시작으로 2017년까지 모든 공공기관이 NCS를 기반으로 채용토록 했다. NCS 활용은 급속도로 확산될 것이다. NCS체계 구축과 함께 국가자격제도도 NCS에 기반한 국가자격체계(NQF)로 개편할 계획이다. 기존의 검정형 자격도 NCS에 맞춰 신속히 재편해 가고 있다.

아울러 산업별협의체(ISC)가 주도적으로 참여하여 산업현장에서 믿고 통용될 수 있는 신직업자격이 지난해 NCS 24대 분류 중 7대 분야를 중심으로 330여 종목이 설계돼 일반에 공개됐다. 올해는 나머지 17대 분야에 대한 신직업자격 설계가 한창 진행되고 있다.

개인이 자격을 취득할 수 있는 경로도 다양화될 것이다. NCS를 기반으로 한 과정평가형 자격이 올해부터 운영되고 있다. 일학습병행제도에 참여한 학습근로자에게도 별도의 자격이 주어진다. 과정평가형 등 새로운 자격에서는 한국산업인력공단이 주관하는 평가의 비중이 축소되고 기업, 교육훈련기관이 관할하는 내부평가가 도입된다.

산업현장에서 믿고 통용될 수 있는 자격의 설계, 출제기준과 실기평가방법이 NCS에 기반한 개편과 함께 실제 평가에 필요한 현장의 시설·장비가 구비된 검정장이 확보되는 것이 무엇보다도 필요하다. 30년 이상 국가자격제도가 운영되어 왔지만 변변한 국가자격시험장 하나 구비하지 못한 것이 오늘의 현실이다. 이 때문에 대부분 종목의 평가를 외부기관의 시설·장비에 의존하고 있는 것이 현실이다.

인적자원에 대한 역량 평가의 중요한 인프라로서의 자격검정제도는 무엇보다 공신력과 투명성을 생명으로 한다. 평가를 위한 시설이나 장비 등의 외부기관 의존이 심화될수록 독립적, 자율적인 시험관리에는 한계가 있다. 국정감사에서 권역별 종합시험장 구축이 필요하다는 지적이 나온 것은 이 때문이다.

교육훈련기관의 교육 프로그램은 아직 직무내용을 충실히 반영하지 못하고 있으며 교육기자재 또한 그렇다. 기업은 무한경쟁 속에서 시설이나 장비를 제공할 수 있는 여력이 없다. 더 이상 국가자격시험 시행의 명분으로 교육훈련기관이나 산업현장의 일방적인 협조와 희생을 강요할 수 없는 시점이 도래한 것이다. 권역별 국가기술자격 종합시험장 구축이 필요한 이유다.

12. 산업 인적자원개발협의체 강화를[67)]

우리의 직업교육훈련제도는 다른 나라와는 다른 특징이 있다. 첫째, 직업교육과 직업훈련을 담당하는 정부부처가 다르다. 특성화고교, 전문대학에서 주로 이루어지는 직업교육의 담당부서는 교육부이고, 노동시장에서 이루어지는 직업훈련의 담당부서는 고용노동부이다. 직업교육은 학교교육의 틀 속에서, 직업훈련은 현장성을 강조하다 보니 두 부처 간에 때로는 협조가 잘 안 되는 경우가 있다.

둘째, 재정적인 측면에서 직업교육훈련기관은 정부에 의존하는 부분

---

67) 국민일보_2014.9.15

이 크다. 중등교육 단계의 직업교육은 물론이고 고등교육 단계의 직업교육도 정부의 재정지원에 상당 부분 의존하기 때문에 정부가 제시하는 직업교육의 방향이 교육현장에 미치는 영향이 크다. 현 정부에서도 전문대학의 특성화를 국가직무능력(NCS)과 연계하여 지원하고 있다.

우리나라는 1975년 기업의 사업 내 훈련을 의무화하여 일정 비율의 근로자를 자체적으로 훈련시키지 않는 경우 훈련분담금을 납부하는 제도를 도입하였다. 1995년 고용보험제도가 도입되면서 고용보험제도의 틀 속에 직업훈련이 편입되었고, 사업주가 정부가 정해준 기준에 부합하는 직업훈련을 실시하면 정부가 일정 부분의 비용을 환급해 주는 제도가 시행되고 있다.

끝으로, 다른 분야의 교육과 마찬가지로 공급자 위주의 교육훈련을 한다. 특히 직업교육훈련은 교원의 현장실무 경험이 매우 중요한데, 산학협력교원 등으로 보완하고 있지만 특성화고교나 전문대학 교원의 실무경험이 상당히 부족한 것이 현실이다.

직업교육훈련기관도 사정은 별반 다르지 않다. 현장의 활용성보다는 검정 위주의 자격증 취득을 목표로 혹은 시장수요를 고려하지 않고 훈련생이 원하는 분야를 중심으로 훈련이 이루어지고 있다.

2003년 공급자 위주의 훈련공급시장을 수요자 중심으로 전환시키기 위해 개편하고자 수요자를 대변한다고 할 수 있는 산업통상자원부(당시 산업자원부)가 주도하여 사업자, 사업자단체, 교육훈련기관, 연구기관, 노동조합 등으로 구성되는 '산업별 인적자원협의체(Sector Council: SC)' 제도를 도입하였다. 영국 캐나다 호주 등에서는 SC가 주도하여 지역이나 특정 산업에 필요한 인력에 대한 수요 조사를 하고, 훈련프로그램을 개발하고, 산업계에 공통적으로 적용될 수 있는 자격제도를 구축하는 데 핵심 역할을 하고 있다. 우리나라에는 현재 17개의 SC가 구성되어 있는데, 반도체 등 일부 SC는 실적이 있지만 대부분은 그 활동이 미약하다.

지난 8월 22일 교육부·산업부·고용부 장관, 한국산업인력공단 등 유관기관 기관장 그리고 기계산업진흥회 등 17개 SC 대표들이 모여 'SC 역량 강화와 기능 확대'와 관련된 협약을 체결하였다. 특히 이번 협약체결은 교육부, 산업부, 고용부가 하나가 되어 현장 중심의 인력양성체계 구축을 약속했다는 데 의의가 크다. 정부는 인력정책의 기획 단계부터 SC를 참여시켜 산업계가 중심이 되어 수요자 중심의 인력양성과 능력 중심의 자격체계가 운영될 수 있도록 지원할 계획이다.

박근혜 정부가 능력중심 사회를 만들기 위해 의욕적으로 추진하고 있는 일학습병행제도, NCS 개발과 확산 그리고 지역·산업별 맞춤형 인력양성 체계 구축에서 SC의 역할이 매우 중요하다. 관련 정부부처와 공공기관, SC 간의 협약체결을 계기로 SC의 역량이 배가되어 수요자, 현장 중심의 인력양성 체계가 뿌리를 내리고 인력 수급의 불일치도 해소되었으면 하는 바람이다.

13. 대학의 미래, 특성화 성공에 달렸다[68]

교육부가 지난 6월 30일 '지방대학 육성 및 대학 특성화를 위한 CK (Creative Korea)사업'(대학특성화 사업) 선정 결과를 발표했다.

---

68) 매일경제_2014.8.13

2014년 특성화 사업은 지원 금액의 78%가 지방대학에 배정돼 사업 명칭에 걸맞게 지방대를 배려했으나 상당수 지방대학들은 정부의 대학 특성화 정책에 대해 불만의 목소리가 높다.

선정된 지방대학들은 입학정원을 평균 8.3% 감축해야 하나 수도권 대학은 평균 3.7% 줄이면 되기 때문이다. 수도권 대학들도 불만이 있기는 마찬가지다. 정부의 관여가 없으면 학령인구의 감축에도 불구하고 향후 상당기간은 입학정원 모집에 별 애로가 없을 것 같은데, 정부의 대학 입학정원 감축 계획에 따라 주요 수입원인 등록금의 상당 부분을 포기해야 하기 때문이다.

정부의 대학 특성화 사업과 관련해 현장에서 가장 오해하고 있는 부분은 정원 감축률에 따라 선정 여부가 결정됐다는 것이다.

언론에 따르면 선정 대학의 최고점과 최저점 차이가 100점 만점에 3점에 불과하고 선정 대학과 비선정 대학의 커트라인은 0.001점이라고 하니 그와 같은 오해를 할 수도 있으나 정원 감축률보다는 특성화 계획의 비전, 실현 가능성 그리고 진정성이 더 큰 준거가 되었다는 것이 필자의 현장 방문 결과다.

수도권 대학인 국민대의 경우 7개 사업단을 신청해 6개 사업단이 선정되고 지원받을 수 있는 최대 금액인 40억 원을 지원받았다. 4% 정원을 감축할 계획인데 4% 정원 감축을 제시한 수도권 A대학은 1개의 사업단에도 선정되지 못했다. 6개 사업단에 46억 원을 지원받은 국립 창원대도 마찬가지다. 창원대를 비롯한 지방 국립대학은 대부분 7% 인원 감축을 제시한 것으로 알려져 있다.

학령인구의 감소 추세, 학벌이 아닌 능력을 중심으로 인재를 키워야 한다는 사회적 컨센서스, 지방대학이 가지는 지역경제의 중요성을 고려해 볼 때 수도권, 비수도권 할 것 없이 향후 모든 대학은 혹독한 시련의 시기를 겪을 것이다.

대학들은 정부의 대학 특성화 사업을 선택과 집중을 할 수 있는 계기로 삼아야 한다. 어차피 구조조정을 감수하면서 대학의 경쟁력을 강화해야 하는 시기가 올 것인데, 정부지원을 받으면서 대비하고 경쟁력을 강화할 수 있다는 것은 고마운 일이다.

현장 방문을 통해 만난 한 대학 총장은 정부 특성화 지원액은 전부 학생을 위해 쓰기 때문에 특성화를 통해 학생 입장에서 새로운 과목을 만들어 융합교육을 하려 한다고 했다. 이를 계기로 교수들의 사고방식도 변화하고, 학교도 발전할 수 있다는 확신을 가지고 있었다.

자신의 강점을 살리되 경쟁 대학이 하지 않는 분야나 새로운 분야를 발굴하여 학교의 역량과 결합해야 한다. 4년제 대학인 국립 창원대는 정부가 전문대학의 특성화 사업 준거로 활용하고 있는 국가직무능력표준(National Competence Standards·NCS)을 기반으로 특성화를 설계했다. 기계산업이 중심인 창원의 지역적 특성을 고려해 이 대학은 NCS가 기존 공학교육인증에 비해 학생들의 취업에 더 효과적이라고 보았다. 그래서 분야별 가중치를 다르게 적용하는 방식으로 NCS를 대학교육에 도입하는 결단을 했다.

끝으로 가장 자율적 조직인 대학사회 특성을 고려할 때 교수들이 자발적으로 자신들의 마이크로(micro)한 희생을 감수하면서 대학 특성화를 통한 경쟁력 강화에 적극적으로 동참하도록 이끌어내는 리더십이 특성화의 성공조건이다.

14. 일학습병행제, 중소기업에 답이 있다[69)]

세계 최고의 제조업 강국 독일의 중심에는 미텔슈탄트(중소기업)가 있다. 전체 기업의 99.6%를 차지하는 미텔슈탄트는 독일 내 총고용의 60.8%, 국내총생산(GDP)의 51.8%를 창출한다. 마이스터(명장)를 통해 유지·전승되는 이들 기업의 기술력은 개발도상국이 쉽게 따라할 수 없는 전문성을 갖고 있다. 미텔슈탄트와 히든챔피언, 마이스터는 유럽의 경제 위기 속에서도 독일을 지켜낸 힘이다.

한국도 전체 기업 중 99%가 중소기업이다. 그러나 두각을 보이는 몇몇 강소기업을 제외한 많은 중소기업이 밖으로는 중국 등 후발국가의 맹렬한 추격에, 안으로는 얼어붙은 내수시장과 대·중소기업 불균형 등 구조적 문제와 계속되는 인력난으로 고전을 면치 못하고 있다. 2013년 중소기업중앙회 조사에 따르면, 중소기업이 생산성 향상 추진 시 겪는 가장 큰 애로사항은 자금 조달 곤란이 26.0%, 다음으로 전문인력 부족이 25.9%다. 채용한 이후에도 문제다. 올해 한국경영자총협회 조사에서는 대졸 신입사원의 1년 내 퇴사율이 25.2%로 나타났고, 이는 중소기업(31.6%)에서 대기업(11.3%)보다 월등히 높게 나타났다. 신입사원들의 조기 퇴사 이유는 '조직 및 직무적응 실패'가 47.6%로 가장 높았다.

이 때문에 정부는 '한국형 히든챔피언 육성대책'을 발표하는 등 중소기업 지원과 육성에 속도를 내고 있다. 기술도 사람에게서 나오는 것이기에 인재 확보를 위한 정책도 적극 추진 중인데 일·학습병행제가 대표

69) 한국경제_2014.12.4

적이다. 기업이 젊은 인력을 일찍 뽑아 현장 실무교육과 이론교육을 통해 맞춤형 인재로 키우는 시스템이다. 시행 1년 만에 1900여개의 기업이 참여하는 등 빠르게 확대되고 있다. 정부는 2017년까지 일·학습병행제 참여기업을 1만 개로 확대하겠다는 계획을 세우고 있다.

일·학습병행제로 중소기업 인재 확보의 물꼬를 텄지만 아직 갈 길은 멀다. 일·학습병행 기업 담당자들의 공통된 고민은 학습근로자의 이직 문제다. 이직으로 인한 투자 손실 우려에 대해 공감하지만, 그렇다고 학습근로자의 인간적인 의리나 정부의 정책에만 기댈 수도 없는 노릇이다. 직무만족을 좌우하는 것은 임금과 보상 등 외적 동기가 전부는 아니다. 일에 대한 흥미와 즐거움, 성취감으로부터 생기는 내적 동기는 근무의욕을 고취시키고 계속 일을 할 수 있게 하는 강력한 원동력이 된다.

독일 강소기업은 이직률이 불과 2.7%다. 독일 전체평균 7.3%에 비해 3분의 1 정도밖에 안 되고 미국의 19%에 비해서는 7분의 1 정도로 낮다. 이들 기업의 직원 중 80% 이상이 직업교육생 출신이다. 일터에서 선배 마이스터로부터 도제식으로 기술을 배워 전문성을 기른다. 이를 통해 자신이 하는 일의 가치에 대한 믿음을 키우고 자긍심도 쌓아 나간다. 회사는 학력과 관계없이 숙련도에 따라 임금을 책정하고, 자기계발이나 경영 참여기회를 제공하는 등 이들의 성취감과 만족도를 높인다.

일·학습병행제에 참여하는 우리 중소기업도 젊은 인재들이 회사 내에서 비전과 성취감을 느낄 수 있도록 해법을 찾아야 한다. 필요한 기술과 이론을 가르쳐 학습근로자의 숙련도를 높이는 한편, 스스로 성과를 낼 수 있는 기회를 주고 결과에 따라 합리적인 보상을 해준다면 일에 대한 성취감뿐만 아니라 회사에 대한 소속감과 애착 역시 커질 것이다.

정부의 지원이 인력난 해소에 도움이 될 수는 있겠지만, 근본적인 문제 해결을 위해서는 기업이 적극적으로 나서야 한다. 인재를 직접 가르쳐 키우고 능력에 맞는 대우를 해줌으로써 고급인재를 양성하려는 자구노력이 수반돼야 할 것이다. 중소기업의 경쟁력을 높이기 위해서 사람에 대한 장기적인 안목과 투자가 필요한 시점이다.

15. 일학습병행제 뿌리내리려면70)

지난해 50여개의 기업에 시범실시 됐던 일학습병행제가 올해부터 본격적으로 시행될 예정이다. 정부는 올해 1,300개 기업을 선정해 이들 기업이 7,000여 명의 학습근로자를 채용해 훈련시키는 것을 지원할 계획인데, 2017년에는 1만 개 기업에서 7만 명의 학습근로자 훈련을 지원하는 것을 목표로 하고 있다.

구직자를 학습근로자로 채용해 기업의 수요를 반영한 훈련프로그램에 따라 훈련을 시키는 일학습병행제는 독일이나 스위스의 도제제도를 우리 현실에 맞게 도입한 기업기반 직업교육훈련제도로 볼 수 있다. 잘 운영되고 정착된다면 기업의 교육훈련 인프라 및 책무성이 미흡해 현장과 괴리된 직업교육훈련을 실시할 수밖에 없는 우리나라의 직업교육훈련제도를 진일보시키게 될 것이다.

기업이 단독 혹은 공동직업훈련센터를 활용해 일학습병행제를 실시할 수 있는데 공동직업훈련센터를 활용하는 경우 20인 이상 기업이 지

70) 서울경제_2014.3.26

원받을 수 있기 때문에 중소기업의 숙련인력 미스매치 해소에 기여할 수 있을 것으로 기대된다.

채용을 확정하고 제도를 운영할 수 있으나 프로그램 실시 후 기업에서 평가를 거쳐 정규직 채용 여부를 결정하기 때문에 현재의 청년인턴제와 큰 차이가 없다는 비판이 있을 수 있다. 현재 미취업 청년층을 대상으로 5인 이상 민간기업에서 인턴기회를 제공하는 청년인턴제의 경우 일정 기간이 경과한 후 정규직으로 고용이 유지되는 비율이 50% 미만이기 때문에 실효성에 대한 의문이 종종 제기된다.

그러나 일학습병행제의 경우 기업이 필요로 하는 맞춤형 교육프로그램의 개발, 현장훈련 교재제작 및 전담인력에 대한 행정수당 등도 지원해주기 때문에 제도의 취지대로 기업이 필요로 하는 인력을 양성할 수 있다면 청년실업을 해소하고 중소기업의 인력난을 완화시키는 등 상당한 성과를 거둘 수 있다.

아직 실시 초기이기 때문에 일부에서는 일학습병행제를 '선취업-후진학'을 지칭하는 용어로 이해하는데 박근혜 정부의 가장 대표적인 '선취업-후진학'제도로 자리매김하기 위해서는 해결해야 할 과제가 많다.

우선, 산업계 주도의 직업교육훈련의 토양이 척박해 정부 주도로 일학습병행제를 시행할 수밖에 없는 상황이지만 업종별 단체가 주도할 수 있도록 적극 지원해야 한다. 독일이나 스위스는 물론이고 우리와 유사한 직업교육훈련체제를 가지고 있는 호주 등 일학습병행제도를 성공적으로 운영하고 있는 나라들은 업종별협의회(sector council)가 자율적으로 주도하고 있다. 현장에서 필요로 하는 인력에 대한 수요와 이에 기반한 훈련을 기업들이 가장 잘 알기 때문이다.

단기간에 성과를 내려하기보다는 업종별 단체(가능하면 노동단체까지 포함)들이 기업의 발굴 및 제도운영 등에서 제 목소리를 낼 수 있는 역량을 개발하는 것을 정부가 적극 지원해야 한다.

기업 내 훈련에 대한 철저한 질 관리가 이뤄져야 한다. 참여기업이 대부분 중소기업이라는 한계를 극복할 현장경험이 풍부한 트레이너와 실습장비 확보가 무엇보다도 필요하다.

훈련받은 기업에서 채용하지 않더라도 개발되고 축적된 역량으로 다른 기업에 취업할 수 있는 시스템도 구축돼야 한다. 훈련의 성과를 검증하고 평가해 시장에서 인정받은 연관된 자격들도 개발돼야 한다. 관련해 현 정부에 들어서서 의욕적으로 추진 중인 국가직무능력표준 및 국가자격체계와의 연관성도 확보하는 것이 필요하다.

끝으로 우리나라는 학교에서 이뤄지는 직업교육과 노동시장의 직업훈련을 주관하는 정부부처가 다른 다소 특이한 직업훈련제도를 갖고 있다. 관련 부처 간의 긴밀한 협업체계 구축을 통해 일학습병행제가 시행될 때 노동시장의 미스매치 해소가 완화되고 일자리 창출에도 기여할 것이다.

16. 현장 맞춤형 인재 육성하려면[71)]

박근혜 대통령의 스위스 방문 이후 현장 맞춤형 인재 양성에 대한 관심이 부쩍 높아졌다. 스위스는 대학 진학률이 30% 미만이지만 도제식

---

71) 국민일보_2014.3.4

인력양성체제를 구축해 정밀기계, 금융, 관광 등에서 세계 최고의 경쟁력을 가지고 있다.

우리나라에도 산업체와의 긴밀한 협력을 기반으로 현장 맞춤형 인력양성을 하는 학교들이 있다. 2011년부터 3년 연속 취업률 전국 1위인 영진전문대는 국내 전문대로는 최초로 산업계 맞춤형 주문식 교육프로그램을 도입했다. 또 365개의 국내외 기업과 양해각서(MOU)를 체결하고 철저하게 기업에서 요구하는 내용 중심으로 교육과정을 운영하고 있다.

동아마이스터고는 대기업 공기업 중견기업 등과 긴밀한 협력체제를 바탕으로 1·2기 졸업생이 전원 취업하는 성과를 달성했다. 방학을 이용해 6개월 이상 현장실습을 하고 협약기업에서 요구하는 직무를 중심으로 맞춤형 주문식 교육반, 산업체 멘토제 등을 운영하며 산업계의 수요를 반영하기 위한 노력을 통해 이뤄진 것이다.

그러나 많은 특성화고와 전문대들은 현장에서 필요로 하는 맞춤형 인력을 양성하지 못하고 있다. 이는 인력양성과 관련한 산학협력기반이 취약해 체계적인 현장실습 기회를 제공하는 기업들이 많지 않기 때문이다.

독일이나 스위스와 같이 인력양성에 대한 투자를 기업의 사회적 책임으로 인식해야 한다. 다른 기업에서 양성된 인력을 채용하기보다는 양성한 인력의 이직 가능성에도 불구하고 인력에 대한 투자를 기업이 적극적으로 하는 선순환 구조가 만들어져야 한다.

산업과 기술 변화에 적절하게 대응하지 못하는 공급자 인력양성 체계를 수요자 중심으로 개편하기 위해서는 학교를 개혁해야 한다. 전문대는 학문적 지식보다는 현장경험이 풍부한 교원을 확보해야 한다. 독일이나 스위스의 전문대에서는 박사 학위를 가진 교원을 찾기 힘드나 우리나라 전문대의 교원은 대부분 박사 학위 소지자다. 현장 실무경험이 풍부한 교원을 확보하고, 현장실습을 대폭 강화해야 한다.

취업률이 대학의 경쟁력을 평가하는 주요 잣대인 현실에서는 대학도 수요자 중심의 교육으로 학생들의 취업경쟁력을 높이는 방안을 모색해야 한다. 교수 위주의 학습을 지양하고 현장 수요를 고려하면서도 인문학적 소양을 높이는 교육과정을 개발해야 한다. '선취업-후진학' 체계를 정착시키는 것도 현장 맞춤형 인재를 양성하는 데 필요하다. 특성화고의 취업률이 50% 미만이고, 상당수의 전문대 졸업생이 졸업 후 취업보다는 4년제 대학으로의 진학을 목표로 하는 현실에서는 특성화고나 전문대에서 진학을 목표로 하는 교육을 병행할 수밖에 없다.

한국직업능력개발원 분석에 의하면 상위 10개 대학을 제외하면 대졸자의 생애임금은 특성화고 졸업생보다 낮다. 학력에 따른 차별이 철폐되고 능력중심 사회가 구축돼야 스위스와 같은 현장 맞춤형 인재가 양성될 수 있다. 현 정부 들어 노동시장에서 학벌을 대체하는 국가직무능력표준, 국가직무능력표준에 기반한 학습모듈 및 국가자격체계가 잘 만들어졌다. 이를 특성화고, 전문대 등의 교육과 현장 훈련에 활용한다면 현장 맞춤형 인재를 육성하게 될 것이다.

끝으로 창조경제의 핵심인 문화예술 분야의 경우 산학협력의 토양이 더욱 척박해 대부분의 문화예술 분야 종사자들은 취업 후에 현업 훈련을 통해 지식이나 기술을 습득한다. 일부 대규모 엔터테인먼트 기업들만이 꿈과 끼를 가진 인재를 조기에 발굴하고 체계적으로 양성할 뿐 대부분 기업들은 영세해 제대로 된 인력양성이 어려운 실정이다. 창의성이 더욱 중요한 문화예술 분야의 경우 행정적인 틀에 얽매이지 않고 인력양성과 관련해 공적 지원을 확대해야 한다.

17. 대학원 취업역량 강화해야[72)]

1995년 대학설립준칙주의 도입 이후 대학들도 많이 생겼으나 대학원 및 대학원생은 더욱 많이 늘어나, 일반 대학원 졸업자들의 취업난은 4년제 대학 졸업자보다 심각하다.

한국직업능력개발원이 고용정보원의 대졸자 직업이동경로조사를 활용해 분석한 자료에 의하면, 정규직 근무자는 대졸 취업자가 83.1%이나 일반대학원 석사졸업자는 67.7%이다. 특히 정부기관, 교육기관, 연구기관 등 공공부문에 종사하는 일반대학원 석사졸업자의 비정규직 비율이 높았다.

2010년 소비자 물가기준으로 대졸자는 월235만 원 받는 반면 일반대학원 석사졸업자의 월 급여는 11만 원 적은 월 224만 원이다. 인문계열 일반대학원 석사 졸업자의 임금이 낮고 비정규직 비율이 높다. 월평균 임금은 4년제 대졸자보다 70만 원 가량 낮았고 60%의 석사 졸업자가 비정규직이다.

일반대학원 석사졸업자 취업난의 근본원인은 대졸자와 같이 시장에서의 수요에 비해 공급이 과다하다는 것이다. 1970년부터 2012년까지

72) 경기일보_2013.12.11

대학원생은 50배, 대학원수는 18배 늘어났다. 특히 1995년 대학설립준칙주의가 도입돼 대학설립이 쉬워지고, 1997년 말 도래한 외환위기 여파로 대졸자 취업난, 직장인들의 생존을 위한 인적자본에 투자 열풍으로 1995년부터 2000년까지 대학원 학생 수는 10만 명 이상 늘어났다.

2012년 현재 일반대학원의 석·박사과정은 전체 대학원생의 45%, 이 중 석사과정 학생은 9만 명으로 전체 일반대학원생의 62%이다. 일반대학원의 설립 목적은 연구 및 교수인력 양성이나 석사 졸업 후 박사과정에 진학하는 비율은 크게 줄었다. 일반대학원 석사졸업자의 진로를 보면 박사과정에 진학하는 비율은 7.4%에 불과하고, 취업자 비율이 56.1%이다. 특히 진학도 하지 않고, 일자리도 얻지 못한 졸업자가 35.5%나 됐다. 일반대학원 졸업자중 무직자 비율이 2006년 16.0%에 불과했으나 이같이 크게 늘어난 것에 대해 정책당국자는 관심을 가져야 한다.

일반대학원 석사과정 진학자의 25%는 좋은 직장을 얻기 위해, 졸업한 4년제 대학보다 사회적 평판이 좋은 대학원에 가기 위해, 대학 졸업 당시 취업난 때문에, 학력상승을 위해 대학원에 진학하는 현실을 고려하면 연구중심 대학원의 육성과는 별개로 일반대학원 석사 졸업생을 위한 대학원 취업역량 강화 대책이 조속히 수립돼야 한다.

우선, 대학의 취업역량 강화를 위한 여러 대책이 대학원에도 확대돼야 한다. 연구중심의 산학협력뿐 아니라 취업을 위한 산학협력이 이루어져야 한다. 대학원 재학 중 기업, 특히 중소기업에서의 인턴십 등을 통해 대학원생들의 취업 기회를 확대하여야 한다. 취업률이 저조한 인문계열, 예능계열 석사 과정생들에게는 경영, 경제계열 과목을 이수하게 하고, 리더십 강좌 수강 등 기초직업역량을 배양할 수 있는 기회를 제공하는 것도 하나의 방안이다.

대학의 경력개발센터가 대학원생에 대해서도 진로 및 직업정보를 제공하는 등 경력개발과 취업을 적극적으로 지원하는 체제를 구축해야 한다. 현재는 대학원생들의 취업 및 경력 실태에 관한 조사는 한국직업능력개발원이 조사하는 박사를 대상으로 한 진로 및 취업 현황 조사만 있는데, 대학원의 석사 재학생 및 졸업생들의 취업 상황을 정확히 알 수 있는 조사를 실시해야 한다.

조사된 석·박사들의 취업실적은 대학원의 전공별 연구실적, 교육연구 인프라 등과 같이 공시돼야 한다. 대학원의 취업역량 강화와 함께, 석사 대학원생의 창업을 활성화할 수 있는 대책도 수립돼야 한다.

끝으로 대학원의 취업역량 강화도 필요하지만 과도한 대학원 진학을 줄이는 대책도 시행해야 한다. 능력중심 사회 구축과 함께 고졸 취업 활성화로 대학진학자들이 줄어들어, 결과적으로 취업을 목적으로 일반대학원에 진학하는 대졸자들도 줄어드는 것이 석사졸업생들의 취업난을 궁극적으로 해소하는 방안이다.

18. '특성화 전문대학'의 성공 전략 73)

정부의 전문대학 특성화 방안이 지난 10일 발표됐다. 정부의 시안에 따르면 내년에 우선 특성화 전문대학을 70개 선정해 지원하고, 성과 평가에 따라 2017년까지 100개로 확대한다는 방침이다. 정부는 전문대

73) 문화일보_2013.6.12

학이 선택할 수 있는 특성화 모델로 대학단위 특성화, 복합분야 특성화, 프로그램 특성화, 평생직업교육대학 특성화 등 4가지를 제시했다.

또한 현재 2~3년으로 묶여 있는 수업연한이 1~4년으로 다양해진다. 정부는 전문대학 특성화를 통해 전문대학 교육의 현장성을 강화해 2012년 기준 60.9%인 취업률을 2017년까지 80% 이상으로 높이는 것을 목표로 하고 있다.

우리나라 전문대학은 우리 사회가 요구하는 교육을 하고 있지 못하며, 학령인구의 감소 등으로 위기 상황이다. 한국직업능력개발원의 분석에 따르면 입학 자원의 부족으로 전문대학은 2015년부터 미충원 문제가 심각하기 시작해 2019년에는 충원율이 80% 아래로 떨어지며 2020년대 후반에는 40% 내외로 급격히 낮아질 전망이다. 전문대학의 교육 내용을 보면 산업 현장의 요구를 수용한 것보다는 공급자 중심의 전공교육 비중이 높다. 2011년 기준 전문대학의 교수 1인당 학생수는 39.1명으로 일반대학의 24.7명보다 많다. 경제협력개발기구(OECD) 회원국의 평균은 2009년 기준 14.9명이다.

우리가 벤치마킹해야 하는 독일의 전문대학 교수진은 현장 실무 경험이 있는 교원들이 중심이다. 정부의 전문대학 특성화 방안이 성공하기 위해서는 무엇보다도 실무 중심, 현장 중심 전문대학 교육의 기반인 교원들의 직업교육 역량이 대폭 강화돼야 한다. 많은 전문대학 교원이 부족한 입학 자원을 확보하는 데 상당한 시간을 할애하고 있는 반면, 정작 필요한 교원의 역량을 제고할 기회는 부족하다. 산업부문별 인적자원개발협의회, 지역의 업종별 협회와의 협력을 통해 전문대학 교원과 산업체 간의 교류가 활성화돼야 한다. 또, 실무경험이 풍부한 교원이 많이 확보돼야 한다.

전문대학의 재정(財政) 상황을 보면 2010년 기준 등록금 수입 비율은 66.0%, 국고보조금 비율은 2.9%, 기부금 비율은 0.6%로 등록금에 절대적으로 의존하고 있다. 이 같은 재정구조로 인해 과거의 경험을 보면 정부의 재정 지원은 전문대학이 자체적으로 해결해야 하는 시설이나 기자재 등 인프라 확보를 위해 대부분 지출되고 교원의 역량 제고, 교육과정 개발 등에는 그다지 할애되지 않았다.

이번 특성화 대책으로 지원되는 정부의 재정 지원은 하드웨어도 중요하지만 소프트웨어에 대한 투자를 소홀히 해선 안된다. 특히, 전문대학 학생의 기초학습능력 및 직업기초능력 학습을 강화하는 데 정부의 재정 지원이 활용돼야 한다. 이번에 전기(轉機)가 마련됐지만 전문대학이 전문기술인력 양성이라는 본래의 기능을 회복하는 것은 전문대학의 몫이다.

전문대학도 일반대학과 같이 학사 학위를 부여할 수 있게 된다. 3년 학위 과정이 허용됐으나 적잖은 대학이 2년 과정으로 복귀한 과거의 사례나 '학장'을 '총장'으로 칭하고 '대학'을 '대학교'로 변경할 수 있도록 했지만 이 같은 조치가 오히려 전문대학의 특수성을 약화시킨 측면이 있다는 사실을 심각하게 고려해야 한다. 1년제 과정이 허용됐으나 각 지역의 폴리텍대학, 상공회의소 산하의 인력개발원들과 어떻게 차별화할 것인지도 전문대학이 스스로 해결해야 하는 과제다.

끝으로, 특성화 전문대학이 100개로 확대되면 전체 전문대학의 3분의 2가 정부의 재정 지원 대상이 될 것이다. 나머지 3분의 1의 전문대학들로부터의 정치적 압력을 적절히 관리하는 것도 이번 전문대학 특성화 방안의 성패를 가름하는 요인이 될 것이다.

19. '인력양성'은 기업의 토대가 되는 사회적 자산을 쌓는 일
- 기업의 제1 경쟁력, 인력[74)]

피터 드러커에 의하면 우리는 지식의 생산(production), 유통(distribution), 활용(use)이 경쟁력의 핵심요인이 되는 지식기반의 사회에 살고 있다.

과학기술, 특히 정보통신기술이 비약적으로 발전하면서 생산방식과 생산공정에 급격한 혁신이 부단히 이루어지고 있다. 최근의 삼성과 애플의 특허전쟁에서 보듯이 기술이나 발명의 범위도 넓어지고 다양화되어 기술의 개발도 중요하지만 기개발된 기술에 대한 모방의 속도가 빨라져서 초일류기업도 경쟁에서 우위를 지키거나 살아남기가 쉽지 않은 것이 현실이다.

특히 '한미 FTA', '한EU FTA'가 타결되고 '한중일 FTA' 체결을 본격적으로 논의되는 등 우리 경제의 글로벌화가 더욱 진전되고 시장규모의 확대에 따라 무한경쟁체제에 들어가면서, 기업들은 과거의 지식이나 숙련을 가진 기업내부 인적자원의 직업능력을 지속적으로 개발(update) 시킬 필요가 있다.

사회적 자산인 인재 양성에 모든 기업이 적극 참여하여야

우리나라 기업들은 기술개발과 마케팅 등 기업의 전 전 분야에서 경쟁력을 좌우하는 인력에 대한 투자에는 매우 인색하다.

OECD 자료에 의하면 25세에서 64세 인구 중 재훈련에서 참여하는

74) 한국무역협회 무역_2012년 10월호

인구 비중이 OECD 국가 평균이 28.5%인 반면 우리나라는 그 절반수준인 15.1%만이 숙련향상을 위한 재교육이나 훈련(education and Training for upgrading skills)을 하고 있다.

우리나라 기업들은 필요인력을 확보하는데 있어서 내부인력에 대한 투자보다는 노동시장에서 외부 인력을 수혈하고자 하는 경향이 있다.

내부 인력의 숙련형성에 투자를 하여 그 효과를 기대하기에는 어느 정도 시일이 걸리고 숙련이 높아진 근로자가 이직을 하여도 제재할 방편도 마땅치 않기 때문에 기업들이 필요인력을 자체 양성하기 보다는 외부에서 채용하고자 하는 것은 이해할 수 있는 측면이 있다.

인력을 포함한 생산자원의 글로벌자원활용(Global resource utilization) 시대에 진입하였다고 하나, 인력의 국경간 이동은 아주 고급인력을 제외하면 아직은 제한적이기 때문에 대부분의 기업들은 국내(locally)에서 필요한 인력을 조달하여야 한다.

인력양성은 사회적 자산이라는 사회적 인식이 공고히 될 때 기업들이 필요로 하는 인력을 적시에 조달할 수 있는 기반이 확립된다.

올해 초 고용노동부 장관이 중소기업이 양성한 인력을 대기업이 스카우트하여 채용할 경우 대기업이 중소기업에 대해 일종의 인력양성에 대한 비용을 지불하는 것을 강제하는 조치를 고려하고 있다고 하고 논란이 된 적이 있다.

중소기업들은 대기업에 비해 열악한 임금 및 근로조건 때문에 인력 유치에 애로가 큰데, 공들여서 수년간 양성한 인력을 대기업에 빼앗겨도 속수무책이기 때문에 공생발전 차원에서 추진하고자 하였으나 이와 같은 조치는 시장경제의 자율성에 반한다고 하여 고용노동부 장관이 추진 의사를 접었다. 그러나 대기업의 인력스카우트에 대해 프로 스포츠세계에서나 볼 수 있는 이적료를 지불하도록 하겠다는 정책의 추진을 정부가 고민하여야 하는 현실은 우리나라에는 인력양성이나 개발이 기업의 사회적의무의 하나이고, 관계자들이 사회적 의무를 다할 때 결국은 그 혜택이 기업들에게 돌아온다는 인식이 희박하다는 반증이다.

직업훈련제도에 대해 우리나라를 포함한 전세계 국가들의 벤치마킹 대상이 되고 있는 독일의 경우 기업들의 자발적인 훈련참여가 독일 경제의 큰 버팀목이 되고 있다.

필자는 올해 중반 독일을 방문하여 2년제 농업계 전문대학을 방문할 기회가 있었다. 그 대학의 재학생들은 일주일에 3일은 현장실습, 2일은 학교에서서 수업을 받고 있었는데, 현장실습에는 그 지역의 대부분의 크고, 작은 농장들이 참여하고 있었다.

지역상공회의소가 주관이 되어 실시하고 있는 현장실습의 경우 재학생들이 현장실습이후에 반드시 해당 농장에 취업하는 것이 아님에도 불구하고 재학생들을 훈련생으로 받아들여 훈련을 시키고 있었다.

학생들을 현장실습을 시키는데 상당한 비용이 들어가지만 결국은 그 비용이 사회 전체적으로 보면 환수된다는 인식이 사회 구성원들이 공유하고 있기 때문에 기업들의 훈련에의 자발적 참여라는 선순환구조가 확립되어 있다.

올해 초 우리나라에서 굴지의 대기업이 특성화고교 재학 중인 훈련생을 무리하게 야간근무를 시켜 사회적으로 물의를 일으킨 적이 있는데, 독일에서는 이와 같은 일은 상상조차 할 수 없다. 훈련생들도 법에 정한 정당한 대우를 받으며 현장실습을 하고 있다.

기업의 고유의 조직문화를 만들고 구성원들에게 꿈과 희망을 주어야

정부가 '선취업-후진학' 체제를 정착시키기 위해 특성화고교 졸업생들의 채용을 기업들에게 적극적으로 권장하고 있는데, 많은 기업들이 취업이 확정된 학생들을 졸업 전에 활용하고자 수업을 면제하여 줄 것을 학교에 요구하고 있다고 한다. 학교 수업과 현장실습을 제대로 받아야한 기초체력이 튼튼한 기능인이 양성되고 결국은 사회적 자산이 풍부하여 진다는 인식보다는 단기간에 들어간 비용을 회수하여야 한다는 현실적인 계산이 앞서기 때문이다.

기업의 고유의 조직문화를 만들고 구성원들에게 꿈과 희망을 주어야 인재들이 직장을 선택할 때 임금 및 근로조건도 중요한 고려 요소이지만 해당 기업의 문화도 중요하다. 기업들이 자신만의 고유한 기업문화를 구축하고 채용 등 인사전략도 기업의 실정에 맞추어 수립하여야 한다.

외국은 신규대졸자는 일정기간 인턴 후 채용을 확정하는 것이 흔히 볼 수 있다. 우리나라는 아직은 드문 경우이나 일부에서는 이와 같은 제도가 도입되어 있다. K기업의 경우 일정 직군의 모든 대졸 직원은 입사 후 1년간 인턴이후 채용을 확정하는 제도를 도입하여 소기의 성과를 거두고 있다.

인턴 채용 후 일정기간의 수습을 거친 후 채용을 하는 제도가 확산될 때, 출신학교 등 소위 SPEC에 의존하여 인력을 채용하는 바람직하지 못한 채용관행도 개선되는 계기가 될 것이다.

우리나라 일자리 85%를 제공하는 중소기업은 만성적인 인력부족을 경영 애로 요인으로 호소하고 있다.

2012년 상반기 기준으로 중소기업의 인력부족률은 3.4%로 대기업(1.3%)에 비해 심각하며 모든 업종, 전 직종에서 인력이 부족하다.

최근 개선조짐을 보이고 있으나 대학진학률이 80%가 넘고, 대학 졸업이후 첫 직장을 찾는데 평균 11개월이 걸리고 있으나 많은 대졸 청년들이 중소기업 취업을 기피하고 있다.

정부가 지원하고 있는 중소기업 청년 인턴제 등을 통해 중소기업에 대한 인식이 개선되고 있는 것은 고무적인 일이나 중소기업 스스로가 젊은이들에게 미래에 대한 희망과 비전을 줄 수 있을 때 젊은이들의 중소기업 기피현상이 사라질 것이다.

결론적으로, 과거 개발도상국 시절에는 요구되는 인력의 수준이 높지 않아서 양성에도 큰 비용이 들지 않았고, 인력이동에 따른 현장 적응성에는 문제가 크게 없었다. 지식사회에서는 인재가 중요하고 인력양성에도 상당한 비용이 드는 만큼 인력양성은 사회적 자산이라는 공감대가 사회 구성원 간에 형성되어 대기업, 중소기업이 협조하여 필요한 인재를 양성하고 과도한 인력탈취를 서로 간에 자제하여야 한다.

정부의 기업, 특히 중소기업의 인력양성 및 확보 지원 정책도 개선되어야 할 점이 많지만 기업 스스로 고유의 기업문화를 만들고 구성원들이 꿈과 희망을 가질 수 있는 조직으로 발전하도록 적극적으로 노력하여야 한다.

제7장

노동시장 개방

저숙련 외국인 근로자와 글로벌 인재 유치

제7장

노동시장 개방
: 저숙련 외국인 근로자와 글로벌 인재 유치

국내체류 외국인 200만 명, 장기체류자 150만 명, 제외동포 장기 체류자를 제외하면 장기체류 외국인 50%가 고용허가제로 입국했다.

취업자격을 가진 체류 외국인 60만중 90%가 고용허가제 체류 자격을 가지고 있고 이중 재외동포 방문취업자와 비전문취업자가 각각 절반 정도이다. 국내체류 전문외국인력 중 영어 강사 등을 제외한 고급인력은 2만 명 수준이다.

2002년 고용허가제의 도입과 함께 불법체류 외국인이 획기적으로 줄어들었다. 외국인 불법체류율은 2002년 말 47%에서 2015년 말 11%로 대폭 감소하였다. 저숙련 외국인의 경우 송출국과의 소득 격차가 크기 때문에 공급은 무한정인 반면 수요는 한정되어 있기 때문에 도입과정에서 중계인들이 생산자 잉여의 상당 부문을 가져간다.

고용허가제는 민간 직업중개인의 개입을 허용하기 않기 때문에 그 만큼 외국인 근로자에게 돌아가는 몫이 커지도록 설계된 제도인데, 인력 알선 등에 있어 민간 부분과 같은 서비스를 기대하기는 어렵다. 제도 도입 이후 주관기관인 한국산업인력공단 등의 노력으로 도입기간이 대폭 단축되었고, 한국어 능력뿐 아니라 외국인 구직자의 기능 수준도 채용 시 고려되도록 제도 개선이 이루어졌다.

결혼이민자가 꾸준히 증가하고 있다. 결혼이민자는 경제활동을 주목적으로 이주한 것은 아니나 대부분 경제활동을 하기 때문에 국내 노동시장에 미치는 영향에 대한 정책적 고려가 필요하다.

우리나라는 두뇌 유출 국가이다. 2011년 기준으로 해외에서 공부하는 우리나라 유학생은 29만명, 국내에 들어 와 공부하는 외국인 유학생은 8만 4천명, 그 중 상당수는 중국인 유학생이다.

정부의 많은 노력에도 불구하고 글로벌 인재 유치 실적은 빈약하다. 삼성, LG, 현대자동차 등 글로벌 국내 기업들은 자체의 글로벌 인재 유치 전략을 가지고 있으나 스위스국제경영연구원에 따르면 2010년 기준으로 우리나라의 해외고급인력 유인지수는 10점 만점에 4.58점으로 비교대상 국가 중 33위였다. 중국이 5.83점으로 13위인데, 2002년 기준으로 우리나라가 23위, 중국이 33위였다. 지명도가 높은 과학 분야 해외인재를 유치하는 천인계획 등 적극적인 해외인재 유치 노력의 결과 중국이 역전한 것이다.

저숙련 외국인 근로자에 대한 국내 처우나 노동권 보호는 고용허가제가 UN 공공행정 대상을 수상할 정도로 해외에서 벤치마킹 대상이고 ILO, OECD 등에서 다른 인력 수입 국가에게 참고하도록 권고하고 있다. 저숙련 외국인 근로자의 자유로운 사업장 이동이 국내 인권단체를 중심으로 꾸준히 제기되고 있으나 2013년 기준 이민자통합정책지수 순위는 EU 27개국이 포함된 36개국 중 13위였다. 특히 노동시장 이동성과 교육영역에서 EU 평균보다 높았다.

우리나라 외국인력 정책의 가장 큰 취약점은 저숙련 인력의 경우 동포인력과 다른 외국인 근로자를 구별하고, 전문인력과 저숙련 인력의 활용이 연계되어 정책이 추진되고 있지 못하다는 것이다. 부처 간 칸막이를 없애고 통합적인 외국인력 정책이 시행되어야 한다. 외국인력 활용과 연계하여 노동시장 관점에서 결혼 이민자와 외국인 유학생을 활용하는 방안을 고민하여야 한다. 특히 급속한 고령화가 진행되는 현실을 고려하여 이민정책 관점에서 외국인력 활용을 논의하여야 할 시점이다.

한국의 주거여건이나 교육환경이 열악한 것도 글로벌 인재 유치에 걸림돌이지만 학벌중심의 연공서열 위주의 폐쇄적 조직문화도 글로벌 인재 유치뿐 아니라 국내의 인재들이 국내 근무를 꺼리는 요인이다. 열린 노동시장이 구축되어야 하는 또 하나의 이유이다.

1990년 대 초반 비숙련 외국인력 도입 체계의 첫 단추를 잘 못 끼우면서 제대로 된 제도를 도입하기 까지 10여년을 허비하였고, 지금도 그 후유증으로 적잖은 어려움을 겪고 있다. 저숙련 외국인력 뿐 만 아니라 글로벌 인재 유치 전략의 대전환이 요구되는 시점에서 부처 간 칸막이 경쟁으로 이 같은 전철을 답습하여서는 안된다.

1. 외국서 벤치마킹하는 '외국인고용허가제'[75)]

국내 체류 외국인은 200만 1,828명이고 이중 장기체류자가 148만 1,603명(6월 말 기준)이다. 재외동포 체류자격자를 제외하고 장기체류 외국인의 48.1%가 외국인 고용허가제로 입국했다.

국내 취업자격을 가진 체류 외국인 60만 8,867명 중 89.6%가 고용허가제 체류자격으로 입국한 저숙련 기능인력인 비전문취업자(27만 4,493명)와 재외동포와 연관이 있는 방문취업자(27만 1,112명)이다.

외국인 고용허가제는 내국인을 고용하지 못해 구인난을 겪고 있는 중소기업에 정부가 외국인근로자의 고용을 허가해 주는 제도다. 폐지된 산업연수생 제도(1993~2007) 시행 당시 볼 수 있었던 송출비리, 불법체류 등의 문제를 상당부분 해결하는데 기여했다. 정부 간 양해각서(MOU)를 체결해 정부·공공기관이 외국인력 선발과 도입, 체류 지원을 직접 관리하기 때문에 비리를 사전에 예방할 수 있다.

고용허가제 도입 전인 2002년 말, 외국인 불법체류율은 47%였다. 특히 단기방문자와 산업연수생의 불법체류율이 각각 78%와 64%로 높았다. 지난해 말 기준, 전체 외국인의 불법체류율은 11.3%에 불과하다. 이중 단기방문자와 고용허가제로 입국한 외국인의 불법체류율은 각각 16.5%, 15.3%로 현저히 낮아졌다. 이는 외국인 근로자를 대상으로 ▶자국에 진출한 한국기업에 취업할 수 있도록 맞춤형 훈련을 지원하고, ▶현지 취업을 알선하는 귀국지원 프로그램 강화, ▶4년 10개월을 체류한 뒤 다시

75) 중앙일보_2016.9.5

취업해 재입국할 수 있도록 성실외국인 근로자 제도 도입하는 등 적극적으로 노력한 결과다. 2012년에는 외국인력의 사업장 배정에 포인트 제도를 도입해 제도의 공정성과 효율성을 높였다. 불법체류의 주요 원인 중 하나인 과다한 송출비용도 고용허가제 도입 이전에 비해 3분의 1 수준으로 크게 줄었다.

다른 나라들이 벤치마킹하는 외국인력 제도인 고용허가제는 2011년 유엔에서 공공행정 대상을 수상했다. 중소기업 인력난 해소를 통해 생산성과 경쟁력을 향상에 기여한 공로로 지난 5월엔 '2016년 중소기업인대회'에서 국무총리상을 받기도 했다.

2017년에는 송출국가에 라오스가 새롭게 추가되면서 16개국으로 늘어난다. 고용허가제는 우수한 외국인근로자 도입을 위해 외국인력 선발체계를 지속적으로 변화하고 있다. 고용허가제 한국어능력시험(EPS-TOPIK) 외에 직무수행능력을 반영하는 기능수준과 근무경력 등을 포함한 종합평가 선발체계가 2019년까지 모든 송출국가로 확대 시행될 계획이다.

한국은 2030년에 초고령 사회에 진입할 전망이다. 성장 잠재력 확보 측면에서 추가적이고 지속적인 외국인력 도입이 불가피할 것이다. 현재의 단기 순환형 인력 공급제도에서 정주형 이민제도로써 고용허가제의 역할과 미래가치를 논의해 볼 시점이기도 하다.

2. 이민의 경제, 외국인력 도입을 통한 경제적 가치와 사회적 효과[76)]

소득 격차로 경제적 활동을 위한 이주 발생

자본, 노동 등 생산요소가 국가 간에 이동하는 것은 요소부존도나 기술력의 차이로 생산요소에 대한 보수가 국가 간에 차이가 나기 때문이다. 경제학 이론에 따르면 생산요소(노동)의 이동, 즉 이민으로 이민자를 보내는 국가나 이민자를 받아들이는 국가 모두 국민생산이 증가하고 글로벌(Global)하게는 자원이 효율적으로 배분되는 결과를 맞이하게 된다.

일반적으로 이민자를 받아들이는 국가의 임금은 하락하기 때문에, 노동조합은 이민자 수용 논의 시점에는 이민자를 받아들이는 것을 반대하지만, 일단 받아들인 이민자에 대해서는 동등한 대우를 주장하게 된다. 국부 창출의 측면에서는 노동의 이동이나 자본의 이동에 큰 차이가 없으나 노동이동의 경우 사람이 움직이기 때문에 현지 적응 비용이라는 추가 비용이 발생하고 운송비를 누가 부담할지 명확하지 않은 경우가 많다. 고용계약을 맺고 이주하는 경우도 있으나 이주 후에 일자리를 찾는 경우도 있기 때문이다.

생산요소의 이동으로부터 발생하는 이득은 양국이 나누어 갖지만 시장 지배력에 따라 그 분배는 달라질 수 있으며, 인력을 수입할 경우에는 시장임금보다 낮은 임금을 지불하게 되기 때문에, 기존의 국내시장에서의 임금 중 일부는 이민자를 받아들이는 국가의 사용자 및 일자리를 알

76) 이민정책 창간호_2014.11

선하는 중개인들이 가져가게 된다.

한 개인이 외국으로 이주해 경제활동을 할 것인가에 대한 결정은 양국 간의 소득격차나 이동에 따른 직간접비용(다른 문화 및 사회환경에 적응하기 위한 정신적인 비용 포함)에 의해 결정되는데, 저숙련 외국인력의 경우 소득 격차는 10배 이상이기 때문에 인력 공급은 무한적인 반면 수요는 한정되어 있다. 그렇기 때문에 일자리를 알선하는 단계에서 직업중개인이 과다한 중개료를 부과함으로써 생산자 잉여를 상당 부분 가져가기 쉽다.

우리나라의 고용허가제는 민간 직업중개인의 개입을 허용하지 않기 때문에 그만큼 외국인 근로자에게 돌아가는 몫이 커지도록 설계된 제도인 반면 인력알선 등에 있어 민간 부분과 같은 수준의 서비스를 기대하기는 어렵다. 또한, 소득 격차가 큰 경우 이주자의 상당수가 기대소득만큼 벌지 못한다 할지라도 기대소득이 0이 되지 않는다면 인력 공급은 계속되기 때문에 임금 인상은 이주자(외국인 근로자)에게는 그 효과가 제한적이다.

우리나라는 두뇌 유출 국가

고숙련 이민자의 경우 이민자를 보내는 국가에서 이민자를 받아들이는 국가로의 두뇌 유출(Brain drain)이 일어날 수 있다. 우수한 인적자원이 부족한 제3세계 국가에서 선진국으로의 두뇌 유출은 이민자에게는 자유로운 직업 선택에 따른 결과이지만, 제3세계 국가의 입장에서는 매우 애석한 일이다. 적극적인 유학생 유치는 선진국이 개발도상국의 인재를 활용하는 가장 효과적인 수단이다.

우리나라도 아직까지는 두뇌 유출 국가로 분류될 수 있다. 2011년 기준으로 해외에서 공부하는 우리나라 유학생이 29만 명, 국내에 들어와서 공부하는 외국인 유학생은 8만 4천 명에 불과했으며, 그중 상당수가 중국인 유학생이다. 또한 미국 유학생의 상당수가 자녀교육, 주택문제 등으로 학위 취득 후 그대로 미국에 남기 때문에 두뇌 유출은 제3세계와 선진국 사이에서만 발생하는 문제가 아니다.

우리나라는 글로벌 인재(Global talents)를 포함한 우수 인력을 유치하기 위해 많은 노력을 기울이고 있으나 성공적인 결과를 얻지는 못하고 있다. 2012년 말 기준으로 살펴봤을 때 출입국관리법상 숙련인력으로 분류될 수 있는 외국인근로자는 49,998명인데, 이 중 외국인 교사, 예술 및 연예 계통 인력을 제외하면 총 23,756명이다. 이 중 특정직업 체류 자격을 가진 사람이 17,451명으로 가장 많다.

경제 발전 단계상 저숙련 이주자 도입은 불가피

한 나라의 경제 발전이 어느 단계에 도달하면 해외투자의 형식을 빌려 한계 직종을 외국으로 이전시키거나 혹은 한계 직종의 일자리를 유지하기 위해 이주자를 받아들여야 하는 선택의 문제에 직면하게 된다. 1980년대 말부터 동남아시아, 중국 등에 대한 우리나라 기업들의 해외투자가 본격화됐고, 동시에 저숙련 외국인력의 수입 문제가 쟁점이 된 것은 우연이 아니다. 우리나라의 경제발전 단계가 저숙련 외국인력을 받아들여야 하는 수준으로 높아진 것이라 볼 수 있다.

1980년대 말에 이 문제가 본격적으로 공론화되었을 때 저숙련 외국인력의 도입을 반대하는 주요 논거는 우리나라에는 아직도 활용할 수 있는 인적자원이 많이 있고, 저숙련 외국인력을 도입하게 되면 사양사업의 불필요한 유지를 돕게 돼 우리 경제의 구조 상승을 지연시킨다는 것이다. 반면에 저숙련 이주자를 받아들이는 것을 찬성하는 측의 논거는 우리 경제의 발전 단계로 볼 때 내국인이 기피하는 3D(Dirty, Dangerous & Difficult) 직종이 있고, 저숙련 이주자를 도입해 활용하는 것은 내국인의 일자리를 뺏는 것이 아니라 오히려 다른 부분과의 보완관계로 인해 내국인의 일자리 또한 보호하는 측면이 있다는 것이다.

3D 일자리를 현재 수준의 임금에서 간신히 수지를 맞추거나 적자 상황에 있을 수밖에 없는 '사양산업형'과 더 높은 임금을 줄 수도 있으나 그럴 경우 수익성이 떨어지는 '내국인 기피형' 3D 일자리로 구분할 수 있다고 가정해보자. 이 경우 가능한 저숙련 이주자를 '사양산업형'보다는 '내국인 기피형' 일자리에서 활용해야 한다. 우리나라가 고용허가제를 통해 도입되는 저숙련 이주자의 규모에 관해 활용할 수 있는 기업규모와 업종을 제한하고 업종별 인력 부족률을 고려하는 이유이기도 하다.

한편 저숙련 이주자를 활용하는 사업체들을 대상으로 한 대부분의 설문조사 결과를 보면 우리나라 사업체들이 저숙련 이주자를 활용하는 가장 큰 이유는 내국인 근로자를 구할 수 없어서, 그다음으로는 인건비를 절약하기 위해서다. 그러나 내국인 근로자를 구할 수 없는 사업체도 임금을 대폭 인상하면 내국인을 채용할 수 있다고 보기 때문에, 내국인 근로자를 구할 수 없다는 것과 인건비 절약은 동전의 양면과 같다. 우리나라 경제구조상 저숙련 이주자를 활용할 수밖에 없다는 것이 실질적으로 입증된 것은 1997년 말 발생한 외환위기 때문이었다. 실업자가 200만 명 가까이 발생하는 상황에서 정부는 저숙련 이주자를 내국인으로 대체하는 경우 임금을 보조하는 유인책을 제시했지만 내국인들은 저숙련 이주자가 일하던 일자리를 기피해, 정부의 정책은 그다지 성공적이지 못했다.

경제적 효과 이외의 것들도 충분히 고려해야

이민의 경제적 효과를 사회적 효과 또는 인간적 효과와 무관하게 논의하는 것은 상당히 어렵다. 1950년대, 1960년대에 독일은 초청근로자(Guest worker)프로그램을 활용해 우리나라, 터키 등에서 이민자를 대거 유치함으로써 경제성장에 필요한 인력을 충원했다. 1970년대에 들어 경제가 어려워지자 외국인근로자와 그 가족들을 출신국으로 돌려보내고자 했으나 여러 가지 경제적 · 사회적 이유로 인해 돌려보내지 못했고, 더 이상 저숙련 이주자는 받아들이지 않는 대신에 기존에 받아들인 이민자들과 그 가족들을 좀 더 적극적으로 독일 사회에 통합하는 정책으로 전환했다. 일부에서는 독일의 초청근로자 정책을 실패한 정책의 전형으로 제시하기도 한다. 하지만 과거 이들이 경제성장에 기여한 부분을 고려하면 경제적 측면에서 부정적인 평가를 내리기는 어렵다.

일반적으로 이민이라고 하면 다른 나라에 살기 위해 정부에 이민 신청을 하고 허가를 받은 뒤 재산을 처분하고 다른 나라에 가서 사는 것을 말하지만 출신국 정부는 물론 이민을 가고자 하는 국가의 공식적인 허가도 없이 입국해 경제활동을 하는 경우도 많다. 불법체류 이주자가 법적으로는 합법적인 신분을 가지고 있지 않으나 경제적으로 체류 국가에 기여하고 있는 점을 부인할 수 없다.

국경이 존재하는 한 불법체류 이주자 문제를 완전히 해결할 수는 없으나 적정 수준에서 통제할 수 있는 행정력을 가지고 있어야 한다. 과거 우리나라에서 저숙련 외국인력 중 불법체류자가 70% 정도 되어 정부가 불법체류자를 묵인하고 인권을 보장하지 않았다는 비난을 받은 바 있으며, 이는 고용허가제 도입의 가장 큰 원인이 되기도 했다.

2009년 12만 5천 명, 2010년 14만 2천 명, 2011년 14만 5천 명, 2012년 14만 8천 명, 2013년 15만 1천 명 등의 수치로 확인할 수 있듯, 최근 들어 결혼이민자 수는 꾸준히 증가하고 있다. 결혼이민자가 경제활동을 주목적으로 이주한 것은 아니지만 결혼이민자도 대부분 경제활동을 하게 되기 때문에 결혼이민자 취업 및 취업 능력 개발에 대한 정책적 배려가 필요하다.

마지막으로, 우리나라는 인구고령화 속도가 제일 빠른 국가 중 하나다. 2030년에는 인구의 20% 이상이 65세 인구인 초고령 사회에 진입할 것으로 예상되고 있다. 또한 2020년에는 고령인구 1인당 노동연령인구가 4.6명, 2030년에는 고령인구 1인당 노동연령인구가 2.7명으로 줄어들 것으로 전망된다. 급속한 인구고령화는 경제성장 잠재력에 상당히 부정적인 영향을 미칠 것으로 예상되는데, 적절한 이민정책을 통해 인구고령화가 경제성장에 미치는 부정적인 영향을 완화시켜야 한다.

3. 고용허가제 10년과 향후 과제[77)]

올해로 고용허가제가 도입된 지 10년이다. 우리나라는 1993년 산업연수생 제도를 통해 저숙련 외국인 근로자를 도입하기 시작했는데, 민간을 통한 취업 알선으로 인한 송출 비리 및 불법 체류자 급증으로 인한 사회 불안으로 2004년 8월 고용허가제를 도입했고, 2007년 1월부터는 산업연수생 제도를 폐지하고 저숙련 외국인력 도입 창구가 고용허가제로 일원화됐다.

고용허가제의 도입과 함께 국내에 연고가 있는 중국, 옛 소련 동포의 취업을 허용하고자 2002년 도입된 취업관리 제도도 고용허가제의 특례로 흡수됐다. 1990년대 초 경제 발전의 단계, 노동시장의 구조 변화로 저숙련 외국인력의 도입이 불가피했는데, 초기의 잘못된 정책 판단으로 외국인연수생 제도로 시작하고 이를 고용허가제로 바로잡는 데 10여년이 걸렸다.

고용허가제는 국가 간 협정에 따라 상대국의 공공기관이 송출 업무를 담당하고 있는데 과거 연수생제도 아래서 자주 발생하던 과도한 취업 알선 비용의 소지를 원천적으로 차단해 외국인 근로자를 보호함으로써 2011년 유엔 공공행정 대상을 수상했다. 저숙련 외국인력의 불법체류 비율도 현저히 줄어들었는데, 연수생으로 도입된 외국인력의 불법체류율은 2003년 80%였으나 고용허가제로 도입된 외국인 근로자의 불법체류율은 2014년 5월 현재 15.7%다.

---

77) 문화일보_2014.8.29

지난 6월 기준으로 고용허가제로 합법 체류하고 있는 외국인 근로자는 47만 명이다. 이들은 내국인들이 기피하지만 우리나라 산업 현장에는 반드시 필요한 3D 업종의 일을 하고 있다. 일반 고용허가제로 도입된 외국인 근로자는 주로 제조업에 종사하지만, 농축산업과 어업 분야 취업자도 지속적으로 늘어나고 있다. 특히 해외 동포 취업자는 건설업과 서비스업의 중추적인 인력으로 자리매김하고 있다.

고용허가제가 도입된 지 10년이 넘으면서 우리나라에서의 취업을 통해 성공 신화를 만들어가는 외국인 근로자들도 늘어나고 있다. 사업장을 바꾸지 않고 꾸준히 4년10개월 동안 성실히 근무한 외국인 근로자에게는 일정 기간이 경과한 뒤 재입국해서 다시 5년간 취업할 수 있는 길이 열리면서 저숙련 외국인력 취업의 선순환 구조가 만들어지고 있다.

고용허가제 10년을 기념하기 위해 고용노동부와 한국산업인력공단이 주관해 개최한 '2014 한국문화 페스티벌' 한국어 말하기대회를 통해서도 확인됐지만, 상당수의 외국인 근로자들은 우리 문화에 익숙하고 잘 동화돼 가고 있다. 특히 고용허가제로 우리나라에 취업하고자 하는 외국인 근로자는 일정 수준의 한국어 능력을 갖추도록 함으로써 고용허가제에 따라 자국 인력을 우리나라에 보내고 있는 베트남 등 15개국에서는 한국어를 배워서 우리나라에 취업하고자 하는 열기가 매우 뜨겁다.

우리나라 외국인력 정책의 가장 큰 취약점은, 저숙련 인력은 동포 외국인과 다른 외국인 근로자를 구별하고, 전문 인력과 저숙련 인력의 활용이 연계돼 정책이 수립되지 못하고 있다는 것이다. 부처 간 칸막이를 없애고 통합적인 외국인력 정책이 시행돼야 한다. 결혼이민자, 외국인 유학생도 근년에 들어서 급증하고 있다. 저숙련 외국인력 정책과 연계해 노동시장 관점에서 결혼이민자와 외국인 유학생을 활용하는 방안을 고민해야 한다.

끝으로, 우리나라의 출산율은 경제협력개발기구(OECD) 회원국 중 가장 낮고, 현 추세가 지속된다면 2030년 65세 이상의 고령인구가 인구의 20% 이상이 되는 초고령사회로 진입한다. 2030년에는 고령인구 1명당 노동연령인구가 2.7명이 될 것으로 추정되는데, 성장 잠재력 유지를 위해서는 저숙련 외국인력의 대량 유입이 불가피하다. 이민정책의 관점에서 저숙련 외국인력 활용을 논의해야 할 시점이다.

4. 삼성, LG 등 빼면 인재 전쟁에 무방비[78)]

고용 조건·평판 중국에도 밀려… 학벌 중시·연공서열 문화 바꿔야

미국 코넬대학에는 부부가 함께 교수를 하는 경우가 종종 있는데, 아이비리그 대학이지만 뉴욕시에서 자동차로 5시간이나 걸리는 오지에 있다는 지역적 한계를 극복하기 위해 부부 중 한명이라도 우수한 연구역량을 가지면 부부 모두에게 교수직을 제안하기 때문이다. 뛰어난 연구실적을 가진 교수 1명이 옮기면 그 교수가 가진 연구역량뿐 아니라 연구실적도 같이 이동하기 때문에 학교나 학과의 순위가 높게 상승하여 미국의 대학들은 인재 유치에 적극적일 수밖에 없다. 순위경쟁이 치열해진 한국 대학 사회도 과거와는 달리 40대, 50대에 자리를 옮기는 교

78) 한경 BUSINESS_2014.6.4

수들이 많아졌다.

국가단위에서도 빌게이츠와 같은 글로벌 인재 유치를 위해 모든 나라가 적극적으로 나서고 있다. 2012년 초 영국의 경제전문 조사기관인 EIU는 인재유치에 성공한 국가 순위를 발표하였는데, 미국이 1위를 차지한 것은 놀라운 일이 아니었으나 스웨덴, 핀란드, 덴마크, 노르웨이 등 이 모두 10위권에 들면서 북유럽국가들이 주목을 받았다.

"천인계획" 가동하는 중국

특히 면적은 한국의 4.5배, 그러나 인구는 900만 명인 스웨덴의 인재유치 정책이 인상적이다. 높은 복지 수준을 지탱하기 위해 40%에 이르는 고율의 소득세를 부과하고 있는데, 특급 해외 인재로 판명되면 소득세 부담을 절반으로 줄여주고 있다. 석사과정에 있는 외국인은 등록금을 내어야 하나 박사과정 학생은 면제된다. 또한 사이언스 시티(Science city)라는 산업클러스터를 통해 산업 발전을 도모하면서 인재도 유치하고 있다.

미국이나 유럽 등 선진국은 물론 세계 2위의 경제대국으로 부상한 중국은 공격적으로 해외 인재를 유치하고 있다. 해외 인재 유치가 선진 과학기술을 도입하는 가장 효과적인 방법이기 때문이다.

1990년대 중반부터 중국인 출신뿐 아니라 국적에 관계없이 우수한 해외인재를 유치하기 위한 프로젝트를 가동하고 있다. 1994년 시작된 백인(百人)계획은 과학분야에서 지명도가 높은 해외인재를 초빙하는 사업인데, 중국과학원이 주관하는 이 계획을 통해 1,600명이 넘은 과학자가 초빙되었다. 공산당 중앙조직부가 직접 관장하는 천인(千人)계획은 해외 유명대학의 교수 또는 기업체 전문가를 유치하는 제도인데, 2008년 시작되어 2,000명이 넘은 전문가가 유치되었다. 베이징, 상하이 등 지역별로 해외에서 귀국하는 유학생들에게 최고 50만 위안(약 9,000만 원)의 창업비와 임대아파트가 지원하고 있는데, 100만 명이 넘는 중국의 해외 유학생이 혜택을 받았다. 중국이 해외인재 유치에 얼마나 적극적인지는 2012년 최고 권력자가 된 시진핑 총서기의 취임 후 첫 외빈접견은 중국내에서 활동하고 있는 (포항공대 교수 출신으로 베이징 교통대에서 강의하고 있는 곽진호 교수(수학) 등) 외국인 전문가 20여 명이었다는 사실에서 잘 나타난다.

한국의 해외 인재 유치 실적이나 경쟁력은 취약하다. 중국 동포를 포함한 70만 여명의 외국인 근로자중 전문인력은 5만여 명에 불과하고 그나마 영어강사 등을 제외한 고급인력은 2만 명 수준이다.

2011년부터 전문가와 일정 재력을 갖춘 외국인에 대한 귀화 및 복수국적제를 시행하고 있지만 효과가 크지 않다. 독일, 영국, 프랑스 등 유럽의 선진국으로 부터의 귀화자는 2010년까지는 15명에서 20명 수준이었으나 2011년에는 스위스인 1명, 2012년에는 네덜란드인 1명으로 줄었다.

과학기술분야에서 중소기업의 해외 전문인력 채용을 지원하는 골드카드의 발급 실적도 크게 늘어나지 않고 있다. 골드카드는 기술경영, 나노, 디지털, 전자, 바이오, 수송 및 기계, 신소재, IT, 환경 및 에너지 등 첨단기술 분야에서 기업들이 영입한 해외인재들이 취업비자들을 쉽게 받도록 코트라가 발급해주는 일종의 고용추천서인데, 발급 요청기업의

80%가 중소기업이다. 2011년 발급실적은 343장으로 2010년의 650장의 절반 수준이었다.

중국동포를 포함한 70만 여명의 외국인 근로자중 전문인력은 5만 여명에 불과하고 그나마 영어 강사 등을 제외한 고급인력은 2만 명 수준이다.

스위스 국제경영연구원(IMD)에 따르면 2010년 기준으로 한국의 해외고급인력 유인지수는 10점 만점에 4.58점으로 비교대상 국가 중 33위이다. 노동인력의 3분의 1이 외국인인 싱가포르가 8.13점으로 2위, 미국이 8.08점으로 3위, 이웃 중국이 5.83점으로 13위이다. 2002년 기준으로 한국의 순위가 23위, 중국이 33위였는데, 천인계획 등 중국의 야심적인 해외 인재 유치 전략과 노력에 힘입어 역전을 당한 것이다.

한국은 심각한 두뇌유출을 겪고 있다. 2011년 기준으로 해외에 나간 한국 유학생이 29만 명, 귀국한 학생은 9만 명, 유학수지 적자는 44억 달러(4조 7,760억 원)이다.

지난 4월 열린 국가정책조정회의에서 정부의 글로벌 해외인재 유치·활용방안이 발표되었다. 정부는 기업, 대학 및 연구소의 외국인과 재외동포 인재 유치에 대한 지원을 대폭적으로 강화하고 비자 발급 확대 등 제도를 개선하여 2017년까지 해외인재를 3만 7천여 명까지 늘리는 것을 목표로 하고 있다.

국내선 푸대접 받다 해외에서 맹활약

미래창조과학부의 해외인재 유치 정책의 핵심은 해외 인재를 '연구

교육형', '기업활동형', '미래잠재형' 등 3개 유형으로 나눠 유형별 맞춤 지원을 강화하는 것이다.

대학이나 공공연구소에서 연구·교육 활동을 하는 '연구교육형' 해외 인재를 유치하고자 박사 후 국내·외 연수 우수 성과자를 일반연구자지원사업에서 우대하고, 유럽연구이사회(ERC)와 '한·EU 우수연구자 교류협력연구' 사업을 추진해 매년 기초연구 분야에서 40명씩 교류하고, 가칭 'Korea Research Fellowship' 프로그램을 신설해 2017년까지 총 200명을 선발한다.

'기업활동형' 인재 유치를 위해서는 국가의 인재 유치사업과 우수 중소·중견기업을 통합 홍보하고 인력 중개를 강화하고 '해외 인재 전용 기술창업' 지원 대상을 확대한다. 중소·중견·벤처기업을 위한 '글로벌 멘토단', 삼성전자와 공동으로 국내 중소 소프트웨어 기업의 인도 진출을 지원하는 '한·인도 SW 상생협력센터'를 운영한다.

'미래잠재형'인 우수 유학생 유치를 위해서는 정부초청장학생 교류사업을 2013년 827명에서 2017년 1천 명, 전략산업 맞춤형 인재 및 자원강국 우수 유학생 규모를 2013년 336명에서 2017년 650명으로 늘리고, 연간 80여명인 재외동포 장학금 지원도 확대하기로 했다.

과학비즈니스벨트 등을 중심으로 교육·주거·문화 등의 정주 여건을 외국인 친화적으로 조성하고 해외 인재에 대한 전자사증 발급을 확대하고 준영주자격(F-2) 최장 체류기간을 3년에서 5년으로 늘리는 등 출입국 제도도 개선한다.

그러나 해외인재 유치 목표가 달성되기 위해서는 넘어야 할 과제가 산적하여 있다.

한국 기업들이 해외 우수인재에게 제공하는 근로조건이나 복지혜택이 그렇게 경쟁적이지 않다는 것이다. KOTRA가 2010면 국내기업 1만 개를 조사한 결과에 따르면 필요한 해외고급인력은 3,266명이었는데, 77.2%만 채용할 수 있었다. 국내고급인력은 필요인력대비 92.4%를 채용할 수 있었던 것과는 대비된다. 조사대상 기업의 44.4%가 높은 인건비와 체류비 등 직접경비 부담을 해외인력 채용의 가장 큰 애로요인으로 꼽았다. 삼성, LG, 현대 등 일부 재벌기업을 제외하면 우리 기업들이 제공하는 고용조건이나 평판은 이웃 중국에도 밀리는 것으로 나타난다.

한국의 주거여건이나 교육환경이 열악한 것도 해외인재 유치의 걸림돌이다. 미국에 체류하는 국내 과학자의 10명 중 7명이 한국으로 귀국할 의사가 없다는 조사결과가 있는데, 한국의 과도한 교육열과 높은 집값을 귀국을 할 수 없는 사유로 제시하였다.

학벌중심의 연공서열 위주의 폐쇄적 한국의 조직문화도 유능한 해외인재뿐 아니라 국내의 인재들이 한국 근무를 꺼리게 하는 요인이다. 글로벌 기업의 해외 현장에는 낮은 학벌로 한국에서는 제대로 된 대우를 받지 못하였으나 역량과 성과에 의해 평가되는 해외에서는 고급 인재로 자리를 잡은 한국 인재들을 흔히 볼 수 있다. 잦은 야근 등의 근무관행과 스펙을 차별하는 한국 노동시장 관행도 해외인재 유치를 위해 개선되어야 하는 과제이다.

탁월한 글로벌 인재 1명이 1백만 명을 먹여 살린다는 이건희 삼성회장의 말대로 한국의 향후 먹걸이는 이번에 정부에서 발표한 해외인재 유치 전략과 목표가 제대로 추진되어 바라는 성과가 달성되느냐의 여부가 상당부분 좌우된다.

5. 끌어안아야 할 저숙련 이주노동자[79)]

한국에는 전체인구의 3% 정도인 150만 여명의 외국인이 살고 있다. 다른 경제협력개발기구(OECD) 국가들에 비해 외국인 비중은 작은 편이나 최근 들어 이주 외국인의 사회통합이 사회적 이슈로 부각되고 있다. 10여 년 전부터 결혼이민자, 저숙련 노동자가 대거 유입되면서 외국인 체류자가 빠르게 증가했기 때문이다.

2013년 기준 이민자통합정책지수(MIPEX) 순위는 유럽연합(EU) 27개국이 포함된 36개국 중 13위였다. 특히 노동시장 이동성과 교육영역에서 EU 전체 평균보다 높았다. 정부의 이주자 사회통합을 위한 지원도 강화돼 결혼이주자 가정의 사회통합을 위한 정부예산인 다문화가족 예산은 2009년 이후 3배 가까이, 정부가 지원하는 사회통합프로그램을 운영하는 기관은 2010년 76곳에서 2014년 3월 304곳으로, 프로그램 참가자수도 2009년 1,300여 명에서 2013년 1만 4,000여 명으로 10배 가까이 증가했다.

정부 이민정책 기조의 하나가 사회통합이지만 이는 한국인이 외국으로 이주하는 것을 의미하는 것으로 받아들이기 때문에 이민정책이 아니라 외국인 정책으로 통용되는 것에서 알 수 있듯이 아직 상당수의 한국인은 여전히 이민자를 국외자로 인식하고 있다. 5000년 역사의 단일민족국가라는 특성은 있으나 저출산으로 인한 성장동력의 감소를 상쇄하기 위해 대규모 이민자 유입이 불가피한 상황에서 외국인에 대한 수용성

---

79) 한국경제_2014.5.10

제고 노력을 보다 적극적으로 해야 한다.

MIPEX에 따르면 한국의 이민자에 대한 차별해소 부분은 평균보다 낮았다. 서로 다른 문화를 배우려는 한국인의 노력, 정치적 자유, 국적 취득의 용이성에서 취약했다. 지자체의 외국인 관련 업무 공무원 60%가 관련 교육을 받지 않았다는 조사 결과가 보여주듯이 정부는 법제도의 도입뿐 아니라 도입된 법제도의 실효성을 높이는 방안을 고민해야 한다.

결혼이민자를 위한 다문화정책을 시행하는 것은 이민자에 대한 차별을 고착화시키고, 최약계층 내국인을 역차별 한다는 주장도 제기되고 있다. 이민자를 사회적 약자가 아닌 참여자로 대우해야 진정한 이민자 사회통합이 이뤄질 수 있다는 논거다. 특히 최근 들어 결혼이민자가 과거와는 달리 중개인을 통한 결혼 비중이 현격하게 줄어들고 있는데, 아직도 다문화정책은 가족의 생계를 위해 많은 나이 차이에도 불구하고 한국으로 시집을 온 개발도상국가의 여성 가족을 대상으로 하고 있다.

이웃 일본이 취업을 위해 입국한 이주자를 근로자로 여전히 받아들이지 않는 것과는 달리 한국은 저숙련 외국인 노동자를 연수생으로 받아들이는 산업연수생 제도를 폐지하고 고용허가제를 도입하는 상당히 혁신적인 조치를 취해 국제사회로부터 많은 공감을 받은 바 있다. 그러나 경제활동을 하는 외국인의 주를 이루는 60만여 명의 저숙련 이주자는 아직도 정부의 사회통합 대상이 아니다. 정주가 허용되지 않고, 고용계약이 끝나면 자국으로 돌아가야 하기 때문이다. 10년 가까이 합법적으로 경제활동을 할 수 있는 저숙련 외국인 노동자를 이민정책의 대상에 포함시키지 않은 것이 과연 합리적이고 전략적인 국가 정책인지를 심각하게 고민해야 한다.

전문 외국인력을 유치하기 위한 많은 노력에도 불구하고 전문 외국인력은 5만 명에 불과하다. 한국의 기업문화, 복지, 교육 환경 등이 전문 외국인력을 유치할 만큼 매력적으로 바뀌기 위해 우리 사회가 변해야 한다. 글로벌 인재들에게 국적은 큰 의미가 없으며, 모든 나라가 탐내는 글로벌 인재를 어느 정도 유치하느냐에 따라 한국의 미래 운명이 좌우된다는 것을 알아야 한다.

6. 글로벌 人才 유치 국가전략 필요하다[80)]

세계 각국의 국경 없는 경제 전쟁이 가속화하면서 글로벌 인재(人才) 유치를 위한 각국의 경쟁도 치열해지고 있다. 전체 인구의 30% 정도가 외국인력인 싱가포르는 2012년 기준으로 전체 외국인력의 22%가 전문 인력이다. 외국인력을 효율적으로 활용하는 대표적 국가인 싱가포르와 홍콩의 경우 외국인 가사도우미를 적극적으로 도입해 전문 외국인력뿐 아니라 내국인 전문인력의 노동시장 참여를 지원하고 있다.

일본은 2050년까지 약 1,000만 명의 외국인력이 필요한 것으로 추정되는데, 역량 있는 외국인 유학생에 대한 지원을 강화함으로써 잠재적 전문 외국인력 기반을 확충하고 있다. 안타깝게도 우리나라와 중국이 외국인 유학생 유치의 주요 공략 대상이다. 일본은 전문 외국인력의 유치와 관련해 효율적인 제도를 가지고 있다고 인정받는 영국을 벤치마

80) 문화일보_2013.3.21

킹해 객관적 기준으로 역량이 뛰어난 전문 외국인력의 유입을 촉진하기 위해 2012년에 점수제도를 도입했다. 또한 특출한 전문 외국인력에 대해서는 가사도우미의 동반을 허용한다.

그러나 우리나라의 경우 김종훈 벨연구소장의 미래창조과학부 장관 후보 사퇴 사례에서 보듯이 글로벌 인재 유치에 대한 사회적 지지 분위기는 제한적일 뿐 아니라 제도적 장치도 미흡하다. 오히려 박근혜 정부 들어서 복지 확대에 따른 세수 확보를 위해 정책 당국은 기존의 외국인 전문인력의 근로소득세에 대한 세제 혜택을 줄일 방침이라고 한다.

2012년 말 기준으로 출입국관리법상 전문인력으로 분류되는 외국인은 5만 여명인데, 이 가운데 전문인력으로 분류하기 어려운 외국어 회화 강사 및 예술 및 흥행 인력(주로 호텔 등의 바에서 가수로 활동하는)을 제외한 실제 전문인력은 2만 4,000여명이다. 우리나라 전체 외국인력 53만 명의 5% 미만, 전체 노동력의 0.1%에 불과한 수치다.

외국인 전문인력의 국내 취업을 촉진하기 위한 제도로는 골드카드, 사이언스카드 및 중소기업진흥공단의 지원 제도가 있지만 실적은 신통찮다. 과학기술 분야 전문인력 유치를 위해 2001년에 도입된 사이언스카드는 2012년까지 모두 1,628건의 카드가 외국인에게 발급됐는데, 2009년의 295건을 정점으로 2012년까지 160건·113건·99건으로 매년 급격히 줄어드는 추세다.

해외에서 공부하고 있는 한국 유학생들은 국내에 취업하기를 원하지만, 자녀 교육 문제, 주거 문제 등으로 인해 오히려 과거에 비해 국내로 귀국하는 비율이 줄어들고 있다. 국내 유수의 대학과 연구소들이 홍콩이나 싱가포르의 대학 및 연구소와 인재 유치 경쟁에서, 한국 국적의 인재까지도 밀리고 있다. 글로벌 경제시대에 전문인력, 특히 핵심 글로벌 인재는 국적에 관계없이 원하는 곳에서, 원하는 조건으로 취업할 수 있는 절대적인 힘이 있기 때문이다.

전문 외국인력의 유치를 위한 국가적 전략이 필요하다. 지금처럼 고용계약을 최소 요건으로 해 출입국 및 체류관리는 법무부, 사회통합은 복지부, 자녀 교육은 교육부가 담당하는 분산된 체계에서는 글로벌 인재는 물론 통상적 수준의 외국 전문인력 유치도 기대할 수 없다. 범 정부 차원의 논의를 거쳐 글로벌 핵심 인력을 포함한 전문 외국인력의 유치를 위한 틀을 다시 짜야 한다. 특히 증가 일로인 외국인 유학생을 현재처럼 대학 재정을 보완해 주는 자원이 아니라, 잠재적 전문 외국인력으로 보고 효과적으로 활용할 방안을 찾아야 한다.

1990년 초반 비숙련 외국인력 도입 체계의 첫 단추를 잘못 끼우면서 우리 사회는 제대로 된 제도를 도입하기까지 10여 년을 허비했고, 지금도 그 부작용으로 적잖은 어려움을 겪고 있다. 전문 외국인력의 도입 및 유치와 관련해선 이 같은 전철을 답습해선 안된다.

제8장

열린 노동시장과 노동시장 개혁

제8장

열린 노동시장과 노동시장 개혁

우리나라 경제의 고용창출력이 저하되고 노동시장의 이중구조가 고착화되어 가고 있다.

실질 국내총생산 10억 원당 취업자 수를 뜻하는 취업계수는 2016년 기준 17.4명으로 사상 최저였다. 특히 상대적으로 질 좋은 일자리인 제조업 취업유발계수는 8.8명이였다. 취업자 1만 명당 산업용 로봇대수는 2015년 기준으로 531명으로 세계 1위다. 2016년 기준 청년실업률과 전체실업률의 격차는 6.1%P로 실업자 통계 기준이 바뀐 2000년 이후 가장 컸다. 청년실업률을 전체실업율로 나눈 배율은 2017년 3월 기준 2.74배로 미국 2.03배, 일본 2.09배 보다 높다.

우리나라는 일하는 노인도, 가난한 노인도 많다. 우리나라 75세 이상 고용률은 17.9%로 OECD 국가 중 1위, 65세 이상 고용률은 2위이다. 2013년 기준으로 65세이상 노인빈곤율은 48.4%로 OEDD 평균 12.4%의 4배 수준이다.

2015년 기준 제조업 중소기업 근로자 급여는 대기업의 54.5%이다.

임시근로자 비중은 OECD 평균의 두 배 수준이다. 저임금 근로자 비중은 미국 다음으로 높다. 정규직 가구 소득이 비정규직 가구 소득보다 50% 높다. 특히 55~59세 연령계층은 88%의 격차를 보이고 있다. 대기업 정규직 임금을 100으로 하였을 때 대기업 비정규직 64.2, 중소기업 정규직 52.3, 중소기업 비정규직 34.6이다. 우리나라 비정규직 비중은 전체 근로자의 3분의 1수준인데 지난 10년간 줄어들고 있지 않다.

2014년 10월 기준으로 공식적인 실업자는 85만 8,000명이지만 ILO 기준을 따라 아르바이트생, 취업준비생, 주부 등 잠재취업가능자를 포함한 고용보조지표를 준용하면 실업자는 287만 5,000명이다. 일부 단체에서 추정하는 체감실업자는 184만 명이다.

대학진학율은 OECD 국가중 최고 수준인데, 대학생 4명 중 1명은 빚이 있다.

2012년 임금근로자를 기준으로 우리나라 연평균 근로시간은 2,092시간으로 OECD 평균 1,705시간 보다 300시간 많다.

우리나라는 초고령사회로 진입하였다. 55세 이상 인구비중이 2010년 19%에서 2020년 28%, 2030년 35%로 증가할 것으로 추정된다.

법에 명확하게 규정되어 있지 않은 통상임금의 범위, 휴일근로의 연장근로 포함여부의 사법부 판단에 따라 노동시장에서 관련자들의 회비가 엇갈리고 있다. 통상임금 논란은 우리나라 임금체계가 지닌 구조적인 문제가 출발점이다. 정년연장과 함께 연공급의 구조적 모순이 노정되면서 임시방편적 조치로 임금피크제가 도입되었으나 여전히 많은 민간부분 기업들에서는 확산 속도가 더디다. 근로시간 단축 논의도 제조업의 많은 중소기업들이 근로시간 단축과 이에 따른 임금보전을 견디어

낼 수 있느냐의 문제로 귀결된다.

우리나라 노동시장은 어디서 출발하는지가 중요하다. 고등학교를 나와 취업했다가 나중에 대학 졸업장을 받아도 고졸로 자리 매김한다. 중소기업이나 비정규직으로 시작하면 대기업으로 옮기거나 정규직이 되기가 어렵다.

개인이 가지고 있는 능력보다는 어디에 속해 있는지가, 그 조직에서 얼마나 오래 일하였는지가 중요하다. 같은 생산현장에서 비슷한 일을 하면서 소속회사에 따라 급여가 차이가 나니 논란이 될 수밖에 없다. 그러나 비슷한 일을 하는 협력업체 근로자의 하청 정규직은 사내 하도급 업체 (비정규직으로 주장되는) 정규직보다 급여가 낮으나 논란거리가 되지 못하고 있다.

노동운동은 대기업, 공공기관, 정규직 중심으로 조직화되어 있다. 대기업 위주의 고용구조, 10%의 노조조직율, 기업별 조합구조로 인하여 중소기업과 비정규직은 노조조직율은 매우 낮다.

노동시장 구조개혁이 절박한 시점이다. 대학 진학 여부, 10대 후반에 결정된 학교에 의해 생애 전반에 걸친 보상과 경력이 결정되는 현재의 노동시장 구조하에서는 청년실업난은 해소되기 어렵다.

학벌과 연공이 아니라 능력과 성과에 따라 인적자원이 평가받는 열린 노동시장이 구축되어야 한다. 비정규직도 차별 없이 정규직으로 전환될 수 있는 길을 열어주고, 사람중심이 아닌 직무와 성과 중심의 인적자원 관리가 이루어져야 한다. 2016년 확정 고시된 국가직무능력표준은 기업 특성에 따라 일자리의 직무가치를 정하고 직무급을 도입할 수 있는 기반이 될 것이다. 보상뿐 아니라 채용, 승진, 교육훈련도 NCS에 기반하여 이루어진다면 연공이나 학벌이 아닌 능력으로 개개인의 가치가 매겨지는 열린 노동시장이 될 것이다.

연령, 성, 학벌에 따라 차별을 받지 않는 사회가 되기 위해서는 능력과 성과에 의해 평가를 받는 열린 노동시장이 구축되어야 한다.

노동운동이 활성화된 이후 노동관계법의 대폭적인 개정은 1998년, 그리고 1990년대 중반에 있었다. 1990년대 중반 법개정 논의의 제일 중요한 핵심쟁점은 정리해고법제였다. 1997년 초 2년간 유예하였다가 외환위기 이후 IMF 의 요구로 예정보다 1년 먼저 시행하였다. 1990년대 중반에는 노동권 신장과 노동시장 유연화라는 서로 다른 지향점에서 합의를 도출할 수 있었다. 외환위기 이후 노동시장 및 인구 구조의 변화 그리고 근원적인 해결 없이 미봉책으로 대응하여 내재된 노동시장 자체의 여러 모순을 해결하기 위해서 노동개혁이 절실한 현 시점에서는 노사 간에 주고받을 것이 많지 않다. 노사정 간의 긴밀한 협의와 국민과 국가를 생각하는 결단이 필요하다.

1. J노믹스와 노동시장 개혁[81)]

문재인 대통령의 취임 후 첫 업무지시는 '일자리위원회'의 설치였다. 문 대통령은 후보 시절 "문재인 정부 제1의 국정과제는 일자리 창출"이며 "청년들의 일자리를 만들기 위해 국가역량을 총동원할 것"이라고 말했다.

---

81) 세계일보_2017.5.17

문재인 정부는 일자리위원회를 중심으로 J노믹스의 핵심인 '늘·줄·높', 즉 일자리는 늘리고, 근로시간과 비정규직은 줄이며, 고용의 질을 높이는 정책을 실천할 것이다. '늘·줄·높'의 요체는 좋은 일자리를 많이 늘리겠다는 것인데, 현재의 노동시장 상황은 그렇게 녹록지 않다.

실질 국내총생산(GDP) 10억 원당 취업자 수를 뜻하는 취업계수는 지난해 17.4명으로 사상 최저였다. 우리나라 취업계수는 제조업의 고용창출능력 감소, 기업의 해외진출 등의 영향으로 2008년 20.0명, 2010년 18.8명, 2012년 18.4명, 2014년 17.9명으로 지속적으로 감소했다. 특히 상대적으로 질 좋은 일자리인 제조업의 취업유발계수는 2014년 기준으로 8.8명이었다. 우리나라 고용인원 1만 명당 산업용 로봇 대수는 2015년 기준으로 531대로 세계 1위이다. 지난해 청년실업률(9.8%)과 전체실업률(3.7%)의 격차는 6.1%포인트로 실업자 통계기준이 바뀐 2000년 이후 가장 컸다. 청년실업률을 전체실업률로 나눈 배율도 지속적으로 높아지고 있는데, 지난 3월 기준으로 2.74배로 미국 2.03배, 일본 2.09배보다 높다.

경제협력개발기구(OECD)에 따르면 우리나라의 75세 이상 고용률은 17.9%로 OECD 국가 중 1위, 65세 이상 고용률은 아이슬란드에 이어 2위인데, 아이슬란드는 일하는 노인이 많아도 노인빈곤율은 낮으나 우리나라는 일하는 노인도, 가난한 노인도 많다. 2013년 기준으로 65세 이상 노인빈곤율은 48.4%로 OECD 평균 12.4%의 4배 수준이다.

문재인 정부는 공공부문 일자리 81만개 확대, 청년고용할당제 등 당장 시급한 청년 일자리 문제를 위해 대선에서 공약한 정책을 실천하면서 우리나라 고용시장의 구조적인 문제를 해결하기 위한 정책도 시행해야 한다. 지난 10년간 10여 차례 청년 일자리 대책이 추진됐지만 대학을 졸업해도 마땅한 일자리가 없어 청년은 좌절하고, 노년층은 허리가 휘어도 생계를 위해 지속적으로 일할 수밖에 없는 상황이 오히려 악화된 것은 노동시장의 구조적인 개혁이 제대로 추진되지 않았기 때문이다.

노동시장 구조 개혁을 통해 학벌과 연공이 아니라, 능력과 성과에 따라 인적자원이 평가되는 열린 노동시장이 구축돼야 한다. 대학 진학 여부, 10대 후반에 결정된 학교에 의해 생애 전반에 걸친 보상과 경력이 결정되는 현재의 노동시장 구조 하에서는 젊은이들은 대학에 진학해야 하고, 대학졸업자의 과잉 공급으로 청년실업이 고착되는 결과가 될 수밖에 없다. 이명박 정부의 '선취업-후진학' 정책과 일학습병행제, 국가직무능력표준(NCS) 개발 및 활용보급으로 대표되는 박근혜 정부의 '능력중심사회 구축' 정책 기조는 문재인 정부에서도 유지되고 오히려 강화돼야 한다. 특히 현장의 전문가 등 2만 여명이 참여해 개발된 NCS는 학벌을 대체해 노동시장에서 인적자원을 평가, 활용할 수 있는 유용한 수단이다. 특성화고, 전문대학, 훈련기관들이 NCS에 기반해 교육훈련 과정을 개편 중에 있고 우리나라 자격체계도 NCS에 기반해 현장성을 강화하고 있다.

연공서열에 의해 보상하는 연공급체계도 바뀌어야 한다. 생산성 증가나 조직에 대한 기여도와 무관하게 연공에 의해 급여가 올라가는 연공급체계는 고령화사회로 진입한 우리 노동시장에서 중장년층을 주변계층으로 밀어 내리는 요인이 되고 있다. 직무난이도에 따라 급여가 차등화 되는 직무급, 그리고 성과와 실적에 따라 보상이 차이가 나는 급여체계를 구축해야 한다. 지난해 성과연봉제 도입을 둘러싼 노사갈등에서 보았듯이 급여체계 개편은 풀기 어려운 난제이지만 노사정이 함께 고민해 해결방안을 찾는 지혜를 발휘해야 한다. 끝으로 고용의 안정이 보장된 공공부문 중심으로 일자리를 늘려간다면 공공부문의 효율성을 높일 방안도 고민해야 한다. 이 또한 노사정이 같이 답을 찾아야 하는 문제이다.

2. 포용적 성장 직업능력 개발과 청년실업[82)]

지난해 전체실업률은 3.7%지만 청년실업률은 9.8%로 2000년 이후 가장 높았다. 취업경험이 단 한 번도 없는 청년실업자도 8만 4,000명으로 2000년 통계 작성 이후 가장 많았다. 청년실업률을 낮추기 위해서는 성장을 통해 새로운 일자리를 만들어야 하고 고용시장의 미스매칭이 해소되어야 한다.

우리나라 경제성장률은 최근 2%대에 갇혀 있고 고용시장의 고용창출력은 지난 5년 새 반으로 줄어들었다. 우리 경제의 성장 잠재력이 다시 높아진다고 해도 고용시장의 구조적 문제가 해결되지 않고는 청년취업난은 단기간에 해소되기 어렵다.

고용노동부 조사에 따르면 중소기업 80%가 구인난을 겪고 있으나 2015년 기준 제조업의 중소기업 근로자 급여가 대기업의 54.5% 수준에 머물러 있는 상황에서는 고학력 청년들이 중소기업에 취업하지 않는 것에 대해 나무라기는 어렵다.

---

82) 아시아투데이_2017.3.8

외환위기 이후 고착화된 청년 취업난을 해결하기 위해서 여러 정부에서 다양한 대책을 실시하였으나 큰 효과가 없었고 오히려 청년 취업난이 악화된 것은 근본적인 해결을 시도하기보다는 단기적인 대응에 치중했기 때문이다.

우리나라 고용시장이 체력을 회복하고 좋은 일자리를 창출하기 위해서는 동반성장과 함께 포용적 성장을 실천해야 한다. OECD에 따르면 포용적 성장은 경제성장에 따른 기회가 국민 각계각층에게 주어져 늘어난 부가 사회전체에 공정하게 분배되는 것이다. 중소기업들이 경쟁력을 길러서 고용시장에 진입한 청년들에게 공공기관과 대기업에 못지않은 임금과 복지혜택을 줄 수 있을 때 우수한 청년들이 숙련기술인으로 성장하기 위해 고학력이나 스펙을 추구하기보다는 고용시장에 일찍 진입하게 될 것이다.

대기업의 60% 정도에 불과한 중소기업의 생산성을 획기적으로 끌어올리기 위해서는 여러 가지 대안이 강구되어야 하는데, 중소기업 근로자의 직업능력개발이 포용적 성장의 밑거름이 될 수 있다. 독일은 4년의 초등과정을 마치면 망설임이 없이 많은 학생들이 기업과 학교가 함께 운영하는 직업교육에 참여하게 되는데 이를 통해 유럽에서도 가장 낮은 실업률과 글로벌 1~3위의 경쟁력을 갖춘 36만여 개의 중소·중견기업을 가지고 있다.

우리나라의 경우 대기업 또는 사업주 단체가 중심이 되어 공동훈련센터를 운영하여 중소기업 근로자의 직업능력개발 향상훈련을 지원하는 국가인적자원개발컨소시엄 사업은 대기업과 중소기업의 대표적인 동반성장을 위한 시도 중의 하나이다. 2011년부터 5년간 100만 명이 넘는 중소기업 근로자가 컨소시엄사업을 통해 직업능력을 향상시켰다. 대기업과 공공기관이 자체 훈련시설과 인력을 활용해 청년 구직자들을 훈련시켜 유관기업에 취업하는 것을 도와주는 고용디딤돌사업도 현장에서 반응이 뜨겁다. 지난해 삼성전자, SK 등 38개 대기업과 공공기관에서의 훈련을 통해 2,900여 명의 청년들이 일자리를 찾았다.

중소기업의 인력난 해소와 중소기업 근로자의 역량 개발 지원을 위해 2013년 도입된 일학습병행제도 포용적 성장을 실천하는 정책의 하나이다. 기업이 국가직무능력표준(NCS)에 기반하여 예비숙련기술인을 자율적으로 육성할 수 있도록 정부가 지원하고 있다. 현재 9,500여 개 기업에서 3만 6,000여 명의 학습근로자가 일하면서 직업능력을 개발하고 있다. 산학일체형 도제학교의 도제반의 올해 취업률은 80%에 이른다.

끝으로 더 많은 청년 구직자가 고용시장에 일찍 진입해 산업현장에서 배우면서 성장하기 위해서는 열린 노동시장이 구현돼야 한다. 노동시장 진입 초기에 결정된 학벌이나 연공이 아닌 능력과 성과에 의해 인적자원이 채용되고, 평가받고, 보상받는 열린 노동시장이 구축되어야 포용적 성장의 한 축이 구현될 수 있을 것이다.

3. '능력중심사회' NQF(국가역량체계)로 마무리 돼야[83]

정부는 24대 직업 분야, 847개 국가직무능력표준(National Competency

83) 문화일보_2016.7.29

Standards: NCS) 및 이를 구성하는 1만 599개 능력단위 등을 내용으로 하는 NCS를 지난 22일자로 확정, 고시했다. 정부는 산업 현장에 필요한 인력 양성을 위해 2002년부터 NCS 개발을 시작했는데, 박근혜 정부가 들어선 2013년부터 본격적으로 추진해 2015년까지 NCS 개발을 끝냈다. 개발된 NCS는 모두 홈페이지(www.ncs.go.kr)에 공개했고, 각계각층으로부터 개선 의견을 수렴, 반영하는 검증 작업을 거쳤다. 또한, NCS 위키, 지속적인 부처·산업계 의견 조사 등을 통해 교육·훈련, 채용 등 활용 과정에서 나타난 NCS 개선 의견을 지속적으로 수렴하고 있다. NCS는 교육·훈련, 자격, 채용 등 노동시장의 다양한 분야를 보다 현장 중심으로 혁신하는 기폭제가 될 것이다.

개발 과정에 1만 2,000여 명의 산업, 교육 현장 등 민간 전문가가 직접 참여했으며, 분야별 30~50개의 대표기업이 참여해 총 2만 7,000여 기업 의견이 NCS 개발에 반영됐다. 2015년에는 13개 산업별 인적자원개발위원회(ISC)를 NCS 개발 주체로 선정해 산업계 주도의 NCS 개발 체계를 구축했으며, 앞으로 보다 많은 ISC가 NCS 보완에 참여할 것이다.

NCS는 특성화고, 전문대학, 일·학습 병행 기업과 공공 및 민간 직업훈련의 교육·훈련 과정에 적용되고 있고, 장기현장실습(IPP)형 일·학습 병행제 사업에 참여하는 23개의 4년제 대학에서도 NCS를 교육과정에 시험적으로 적용하고 있다.

정부는 기존의 검정형 국가기술자격을 NCS에 기반을 둔 훈련 과정을 일정 시간 이수해야만 하는 과정평가형 자격으로 개편할 방침이다. 그런데 올해 컴퓨터응용선반 기능사 등 30개 종목이 과정평가형 자격으로 운영되고 있다. 내년에는 과정평가형 자격이 60종목으로 확대되는 등 향후 검정형 자격이 순차적으로 축소되면서 유지되는 검정형 자격도 NCS 기반으로 개편될 것이다. 국가기술자격 제도가 과정평가형 중심으로 NCS에 기반을 두고 전면적으로 개편되면 '장롱 자격'이라는 용어는 사라질 것으로 기대된다.

지난해 130개 공공기관에서 시작된 NCS 기반 능력 중심 채용은 올해 230개 공공기관, 그리고 내년에 전 공공기관으로 확대될 것이다. 현장 실무능력을 갖춘 인재를 뽑음으로써 공공기관 취업 준비생들이 불필요한 스펙 쌓기에 과도한 시간과 비용을 지불할 필요가 없어진다. 민간기업의 능력중심채용 및 NCS 기반 교육·훈련을 산업인력공단이 지원하고 있으며, 공무원 채용에도 NCS가 반영되도록 정부가 노력하고 있다.

우리나라의 노동시장은 학벌과 연공(年功)에 의해 인적자원이 평가받는, 닫힌 노동시장이다. 어느 대학을 나왔느냐, 어느 직장에서 출발했느냐가 일생을 좌우하기 때문에 이른바 일류 대학에 들어가려 하고, 취업 3수, 4수도 주저하지 않는다. 그런 점에서 NCS는 노동시장에서 학벌을 대체해 능력 중심으로 인적자원을 평가하는 체제를 구축할 수 있는 유일한 대안이다.

NCS로 시작된 능력중심사회 구축은 학위·자격·경험 및 경력의 등가성을 연계하는 국가역량체계(National Qualifications Framework: NQF)가 완성돼야 그 기반이 형성된다. 즉, NQF가 구축되면 10년 만에 취업 전선에 뛰어든 경력단절 여성이 NCS에 기반을 둔 교육·훈련을 받고, 현장 수요를 반영하는 자격을 취득한 뒤 역량 있는 인재로 당당하게 노동 시장에 복귀할 수 있는 길이 열리는 것이다. 따라서 능력중심사회 구축은

NQF로 마무리돼야 한다.

4. '메피아'와 비정규직[84)]

구의역 승강장에서 발생한 서울메트로의 정비용역업체 은성PSD의 19세 신입 직원의 안전사고는 우리나라 사회 및 노동시장의 불합리한 구조를 보여주는 대표적인 사례이다.

서울메트로 노사가 민간위탁을 노사협의에 의해 추진하면서 탄생한 소위 '메피아'가 안전사고의 근원적인 원인의 하나인데, 서울시가 서울메트로와 도시철도공사 출신 직원을 제외한 안전관련 외주인력을 무기계약직으로 직접 고용하겠다는 방침을 밝혔지만 이 또한 다른 논란을 야기하고 있다.

'메피아'로 지탄받고 있는 서울메트로로부터 전직한 직원들 역시 노동관련법에 의해 보호받아야 하는 근로자이기 때문이다. 은성 PSD노조는 167명 인원 중 80여 명만을 직접 고용한다면 '나머지는 쓰레기 처분한다는 것'이냐며 강력히 반발하고 있다.

지난 5월 발표된 OECD 한국보고서는 우리나라 노동시장의 이중구조에 대해 강력히 경고하고 있다. 우리나라 임시근로자의 비중은 OECD 평균의 두배 수준이다. 저임금 근로자 비중은 미국 다음으로 높다. 정규직 가구 소득이 비정규직 가구 소득보다 약 49% 높은 수준으로, 가구소득의 차이를 가중시키는 요인이 된다. 특히 55~59세 가구주연령 집단

84) 경상일보_2016.6.22

에서 가장 큰 격차(88%)를 보이고 있다. 사회안전망이 취약한 상태에서 연공급 임금체계로 정규직에서 밀려난 중고령근로자가 비정규직으로 재취업하고 있기 때문이다.

우리나라 근로자 10명 중 1명이 대기업 정규직이고, 비정규직의 94%가 중소기업에 취업하고 있다. 기업규모 및 고용형태에 따라 처우면에서 상당한 격차를 보인다. 대기업 정규직 임금을 100으로 했을 때 대기업 비정규직 64.2, 중소기업 정규직 52.3, 중소기업 비정규직 34.6으로 나타나 고용형태보다는 기업규모에 따른 임금격차가 크다. 노동시장의 이중구조는 원·하청관계에서도 확인된다. 국책연구기관인 한국노동연구원의 자료에 의하면 대기업 원청 A사의 임금수준을 100으로 하였을 때 A의 사내하도급 업체 51.5, 1차 협력업체 48.5, 1차 협력업체의 사내하도급업체 30.9, 2차 협력업체 28.9, 2차 협력업체의 사내하도급업체 22.7이다.

OECD는 노동법, 법원 판결, 상업적 관습, 사회 관습, 노동조합 등에 의해 보호받는 정규직에 대한 과도한 보호를 줄일 것을 권고하고 있으나 현실적으로 상당히 어렵다. 현재 심각한 경영난을 겪고 있는 조선산업의 구조조정에 대해 노조와 근로자들이 강력히 반발하고 있는데, 정규직과 비정규직의 격차가 큰 노동시장 상황에서는 당장 비정규직이나 실업자로 전락할 구조조정 대상 근로자들의 입장을 이해 못 할 바는 아니다.

대기업, 공공부문, 정규직 중심의 노동운동, 정규직 보다는 비정규직으로 채용하거나 용역·외주화 등으로 대체하려는 경향, 우월적 지위를 이용해 경기변동의 충격을 하청업체나 협력사에 전가하려는 원청사의 횡포 등이 노동시장의 이중구조의 원인으로 지적되는데, 분절화 정도가 심한 생산물 시장의 이중구조도 개선돼야 한다.

하버드대 캐츠 교수와 프린스턴대 크루거 교수 연구에 따르면 2005년 이후 미국에서 창출된 900만 개 이상 신규 일자리는 안정적 직장이 아닌 대체근로이다. 현재의 미국경제가 무언가 잘못되었다는 많은 미국인들의 심리가 올해 대선과정에서 유권자들의 분노로 표출되고 있다는 것이 두 교수의 분석이다.

미국의 대체근로자의 비중은 2005년 9%대에서 2015년 16% 가까이 늘어났는데, 우리나라의 비정규직의 비중은 지난 10여 년간 전체 근로자의 3분의 1수준에서 줄어들지 않고 있으니 더 심각하다.

정규직 중심의 이기적 노동운동, 재벌 중심의 경제력 편중 등 서로에 대한 비난이나 책임전가보다는 궁극적 해법을 찾기 위한 관계 이해 집단들의 진정성 있는 노력이 필요하다.

5. NCS 활용해 능력중심사회 만들어야[85)]

지난해 청년실업률은 근래에 가장 높았고 정부가 많은 청년 일자리 대책을 내놓고 있으나, 젊은이들이 원하는 좋은 일자리를 재정에 의존하는 정부 정책으로 만들어 내는 데는 한계가 있다. 현재 정부가 추진하고 있는 대학 구조조정이 성공적으로 끝나면 경제협력개발기구(OECD) 최고 수준인 대학진학률로 초래된 대졸자의 인력 수급 불균형 문제는

85) 문화일보_2016.4.1

어느 정도 해소되겠지만, 청년 일자리 문제를 근원적으로 해결하기 위해서는 학벌이 아닌 능력중심사회가 구축돼야 한다.

학벌과 영어 점수, 해외 연수 경험 등 이른바 스펙(SPEC)은 객관성이 담보되기 때문에 편리한 채용 기준이 될 수는 있다. 그러나 직무 역량에 기준을 둔 채용을 통해서만 노동시장의 효율성을 제고할 수 있다. 글로벌 기업, 일부 국내 대기업이 직무 중심으로 채용하고 교육훈련을 하는 것도 이 같은 맥락에서 이해할 수 있다.

국가직무능력표준(NCS) 도입 논의는 10년 전부터 있었지만 박근혜 정부 들어 본격적으로 개발돼 2015년 말까지 847개를 완료했고, 산업계의 다양한 직종에 요구되는 핵심 능력을 제시하고 있다. 이는 학벌 등 스펙 중심의 노동시장 관행을 타파할 수 있는 유일한 실용적 대안이다. NCS는 현재 공공기관 및 민간기업의 능력 중심 채용, 재직자 훈련 등 인적자원(HR) 분야와 국가기술자격 개편 및 일학습병행제 등에 활용되고 있다.

지난해 130개 공공기관이 NCS에 기반을 둔 채용을 했고, 내년까지 모든 공공기관이 NCS 기반 채용을 할 계획이다. 890여 중견·중소기업이 채용과 재직자 훈련 분야에 NCS를 활용하고 있다. 국가기술자격 제도도 NCS에 기반을 두고 개편돼 현장성이 강화되고 있다. 산업계 주도로 NCS 기반 597종목의 새 자격이 개발됐는데, 산업계가 원하는 분야, 원하는 수준의 직무능력에 대한 신호 기제가 될 것이다. 기존 검정 중심의 자격을 NCS 기반의 새 자격에 통합하는 방안도 검토 중이다.

NCS를 바탕으로 개발된 일학습병행제 프로그램에는 현재 약 2500개 기업에서 1만 4,000여 명의 학습 근로자가 참여하고 있다. 일학습병행제는 취업과 관련, 적절한 교육을 받지 못해 취업하지 못하거나 전직을 원하는 많은 젊은이에게 새로운 경력 개발 기회를 제공하고 있다.

특성화고와 전문대가 NCS에 기반을 두고 교육과정을 전면적으로 개편하는 등 직업교육 분야에서도 NCS가 활용되고 있다. 전문대학은 교육과정을 NCS에 기반을 두고 일정 부분 이상 개편해야 정부 지원사업에 참여할 수 있다. NCS에 기반을 둔 교육훈련과 자격 제도의 개편은 이제 거스를 수 없는 대세다. 공공부문의 NCS 기반 채용을 시작으로 민간 부문도 채용을 포함한 전반적인 인적자원 관리가 NCS를 기반으로 해 능력 중심으로 이뤄지기를 정부는 기대하고 있다. 개발된 NCS 활용에 가장 큰 장애는 공급자 중심의 타성에 젖은 교육훈련 기관과 구성원이다. 지식 위주의 교육훈련에서 탈피하려는 각고의 노력으로 능력중심사회를 선도해 청년 실업 문제 해결의 기반을 구축해야 한다. NCS가 다소 생소한 개념이기 때문에 사교육 논란이 있으나 직무 능력은 사교육에 의해 습득될 수 없으므로 적극적인 홍보를 한다면 사교육 논란은 서서히 줄어들 것이다.

끝으로, NCS는 현장성이 가장 중요하므로 고용노동부와 한국산업인력공단은 주기적으로 산업계의 의견을 받아들여 NCS를 수정, 보완하고 있다. 기회가 있었음에도 참여하지 않았던 일부 산업계도 개발된 NCS에 대해 의문을 제기하기보다는 수정, 보완에 적극 참여해 현장의 요구를 더 잘 반영하는 NCS가 되도록 해야 한다.

6. 노사관계와 능력중심사회[86)]

노동개혁을 둘러싼 최근의 노정 및 여야 간의 갈등에서 보듯이 우리나라 노사관계는 아직 성숙화되어 있지 못하고, 노조에 대한 사회적 신뢰는 높지 않은 것이 현실이다.

6·29선언 이후 1987년부터 1989년까지 3년간 우리나라에는 노사분규가 7,000여건 발생하였는데, 대한민국 산업 심장이라는 도시의 특성상 울산은 분규가 가장 심했던 지역의 하나였다.

정부는 노동문제의 체계적이고 합리적인 해결방안을 모색하기 위해 1988년 국책연구기관인 한국노동연구원을 설립했다. 설립 초기 노동연구원의 연구진들은 우리나라 노사관계가 일본이나 독일과 같은 선진국형 노사관계로 언제, 어떻게 발전될 것인가에 대해 많은 논의를 했는데(필자는 설립 초부터 참여하여 학교로 옮기기 전 까지 10년 가까이 한국노동연구원에서 일했다), 짧으면 20년, 길면 30년이면 안정화되고 성숙될 것이며 노사관계의 선진화를 위해서는 고졸자에 대한 차별 철폐와 주택가격 안정화 등 구조적 사회문제가 해결돼야 한다는데 의견을 모았던 기억이 난다.

노사분규의 이유 가운데 많은 비중을 차지한 것이 상당한 액수의 임금인상 요구였는데, 교육비와 집값 상승이 문제라는데 인식을 같이 했다. 학력에 대한 차별이 없어 대학을 갈 필요가 없고, 집값이 안정화되어 교육비와 주거비 걱정이 없다면 기업이 감당할 수 없을 정도의 임금 인상

---

86) 경상일보_2016.2.17

요구를 하지 않을 것이라고 본 것이다. 또한 30여 년 전에는 사무직과 생산직의 복장을 달리하는 등 생산직 및 고졸에 대한 차별이 상당히 심했다.

30여 년이 지났으나 일부 대기업에서는 대졸 사무직이 노조의 보호를 받는 생산직으로의 전직을 희망하는 상황으로 바뀌었지만 고졸에 대한 우리 사회의 차별은 여전하다. 고졸자 10명 중 7명이 대학에 곧바로 진학하고, 대학수학능력고사가 있는 날은 관공서 및 기업들의 출퇴근 시간도 늦추어지고 영어듣기 평가 시간에는 항공기 이착륙도 금지될 정도인 상황은 개선되지 않고 있다. 또한 전세난으로 젊은이들이 결혼을 포기하는 상황이다.

1997년 외환위기를 겪으면서 노사관계의 주요 이슈가 임금인상보다는 고용안정으로 바뀌었지만 학력보다는 능력에 의해 평가받은 사회의 구축은 대기업과 중소기업 근로자의 처우 격차, 과다한 비정규직 및 차별이 현안화되어 있는 현재의 노사관계의 근원적 안정화를 위해 중요하다.

우리나라 노동시장에서는 어디서 출발하는지가 중요하다. 고등학교를 나와서 취업했으면 나중에 대학졸업장을 받아도 고졸로 자리 매김한다. 중소기업이나 비정규직으로 시작하면 대기업이나 공공기관으로 옮기거나 정규직이 되기가 매우 어렵다.

개인이 가지고 있는 능력보다는 어디에 속해 있는지가, 그 조직에서 얼마나 오래 있었는지가 중요하다. 일부 대기업의 사내하도급 근로자 처우에 관한 논란도 우리나라 노동시장의 특성에 기인한다. 같은 생산 현장에서 비슷한 일을 하면서 원청 소속인지 협력업체 소속인지에 따라 급여 차이가 상당히 나니 논란이 될 수밖에 없다. 반면에 협력업체 근로자가 사내 하도급 업체 근로자와 유사한 일을 하는데, 원청 생산현장이 아닌 곳에서 유사한 작업을 하면 원청소속 근로자와 급여 차이가 많이 나도 사내하도급과 같은 정도로 논란이 되지 않는다(사내하도급 업체 급여는 1차 협력업체와 비슷한 것으로 알려져 있다).

노동시장에서 학력이나 연공이 아닌 역량과 성과에 의해 평가받는다면 대기업과 중소기업, 정규직과 비정규직간의 처우 차이는 지금보다는 확실히 줄어들 것이다. 능력중심 사회의 구축이 필요한 이유이다.

7. 직무능력과 성과중심의 노동시장이 돼야[87)]

우리나라 노동 시장은 닫혀 있다. 대기업 및 공공기관과 중소기업, 정규직과 비정규직으로 나뉘어 있다. 어디에서 출발하느냐가 중요하기 때문에 대기업이나 공공기관의 정규직으로 취업하기 위해 대학 졸업을 늦추고 취업 3수·4수를 하는 것이 현실이다. 능력이나 역량보다 학벌이 중요하기 때문에 고등학교 졸업생 10명 중 7명이 대학에 진학하고 결과적으로 청년 실업난과 구조적 노동 시장의 인력 미스매치 원인이 되고 있다. 대학을 졸업하고 좋은 일자리를 구하는 청년들은 넘쳐나나 중소기업들은 인력난에 허덕이면서 동남아 외국인력을 더 많이 도입해야 한다고 호소한다.

대기업 정규직으로 취업해도 성과나 역량보다 재직 기간 및 조직에

87) 서울경제_2016.2.5

대한 헌신이 더 중요하기 때문에 일단 퇴출되면 다른 직장으로 옮기는 것이 쉽지 않다. 외국의 경우와 달리 삼성전자 임원이 현대자동차로 전직하는 것은 가능하지 않다. 일반적으로 통용될 수 있는 직무 능력에 대한 기준이 없기 때문이다.

우리나라 노동 시장은 일(직무)보다 사람 중심으로 움직인다. 사람 중심의 노동 시장은 따뜻하다는 장점은 있으나 여성들을 제대로 활용하지 못하는 요인도 된다. 실제로 우리나라의 여성 활용도는 경제협력개발기구(OECD) 국가 중 뒤에서 두 번째다. 출산이나 육아를 위해 휴직하거나 시간제 근로를 하려는 경우 유사한 직무 능력을 갖춘 근로자로 대체하기가 어려워 동료 근로자에게 결과적으로 피해를 주고 고용주는 여성 고용을 꺼리게 된다. 여성이 대부분인 간호사의 경우 다른 동료들에게 피해를 준다고 임신을 순번을 정해 한다는 언론 보도도 있었는데 미국의 경우 파견업체 소속 간호사들이 임신이나 육아 휴직 중인 간호사의 업무를 해 이와 같은 일이 일어나지 않는다.

현재 파견법이 노정 및 여야 간에 최대 쟁점이 됐는데 일본 등 선진 산업 국가에서는 파견 근로자 사용이 우리보다 활발하다. 직무 중심으로 일이 이뤄지므로 동일 노동을 규정하기가 용이해 파견 근로자와 원청 근로자 간 차별이 적은 까닭이다.

직무 능력 중심 노동 시장이 구축돼야 한다. 박근혜 정부는 학벌 중심의 사회 구조를 타파하고 능력중심사회를 구축하기 위해 국가직무능력표준(NCS) 개발을 지난 2014년 완료하고 2015년을 출발점으로 해 오는 2017년까지 공공기관 채용을 NCS 기반으로 하는 것을 추진하고 있다. 공공기관들이 채용뿐 아니라 배치전환·교육·승진 등 인력 운용에서 직무 능력이 학벌이나 근속 등을 대체하는 것을 선도해 보다 열린 노동 시장을 만드는 것을 목표로 하고 있다. 성과 중심의 인력 운영 및 임금 체계 구축도 필요하다. 직무 능력을 발휘해 성취한 성과가 제대로 보상받아야만 능력중심사회의 기반이 구축될 수 있다.

정부가 지난달 발표한 직무 능력과 성과 중심의 인력 운영 및 임금 체계 지침은 연공 중심의 우리나라 노동 시장을 직무 능력과 성과 중심의 노동 시장으로 개편하기 위한 본격적인 논의의 출발점이 될 수 있다.

노동계에서는 쉬운 해고를 위한 제도라는 이유로 9·15 노사정 합의 파기를 선언하고 논의 자체를 반대하고 있다. 하지만 일 중심의 노동 시장 구축으로 연공이나 학벌이 아닌 능력중심사회를 마련함으로써 비정규직이 과도하게 양산되는 것을 막고 청년 실업을 완화하고 여성 근로자를 제대로 활용할 수 있는 제도적 기반을 마련할 수 있는 기회도 될 수 있다는 것을 인지해야 한다.

따라서 노동계는 노사정 대타협 정신을 다시 살려 적극적으로 대화와 협의에 나서 학벌이 아닌 능력에 따라 평가받는 사회 구축에 기여하고 노동개혁에 대한 국민적 여망에 부합해야 한다.

8. 노동개혁의 성패는 기업에 달려있다[88)]

얼마 전 청년들의 해외취업을 지원하기 위해 주한공관, 주한상공회의소, 외투기업 등 관계자 100여명을 초청해 K-Move사업을 소개하고

88) 경상일보_2015.11.5

외국인 고용주의 경험을 통해 우리나라 근로자들의 강점을 홍보하는 행사를 개최했다.

우리나라 청년들의 해외진출을 지원하기 위한 행사였지만 맥도날드코리아 조 엘린저 사장과 한국바스프 베른트 겔렌 사장, 말레이시아 쿠알라룸푸르에 있는 딜로이트 아시아본부의 박성은 선임매니저 등 연사들이 참석해 일자리 문제 해결을 위한 우리나라 노동개혁의 방향을 제시해 주었다.

사람이 중심이 되는 회사(People Company)를 지향하는 맥도날드코리아는 1만 8,000명의 근로자를 고용하고 있는데, 이중 주부 1600명, 은퇴자 등 고령자 240명, 장애인 230명에겐 다양한 복지 혜택과 함께 차별 없는 일터가 되고 있다고 소개했다.

우리나라의 임시직 비율은 OECD 평균과 대비해 매우 높을 뿐 아니라 일단 임시직이 되면 빠져 나올 수 없는 비정규직 함정이 존재한다. 맥도날드에는 배달꾼(rider)이나 고졸 혹은 인턴으로 입사해 매니저 등 관리자로 승진하는 관례가 일반화돼 있다. 맥도날드와 같이 비정규직이 역량을 인정받으면 정규직으로 전환될 수 있는 보다 열린 시장이 되어야 비정규직 문제가 구조적으로 해결될 수 있다.

150년 전통의 세계 최대 화학회사인 바스프 한국법인은 1,000명의 한국 근로자를 고용하고 있는데, 우리나라 근로자의 역량을 높이 사 중국, 홍콩 등 다른 나라의 바스프 법인에 50명 이상을 파견하고 있다.

회사의 성장을 위해 국적과 관계없이 모든 구성원이 최대 역량을 발휘하도록 포용하는 일터를 지향하는 한국 바스프는 '신뢰된 근로시간'(Trusted Working Time·TWF)이라는 유연근무제를 시행하고 있다. 근로자가 자율적으로 근무시간을 결정하는 방식인데, 일에 따라 급여가 결정되기 때문에 오전 9시에 출근해 오후 5시에 퇴근할 필요가 없고 기준근로시간(Based Working Hours)을 지키고 주어진 일을 완수할 수 있다면 근무시간을 자율적으로 정할 수 있다.

자기 책임성은 강화되지만 여유시간을 가족과 함께 보내거나 자기개발에 투자할 수 있어 근로자들의 만족감이 높다고 한다.

정부에서 적극적으로 장려하고 있는 시간선택제 일자리의 완결판이 한국 바스프의 신뢰된 근로시간(TWF)이다. OECD 평균에 비해 낮은 여성 고용률을 끌어 올리고 고용률 70% 달성을 위한 좋은 방안이라고 할 수 있다.

세계적 컨설팅 기업인 딜로이트아시아본부에서 한국기업을 담당하는 30대 박성은 선임매니저는 우리나라에서 명문이라고 할 수 없는 대학을 졸업하고 한국 중견기업의 말레이시아 법인에 근무하다 역량을 인정받아 스카우트됐다. 2013년에 딜로이트에 입사해 지난 2년간 두 번 승진하였는데 간판과 연공을 중요시하는 우리나라 기업에서는 생각할 수 없는 파격적 인사라고 할 수 있다.

우리나라 기업들은 노사관계, 법, 제도 등 환경적 요인을 경쟁력 강화의 위해요인으로 지적하는데 맥도날드코리아, 한국 바스프도 외투기업이지만 우리나라에서 기업활동을 하고 있다. 비정규직도 차별 없이 정규직으로 전환될 수 있는 길을 열어주고, 시간이 아니라 일과 성과에 따라 보상하는 제도를 구축하고 있다. 유연근무를 확대할 수 있다면 여성이라서 차별받지 않고 학벌이나 연공과는 무관하게 역량에 따라 인정받는 제2, 제3의 박성은 선임매니저가 우리나라 기업에서도 나올 수 있고,

궁극적으로 노사정 대타협으로 물꼬를 튼 노동개혁이 완성될 수 있다.

9. 능력중심의 노동시장으로 가는 길[89)]

우리나라 노동시장의 특징을 한마디로 요약하면 학벌과 연공 중심의 닫힌 시장이다. 인적자원을 평가하는 데 대학을 나왔는지, 그리고 어느 대학을 나왔는지가 중요하고 일단 좋은 일자리를 얻으면 잘 옮기지 않기 때문에 연공이 승진이나 보수 결정 등에 절대적인 기준이 된다.

학벌이나 연공을 대체할 만한 마땅한 수단이 없는 현실에서 지난해 개발이 완료된 국가직무능력표준(NCS)은 학벌이나 연공을 넘어 인적자원의 역량을 평가할 수 있는 수단이다.

정부는 올해부터 공공기관 채용을 NCS 기반으로 하기로 정했다. 현재 130개 공공기관이 시행 중이며 오는 2017년까지 모든 공공기관으로 확대된다.

산업인력공단을 시작으로 NCS 채용을 실시한 공공기관들에 따르면 올해의 경우 예년에 비해 서울권 대학과 소위 명문대 출신의 비중이 줄었다. 학벌보다는 직무능력에 따라 채용을 판단하기 때문이다. 영어 점수, 직무와 연관 없는 자격증, 해외연수 경험 등이 그다지 중요하게 고려되지 않기 때문에 스펙을 쌓기 위해 지불하는 취업 준비생들의 비용과 시간도 절감해줄 수 있다. 과거에 비해 입사 후 퇴직률이 떨어져 기업의 채용 비용이 줄어드는 효과도 있다.

---

89) 서울경제_2015.11.10

NCS 기반의 채용을 한 공공기관 인사 담당자들은 '단어의 개념을 아는가'보다는 '고객을 설득하는 데 그 단어나 개념을 활용할 수 있는가', '글을 이해하는가'보다는 '상사의 지시에 맞게 업무를 할 수 있는가' 등을 보기 때문에 채용 후 업무에 적응하는 속도가 빠르다고 말한다.

NCS라는 개념이 취업 준비생은 물론 우리 사회 전반에 생소한 개념이기 때문에 이와 관련한 학원이 등장하고 취준생들이 상당한 비용을 지불한다는 언론보도도 있었으나 NCS 자체가 학원수업 등 지식을 쌓아서는 얻을 수 없는 것이기 때문에 NCS에 대한 이해가 확산된다면 이와 같은 현상은 해소될 것으로 본다.

정부는 NCS 채용에 대한 이해를 높이기 위해 권역별 순회설명회, 산업인력공단 지부·지사 설명회, 대학 취업지원센터 관계자 교육, 인사 담당자 및 취준생 상설 교육과정 개설 등 많은 노력을 하고 있다. 능력중심사회사이트(http://onspec.ncs.go.kr)도 운영하고 있다.

공공기관의 채용으로 NCS 활용 확산에 물꼬를 텄지만 NCS가 능력중심사회 구축의 기저가 되기 위해서는 민간 부문에서도 NCS 기반 채용이 이뤄지고 NCS가 교육훈련 및 승진·전환배치의 기준이 돼야 한다. 산업계와 현장 전문가들이 중심이 돼 개발된 NCS가 지속적으로 산업 현장의 변화에 맞게 보완될 때 민간 부문도 NCS를 학력과 연공을 대체하는 인적자원 평가 수단으로 받아들일 것이다.

더불어 자격체계도 NCS를 기반으로 바뀌어야 자격, 학력, 일에서의 경험이 동등한 가치를 갖게 된다. 노동시장에서 인정되는 능력중심사회가 형성되기 위해서는 NCS에 기반한 국가역량체계(National Qualifications Framework)도 구축될 필요가 있다.

10. 한국의 미래, 능력중심사회에 달렸다[90)]

스펙이 아닌 실력만으로 성공한 젊은이들이 있다. 지난 8월 브라질 상파울루에서 열렸던 제43회 국제기능올림픽대회에 출전한 우리나라 국가대표 선수들이 그 주인공이다.

일찍이 대학 진학과 불필요한 스펙 쌓기 대신 숙련 기술인의 길을 선택한 선수들은 기술과 실력만으로 또 한 번의 종합우승을 이뤄냈다. 진정한 실력으로 세계를 제패함으로써 능력 중심으로 자신의 진로를 개척할 수 있다는 본보기가 된 셈이다.

정부는 더 많은 청년들이 국제기능올림픽 국가대표 선수들처럼 스펙이 아닌 자신만의 실력을 쌓고 능력으로 평가받을 수 있도록 능력중심사회 조성을 위해 적극적으로 노력하고 있다.

박근혜 대통령은 지난달 25일 국제기능올림픽 국가대표 선수단과 함께 한 오찬 자리에서 "앞으로 정부는 학교 교육이 기업 현장과 연계돼 기술인재들이 보다 많이 탄생하고 기술과 능력이 제대로 된 보상을 받는 사회를 만들어갈 것"이라고 밝혔다. 능력중심사회로의 지속적인 변화 의지를 다시 한번 강조한 것이다.

지난 5월, 한국고용정보원이 발표한 '4년제 대졸자의 취업 사교육 기간 및 비용'에 따르면 4년제 대학을 졸업한 취업준비생들은 평균 511만원을 취업 사교육에 사용하고 있는 것으로 나타났다.

그러나 이러한 막대한 취업 사교육에도 불구하고 많은 젊은이들이 일

---

90) 매일경제_2015.9.10

자리를 구하지 못해 청년 고용절벽이라는 새로운 용어도 생겼다. 불필요한 스펙을 쌓기 위해 국가적으로 막대한 비용과 시간이 소모되는 것을 막고 청년 취업난도 해소하기 위해서는 능력중심사회로의 변화가 시급하다.

고용노동부와 한국산업인력공단은 능력중심사회 조성에 앞장서고 있다. 국가직무능력표준(NCS·National Competency Standard)과 일·학습병행제를 중심축으로 해 능력중심사회로의 이동을 주도하고 있다. 교육훈련과 채용을 뿌리부터 변화시켜 능력중심사회의 기반을 닦고 있다. '현장수요에 맞는 교육'으로 능력을 쌓을 수 있도록 지원하고 '직무능력을 평가하는 채용 방식'으로 불필요한 스펙을 쌓을 필요가 없도록 하고 있다.

정부는 산업 현장과 교육훈련의 미스매치를 해소하기 위해 취업 희망자들이 기업에서 요구하는 능력을 취업해 키울 수 있도록 '일·학습병행제'를 시행하고 있다. 일·학습병행제는 기업이 맞춤형 인재를 양성하기 위해 청년 취업 희망자를 채용해 기업 내 고숙련 인력이 이론교육과 현장훈련을 시키는 새로운 형태의 교육훈련 제도다.

실제로 일·학습병행제도에 참여하고 있는 세영기업에서는 일·학습병행제를 통해 채용된 학습 근로자들의 직무역량이 훈련 전 대비 약 40% 향상됐고, 1인당 2.5개의 국가기술자격을 취득했다. 청년들이 무조건 대학으로 진학하기보다는 조기에 취업해 현장에서 일하며 기업현장에서 요구하는 능력을 스스로 키워가고 있는 것이다.

정부는 스펙이 아닌 능력으로 평가할 수 있는 기반이 되는 NCS 확산에도 주력하고 있다. NCS는 기업이 요구하는 현장 중심의 직무수행능력을 국가가 산업별·산업수준별로 체계화한 것인데, NCS 기반 채용시스템 구축을 통해 기업들이 직무능력으로 취업 희망자를 평가할 수 있도록 지원하고 있다. 한국전력공사, 한국철도공사 등 130여 개 공공기관은 NCS 기반 채용을 도입하고 있으며 2017년까지 전체 공공기관으로 확대될 예정이다.

고용부와 한국산업인력공단은 능력중심사회 분위기 조성을 위해 매년 9월을 '직업능력의 달' 로 정해 다양한 행사를 마련하고 있다. 특히 9월 15일과 16일 양일간 개최되는 제9회 인적자원개발콘퍼런스에서는 NCS 세미나 및 일·학습병행 우수사례 경진대회가 함께 열리는데 정부가 능력중심사회의 중심축으로 추진하고 있는 장치들에 대해 알아볼 수 있는 좋은 기회가 될 것이다.

11. 노동계 통 큰 양보를 기대한다[91)]

노동시장 개혁을 위한 노·사·정 논의가 막바지에 접어들었다. 노동시장 이중구조, 통상임금, 근로시간제도 개편, 정년연장과 임금피크제 등 노사현안을 둘러싼 작년부터의 노·사·정 논의과정을 보면 1990년대 중반 노동관계법 개정을 둘러싸고 노·사·정이 벌인 협의를 돌이켜 보게 된다.

민주화 이후 노동관계법이 1988년 한 차례 개정됐으나 활발해진 노동조합 활동을 제도권 내로 녹여내는 데 실패했고, 법적 노조로 인정받지

91) 한국경제_2015.3.26

못한 민주노총이 설립됐다. 한국의 경제협력개발기구(OECD) 가입과 함께 본격화된 노동관계법 논의의 핵심 현안은 소위 '삼불삼제(三不三制)'로 요약된다. 노조활동과 관련돼 복수노조 금지, 노조의 정치활동 금지, 교원·노조전임자에 대한 사용자의 급여 지급 금지의 삼불(三不), 노동시장 유연성과 관련해 정리해고제도, 파견근로제도, 탄력적 근로시간제도의 삼제(三制)를 둘러싼 노사 간 다툼이 치열했다. 2년의 논의에도 불구하고 노·사·정 합의는 실패했다. 당시 정부 여당은 노사관계개혁위원회의 공익위원안을 바탕으로 한 정부안을 1996년 12월 한밤중에 소집된 국회에서 기습 통과시켰는데 결국은 노동계의 요구를 수용, 1997년 초에 법을 재개정했다. 정부가 일방적으로 정리해고제도를 법제화한 것이 대립관계에 있던 양대 노총이 합심해 거리로 나서게 된 결정적 이유였다.

그러나 노동계 요구로 2년간 유예된 정리해고제도는 한국 경제가 국제통화기금(IMF) 관리체제로 편입되면서 법이 다시 개정돼 1998년부터 시행됐다. 노조전임자에 대한 사용자의 급여지급 금지와 복수노조의 전면 허용은 몇 차례 더 시행이 유보됐다가 2009년 노사관계선진화 입법에 따라 근로시간 면제제도가 도입되면서 법 제정 이후 10년이 지나 시행하게 됐다. 1990년대 중반의 노동관계법 제도의 개혁 논의는 한국이 선진화하면서 국제사회의 일원으로 인정받기 위해 필요한 과정이었다. 국제노동기구(ILO), OECD, IMF 등 국제기구와 국제사회로부터 한국의 노동관계 법제도를 국력에 맞게 개정하라는 압력이 상당했다.

현재의 노동시장 개혁 논의는 외환위기 이후 한국의 노동시장 변화 및 인구 구조의 변화 등으로 한국 사회에 내재된 여러 모순을 자체적으로 해결하려는 노력으로 볼 수 있다. 1980년대 후반 7,000여건의 노사분규가 있었지만 경제가 고도성장하는 동안에는 노사 간에 나눌 '파이'가 컸다. 외환위기 이전에는 일자리 문제는 사회문제가 아니었다. 대학을 졸업하면 직장을 어렵지 않게 구할 수 있었다. 대기업, 금융업 및 공공기관 종사자가 타의에 의해 일자리를 잃는다는 것은 상상할 수 없었다.

20년 전에 비해 지금의 노동시장 개혁 논의에서는 노사 간 주고받을 것이 많지 않다. 1990년대 중반에는 노동권 신장과 노동시장 유연화라는 서로 다른 지향점에서 합의를 도출할 수 있었다. 현재는 임금피크제, 통상임금 등 노동계의 양보를 필요로 하는 부분이 많아 합의가 어려울 수밖에 없으나 국민들은 노동계의 통 큰 양보를 기대하고 있다.

체감 청년실업률이 20%가 넘고, 비정규직 문제는 고착화돼 해결의 실마리를 찾기 어렵다. 내년부터 단계적으로 정년이 연장되는 것은 물론이고 40대도 구조조정 되는 노동시장의 구조적 모순 상황을 혁파해 지속적인 성장과 사회 안정을 이루기 위해서는 노동시장의 제도적 개혁이 필요하다. 외환위기 이전에는 경제가 지속 성장했고, 요구되는 역량 수준이 그다지 높지 않은 경제발전 단계에서는 연공급 임금제도 및 장시간 근로가 경쟁력을 크게 저해하는 요소는 아니었다. 외환위기 이후 정규직, 대기업 중심으로 노조가 조직화하면서 노동운동에 대한 국민적 지지가 예전과 같지 않다는 것도 노동계가 유념해야 할 부분이다.

12. 대기업 고용 더 늘려야[92)]

전국경제인연합회(전경련)가 통계청 자료를 분석한 결과에 따르면 2013년 기준 국내 영리기업은 537만 7,000개이며, 이 가운데 대기업은 4,375개(0.1%), 중소기업은 537만 3,000개(99.9%)로 대기업과 중소기업 비율은 1대 99도 안 된다. 반면에 전체 종사자 수는 1,784만 6,000명으로 이 중 대기업에 425만 1,000명(23.8%), 중소기업에 1359만 5,000명(76.2%)이 근무하여 대기업과 중소기업의 고용 비율은 24대 76이다.

전경련은 이에 따라 "국내 기업생태계에서 중소기업이 차지하는 비중이 '9988'(우리나라 기업의 99%가 중소기업이고 종사자의 88%가 중소기업에서 근무한다)이 아니라 9976이며 1인 기업을 제외하면 9968"이라고 주장했다.

또한 "기존 9988 분석은 직원이 5,400여 명인 스타벅스코리아의 559개 지점이 모두 중소기업으로 분류되다 보니 정확한 분류인 기업체 기준과 비교해 중소기업 종사자 수가 과대 계상되는 문제점이 있다"고 덧붙였다.

전경련 주장에 대해 중소기업중앙회는 "2013년 기준 우리나라 중소기업은 341만 6,000개로 전체 사업체의 99.9%를 구성하고 있으며, 중소기업 종사자 수는 1,342만 2,000명으로 전체 고용의 87.5%를 차지하고 있다"고 반박하였다.

대기업들의 단체인 전경련이 기업체 기준으로, 중소기업 단체인 중소

---

92) 국민일보_2015.6.11

기업중앙회가 사업체 기준으로 우리나라 고용에 대한 기여를 서로 자기에 유리하게 해석하는 것 자체가 아직 적절한 일자리를 찾지 못하고 있는 우리나라의 수많은 구직자, 특히 참담하게 고용절벽 앞에 서 있는 청년들에게는 분통이 터지는 일이다.

1995년 도입된 대학설립준칙주의에 의해 많은 대학이 생겨나 시장에 대졸자가 넘치는 반면, 1997년 외환위기 이후 청년층이 선호하는 대기업과 금융권이 핵심역량에 집중하면서 일자리가 기대만큼 늘어나지 않는 것이 현실이다. 오히려 1995년과 2006년 사이에 대기업 일자리가 50만 명 이상 줄었다는 연구결과도 있다.

현재 우리나라 기업들의 평균 정년이 55세인 것을 고려하면, 내년도에 정년이 법적으로 60세로 연장된다면 임금피크제 도입 등 노동시장 유연화 조치에 대한 노사정 합의가 불발되면서 기업들이 느끼는 비용적 측면에서의 압박은 상당할 것으로 예상된다. 사무직의 경우 정년 전에 이런저런 이유로 직장에서 밀려나는 경우가 많아 정년 연장에 따른 실질적인 효과는 노조에 의해 보호받는 대기업 생산직에 국한될 가능성도 있다. 하지만 법적으로 강제되기 때문에 파급력은 클 것이다. 국책연구기관인 한국노동연구원의 원장이 정년 연장에 따른 청년고용에 대한 부정적 효과를 줄이기 위해 주3일 근무제 도입을 주장했을 정도다.

내년도 정년 연장이 법적으로 강제되고 경영환경의 불확실성이 커질 전망이지만 대기업들은 청년고용을 획기적으로 늘려야 한다. 전경련에 따르면 30대 그룹의 올해 투자계획은 136조여 원으로 2013년 대비 19% 증가했지만, 신규고용 규모는 12만 1,800명으로 오히려 2만 2,300명 줄어든다.

청년들의 대학진학률이 70%가 넘는 상황에서 청년 일자리 문제의 심각성이 지속된다면 사회불안은 증폭될 것이다. 유럽 일부 국가에도 시행되었고 현재는 공공부문에만 강제되어 있는 청년의무고용제가 민간부문에도 확대될 가능성이 있다. 그와 같은 상황이 오기 전에 자발적으로 대기업 집단이 청년 일자리 문제 해결에 팔을 걷어붙여야 한다. 특히 국민의 격려와 지지 속에 고속 성장한 대기업이 사상 최대의 사내 유보금을 쌓아 놓고 청년고용을 외면하는 것은 대한민국 기업으로서 사회적 의무를 저버리는 것이다.

13. NCS로 임금체계 해법 마련해야[93]

올해 노사현장에서 가장 뜨거운 현안은 통상임금과 임금피크제다. 대법원은 2013년 12월 전원합의체 판결에서 통상임금 판단기준에 고정성을 추가하고 신의성실의 원칙에 따라 추가임금 청구를 제한했다. 그러나 수당의 고정성에 대한 판단이 명확하지 않아 대법원 판결 후 노조측이 제기한 소송이 급증하고 있다. 전국경제인연합회가 매출액 상위 300대 기업 중 100개 기업을 대상으로 한 조사에 따르면 대법원 판결이후 통상임금 범위를 재조정한 기업이 44개(44.0%)에 그쳤다.

통상임금 논란은 임금 범위를 법이 명확하게 규정하지 않은 데 따른 것이다. 그러나 연공에 따라 결정되는 기본급 외에 직책수당, 기술수당, 위험수당 등 사업주가 고정적으로 지급하는 여러 수당으로 이뤄진 임금

93) 이데일리_2015.1.30

체계가 지닌 구조적 문제가 논란의 출발점이다.

임금피크제 도입도 생산성 증가와 관계없이 연령에 따라 급여가 올라가는 연공급이 지니고 있는 문제가 주된 배경이다. 근로자 정년이 공공기관과 대기업에서 내년부터 60세로 강제 연장되기 때문에 임금피크제를 도입해 정년연장에 따른 추가 노동비용 부담을 줄이자는 게 사측 입장이다. 대다수 기업의 정년이 55세이지만 노조에 의해 보호받는 대기업 생산직을 제외하고 많은 중장년층이 정년에 도달하기 전에 기업에서 퇴출당하고 있는 것이 현실이다.

우리나라 임금체계가 연공급 위주에서 직무급으로 바뀌면 통상임금 범위나 임금피크제 도입에 따른 논란을 크게 줄일 수 있다. 근속 등 연공보다는 일의 가치에 따라 개별 근로자 급여를 결정하면 연령과 급여와의 연관성이 줄어들 것이다. 또한 직무가치나 난이도에 관계없이 각종 수당을 지급하는 문제점도 줄어들 것으로 보인다. 이와 함께 연령이 높다는 이유로 조기퇴직당하는 사례도 줄어들 것이다.

연공급의 단점을 보완하기 위해 직무급 도입 목소리가 커지고 있는 가운데 국가직무능력표준(NCS, National Competency Standards)이 최근 관심을 모으고 있다. NCS는 산업현장 직무를 수행하기 위해 요구되는 지식, 기술, 소양 등을 국가가 산업별, 수준별로 체계화했다. 쉽게 설명하면 특정 일자리의 직무명세서이자 산업현장에 적합한 인재를 양성하기 위한 인재양성 지침서다. NCS는 현 정부 출범 후 본격 개발돼 지난해 말까지 800여 개 직무에 대한 표준이 마련됐다. 직업마다 필요한 능력을 표준화한 셈이다. 이에 따라 기업들은 NCS를 토대로 기업 특성에 따라 일자리의 직무 가치를 정하고 직무급을 도입할 수 있게 됐다.

우리나라도 모든 기업들이 NCS에 따라 직무급을 도입하면 근로자들의 임금논란이 크게 줄어들 전망이다.

정부는 NCS를 기준삼아 특성화고등학교 및 전문대학 그리고 정부가 지원하는 직업훈련과정과 자격제도를 개편할 계획이다. 경기침체로 졸업생 취업 대책에 고심 중인 많은 대학들도 NCS를 통해 학교교육을 기업 현장에 맞춰 개편할 수 있다. 현장과 동떨어진 학벌이나 스펙보다는 현장에서 곧바로 활용할 수 있는 직무능력이 우선되는 채용 분위기를 반영한 것이다. 이밖에 공공기관들도 올해부터 NCS에 기반해 채용하는 시스템을 본격 도입할 태세다.

채용, 보상, 승진, 교육훈련 등 전반적인 인적자원 관리가 NCS에 따라 이뤄진다면 노동시장은 연공이나 학벌이 아닌 능력으로 개개인 가치가 매겨지는 열린 노동시장이 될 것이다. 또한 많은 청년들이 대학을 졸업해도 취업이 안 돼 불필요한 스펙 쌓기에 시간을 낭비하는 일도 없어질 것이다.

조기 퇴직하고 비정규직으로 재취업하는 노동시장의 구조적 문제도 해소될 수 있다.

14. 닫힌 노동시장이 청년 일자리 막는다[94)]

지난해 우리나라 고용 상황이 상당히 괜찮았던 것으로 나타났다. 통계청에 따르면 2014년 취업자는 2,559만 9,000명으로 전년 대비 53만

94) 문화일보_2015.1.19

3,000명 증가했다. 이 같은 증가 폭은 외환위기 이후 대량 실업에 의한 기저효과가 반영된 2002년 59만 7,000명 이후 최대치다.

산업별로는 서비스업과 제조업이 취업자 증가를 주도하면서 농림어업의 감소 폭 확대, 금융 및 보험업의 감소세 전환을 상쇄했다. 특히, 우리 경제의 근간인 제조업이 10만 명 이상 늘었다. 취업자 증가로 고용률 지표도 개선돼 15~64세 고용률은 65.3%로(정부가 당초 기대했던 65.5%에는 못 미쳤지만) 0.9%포인트 올랐다. 일자리의 질도 개선되는 것으로 나타났다. 고용계약이 1년 이상인 상용직이 44만 3,000명, 임시직이 14만 명 늘고 일용직이 3만 5,000명 줄었다.

고용이 양적으로 대폭 늘어나고 구조가 개선됐음에도 질 제고(提高) 측면에서는 국민의 기대 수준을 충족시키지 못했다. 통계 분류상 상용직은 같은 직장에서 1년 이상 근무한 근로자를 의미하는데, 계약직 근로자, 아르바이트 등 비정규직이 상당수 포함돼 있기 때문이다. 특히, 15~29세의 청년(靑年)실업률이 9.0%로 사상 최대치를 기록했다. 청년 실업률 상승이 구직을 포기하거나 취업을 준비하면서 비경제활동인구로 남아 있던 상당수의 젊은이가 구직 활동에 나선 것으로 해석한다면 그렇게 부정적으로 볼 필요는 없으나, 첫 직장을 잡은 청년의 20.1%가 계약직으로 시작하는 현실이 개선되지 않은 것은 우려스럽다. 청년층의 1년 이하 계약직 비중은 전년(21.7%)보다 약간 낮아졌지만 관련 통계가 처음 작성된 2008년의 11.5%에 비해 2배, 2011년 이후 20%대를 유지하고 있다.

정부는 올해부터 신성장동력, 뿌리산업 분야의 중소기업에 취업한 고졸 근로자에게 근속 1년마다 연 100만 원의 근속장려금을 3년간 지급하고, 청년인턴에게 주는 취업지원금의 액수와 대상을 확대하고 있으나, 청년층의 고용 증가와 질 제고로 이어질지는 불확실하다.

청년들이 원하는 대기업 등에서 좋은 정규직 일자리가 늘어나고, 중소기업 일자리도 좋은 일자리가 될 수 있는 산업 생태계가 조성돼야 한다. 특히 노동시장이 개혁돼야 한다. 2013년 기준으로 청년층 고용률은 39.7%로 경제협력개발기구(OECD) 평균 50.9%보다 10%포인트 이상 낮다. 학벌이 중시되는 노동시장에서 고졸자 10명 중 7명이 대학을 진학한다. 그러나 대학을 졸업해도 일자리를 잡는 데 평균 1년 이상 걸린다. 학벌이 중시되고 연공(年功)에 의해 보상이 결정되는 닫힌 노동시장에서 청년들이 첫 직장이 중요하기 때문에 많은 젊은이가 그다지 활용가치도 없는 과도한 스펙을 쌓기 위해 많은 비용을 치르고, 졸업을 유예하면서 대학을 5~6년씩 다니고 있다.

지난해 일자리 증가의 82.4%를 50대와 60대가 차지한다. 하지만 50·60대 일자리 증가는 연공서열형 임금체계 아래서 생산성을 고려할 때 지나친 보상을 받고 있는 중장년층이 정규직에서 밀려났으나 아직 일자리를 잡지 못한 자식들을 위해 경비 등 비정규 일자리라도 받아들일 수밖에 없는 현실을 반영한다.

지난 연말 노사정은 노동시장 개혁을 위한 본격적인 협의를 약속했다. 고용 관행, 임금체계 등 노동시장의 근원적인 개혁에 대한 노사정의 조속한 합의를 기반으로 좋은 일자리가 많이 만들어질 수 있는 생태계가 조성되기를 기대해 본다.

15. 노동시장 유연해야 취업難 해소된다[95)]

통계청이 지난 12일 2014년 10월 고용동향을 발표하면서 노동시장에서의 고용상황을 나타내는 실업률 외에 추가로 '고용보조지표'를 제시했다. 통계청에 따르면 지난 10월 공식 실업률은 3.2%지만 고용보조지표를 준용하면 10.1%로 3배 이상 올라간다. 공식 실업자는 85만 8,000명이나 고용보조지표를 준용하면 287만 5,000명으로 300만 명에 육박한다.

정부의 실업률 통계는 구직활동을 했으나 원하는 일자리를 얻지 못해 구직을 포기한 근로자 등이 누락돼 있어 고용 상황을 제대로 반영하지 못한다는 비판이 있었다. 정부의 공식적인 실업률이 고용 상황을 제대로 나타내지 못한다는 지적은 일자리 문제로 골머리를 앓고 있는 거의 모든 나라에서 제기되고 있어 국제노동기구(ILO)는 지난해 10월 새로운 고용 관련 국제 기준을 제시했다.

통계청이 제시한 고용보조지표는 ILO 기준을 준용한 것이다. 아르바이트생 등 주 36시간 미만을 일했으나 기회가 주어지면 일을 더 할 수 있었던 추가 취업 가능자 31만 3,000명, 취업할 의사는 있으나 취업을 위한 구직활동을 하지 않아 비경제활동으로 분류됐던 취업준비생 등 4주간 구직활동을 하지 않은 잠재구직자 166만 1,000명, 구직활동을 했지만 육아 때문에 당장 일을 할 수 없는 주부 등 잠재취업가능자 4만 3,000명을 포함한다.

---

95) 문화일보_2014.11.14

공식 실업률의 한계를 극복하기 위해 통계청은 그간 매월 고용 동향을 발표하면서 비경제활동인구로 분류되는 취업 준비생과 취업 의사와 능력은 있으나, 노동시장의 사유로 일자리를 구하지 않은 사람 가운데 지난 1년 내에 구직 경험이 있는 구직단념자 통계치를 같이 발표했다. 취업준비생은 지난 10월 기준으로 55만 3,000명, 구직단념자는 42만 9,000명이었다. 그간 일부 학자 및 언론에서 공식적인 실업자와 취업준비생, 구직단념자를 합쳐 체감실업자를 추정했다. 이 기준에 따르면 지난 10월 기준으로 체감실업자는 184만 명이다.

정부가 고용보조지표를 공식적으로 제시했다는 것은 그만큼 우리나라의 고용 상황이 구조적으로 심각하다는 것으로 해석할 수 있다. 고용률이 올라가는 등 고용 상황이 전반적으로 좋아지고 있지만 국민의 체감 고용 상황은 여전히 개선되지 않고 있다. 구직단념자가 지난해 10월에는 16만 2,000명이었는데, 지난 1년간 26만 8,000명 늘었다.

경기가 활성화돼 전반적인 일자리 상황이 나아져야겠지만, 잠재실업자를 줄이기 위해서는 노동시장의 구조적인 문제가 해결돼야 한다. 많은 젊은이가 대학을 졸업했으나 마땅한 일자리가 없어 자격증을 따거나 공기업 등에 취업하기 위해 몇 년간 취업을 준비하는데(취업준비생 등 구직단념자), 정년도 되기 전에 정규직 일자리에서 내몰려 아르바이트 등 비정규직을 전전하는 부모(추가취업 가능자)에게 생계를 기대고 있다. 육아를 위해 잠시 쉰 후 노동시장에 복귀하려고 하지만 비정규직 일자리밖에 없어 포기하는 경력단절 여성도 상당수 있다. 또한, 경력단절 여성들의 비애를 보면서 많은 젊은 여성이 결혼을 피하거나 출산을 꺼려 노동시장의 활력이 떨어진다.

노동시장의 유연성이 제고돼 고령 근로자도 정규직으로 계속 일을 할 수 있고, 학벌이 아닌 능력에 따라 평가받아 반드시 대학을 갈 필요가 없으며, 육아를 위한 사회 인프라가 잘 구축될 때 우리사회의 공식 실업률과 체감 실업률의 간격도 좁아질 것이다.

16. 노동시장, 학벌에서 능력중심으로 바꿔야[96]

우리나라 대학진학률은 경제협력개발기구(OECD) 국가 중 최고 수준인데, 4명 중 1명은 빚이 있다. 빈곤의 늪에 빠진 청년을 일컫는 '스튜던트 푸어(Student Poor)'는 34만 명 이상이다. 이들은 노동시장 진입이 늦을 뿐만 아니라 취업을 해도 빚 갚기에 급급하여 연애, 결혼, 출산을 포기하는 '3포 세대'로까지 이어지고 있다.

청년 구직자들은 취업의 현실이 녹록하지 않다고 하소연하지만, 중소기업들은 극심한 인력난으로 현재 60만여 명인 외국인노동자를 더 들여올 것을 정부에 지속적으로 요청하고 있다. 학벌 중심에서 능력 중심의 열린 노동시장으로 변화하지 않는 한 청년 취업난과 중소기업 인력난의 악순환은 되풀이될 수밖에 없다.

정부는 능력중심사회 구현과 평생학습체제 구축을 핵심 국정과제로 추진하고 있다. 근원적으로 노동시장의 개혁이 필요하다. '자본주의 4.0'의 저자인 아나톨 칼레츠키는 '교육·훈련을 통한 소득 선분배'를 새로운 자본주의 시대의 핵심 키워드로 제시하고 있다.

---

96) 동아일보_2014.9.18

능력중심사회를 만드는 핵심 기제는 국가직무능력표준(NCS)이다. NCS는 인적자원을 무엇을 아는가가 아니라 무엇을 할 수 있는가에 따라 평가하는 기준이다. NCS는 학력을 대신하여 노동시장에서 인적자원의 능력을 평가하는 기준으로 활용될 수 있다. 정부는 올해까지 900여 개의 NCS 개발을 완료하고 단계적으로 고등학교와 대학교 등 교육현장에 NCS를 기반으로 한 교육과정을 도입하고 있다.

노동시장에서의 훈련도 NCS를 기반으로 바뀌어야 한다. 일학습병행제도 기업 현장과 동떨어진 공급자 위주 교육훈련의 문제점을 해결할 수 있는 대안이다. 기업에서는 미리 뽑은 인력을 현장훈련을 통해 핵심 인재로 키울 수 있고, 근로자들은 일터에서 일하고 배우면서 지속적인 경력 개발이 가능하다는 장점이 있다. 이 제도들이 제대로 정착된다면 청년들이 노동시장에 일찍 진입하고 배움을 통해 학위와 자격을 취득하며 보수나 승진에서 제대로 대우받는 환경이 조성될 것이다.

9월 '직업능력의 달'이 올해로 열여덟 번째를 맞았다. 고용노동부와 한국산업인력공단은 국민들에게 직업능력 개발의 중요성을 알리는 다양한 행사를 마련했다. 특히 능력중심사회를 만들기 위한 NCS와 일-학습병행제의 우수사례와 독일, 스위스의 성과를 공유하는 행사는 더욱 의미가 클 것이다. 젊은이들이 꿈을 펼칠 수 있는 능력중심사회가 하루빨리 실현되기를 기대해 본다.

17. 능력중심사회와 국가직무능력표준[97]

우리나라 노동시장은 닫혀 있고 분절되어 있다. 학교를 졸업 후 어느 일자리에서 사회생활을 하느냐가 장래의 진로를 대체로 결정한다. 중소기업에서 일을 시작하면 대기업이나 공공기관, 은행권으로 진입하는 것이 상당히 어렵다. 대기업이나 공공기관에서 출발하는 경우 내부 노동시장에서 평가받고, 퇴직할 때 까지 직장에 대한 충성도 등에 의해 승진경로를 밟아 간다.

2016년부터 법에 의해 정년이 60세로 늘어나도록 되어 있으나 노조에 의해 보호받는 경우를 제외하면 많은 조직에서 현재의 정년을 지키지 못하고 40·50대에 직장에서 밀려난다. 또한 정규직으로 퇴직한 탁월한 역량의 소유자도 다른 정규직일자리를 찾는 것은 매우 어렵다. 정년을 맞아 혹은 대기업이나 공공부분에서 밀려난 많은 유능한 인재들이 자영업으로 새로운 인생을 시작할 수밖에 없는 이유이다. 우리나라는 취업자중 자영업자의 비중이 OECD 평균의 2배 수준이다.

대학을 졸업해도 취업하기 어렵지만 대졸자가 아니면 사회에서 제대로 된 대접을 받지 못하기 때문에 너도 나도 대학을 가서 우리나라 대학진학률은 OECD 국가 중 최고이다. 그러나 기업들은 대학 졸업생을 채용해도 필요한 역량을 갖추고 있지 못하기 때문에 재교육훈련비용이 많이 들어간다고 불평한다.

분절되고 닫힌 노동시장의 중심에 학력중심사회, 연공이나 조직에

---

97) 경기일보_2014.6.4

대한 충성도에 의해 평가받는 보상시스템이 자리를 잡고 있다. 이것은 박근혜 정부가 능력중심사회 구축을 주요 국정과제로 제시하고 있는 이유이다.

국가직무능력표준(National Competence Standard: NCS)은 출신학교나 학력이 아니라 무슨 일을 할 수 있는지에 의해 노동시장에서 인적자원을 평가하는 기저가 될 것이다. 지난 10여 년간 지지부진하던 NCS 개발은 작년부터 본격적으로 추진되어 올해 말까지 856개로 구성된 NCS체계 구축이 완료될 것이다. NCS에 기반 한 학습모듈 개발도 일정대로 추진되어 구체적인 결과물이 나오고 있다.

NCS 학습모듈은 특성화고등학교와 전문대학의 직업교육을 현장 필요에 맞게 개혁하는 기반이 될 것이며, 55개 NCS분야에 대한 468종의 학습모듈이 금년 4월 말까지 공개되었고, 올해도 195개의 NCS분야에 대한 학습모듈이 개발될 것이다. 우리나라 직업교육훈련기관들은 아직 NCS 활용을 주도적으로 할 수준이 되지 못하기 때문에 NCS 학습모듈은 전문대나 특성화고뿐만 아니라 직업훈련기관들의 훈련과정을 NCS 기반으로 이끄는 중요한 역할을 할 것이다.

NCS와 NCS 학습모듈은 정부 및 공공기관이 주관하고 있지만 개발과정에 산업계 및 현장의 실무자들이 참여하고 있어, 현장에서 필요로 하는 직업교육훈련을 할 수 있는 기반이 된다. 55개 NCS분야 468종의 학습모듈 개발에는 현장전문가 등 800여명의 인원이 참여하였다.

그러나 NCS와 NCS 학습모듈 개발은 시작에 불과하다. NCS를 활용하는데 중심적인 역할을 하여야 하는 업종별단체의 역량이 취약하기 때문이다. NCS체계가 잘 구축되어 있는 영국, 호주 등을 보면 업종별단체

별로 NCS를 전담하는 수 십명의 전담인력을 별도로 구성하여 NCS 개발 및 활용을 주관하고 있다. 아직 우리는 기존의 산업별 협회에서 2~3명의 인력이 인력개발관련 업무를 하는 수준이어서 정부 및 공공기관이 주도하여 이들 업종별 단체들의 참여를 독려하고 있다. 산업계가 필요로 하는 인력을 스스로 양성하려는 인식을 가져야만 현장수요에 맞는 NCS가 개발되고 잘 활용될 수 있다.

특히 NCS와 연계되는 국가자격체계(National Qualification Framework: NQF)의 구축이 시급하다. NQF는 NCS를 기반으로 하여 학교교육, 직업훈련. 평생학습제도, 자격을 연계하는 제도이다. NQF가 구축되어야만 NCS에 기반 한 교육훈련을 통해 축적된 역량에 대한 시장에서의 평가가 가능하고 고등교육을 통해 획득한 역량과의 연계도 가능하기 때문이다.

18. 근로시간 단축, 임금체계 개편 그리고 비정규직98)

통상임금, 근로시간 단축 등 노동 현안을 일괄 타결하겠다며 지난 2월 출범한 국회 환경노동위원회 산하 노사정소위가 결국 아무런 성과 없이 막을 내렸다. 4월 17일 마지막 회의를 열고 최종담판을 벌였으나 노사정·여야 간의 입장차이만을 확인하고 종료되었다.

노동 현안에 대한 노사정합의가 실패한 가운데, 금속노조는 자동차 업계의 올해 임금교섭에서 임금·노동시간 체계 개선, 통상임금 범위 확대를 쟁취할 것을 목표로 하고 있다. 특히 통상임금에 정기상여금뿐 아

98) 인재경영_2014년 5월호

니라 정기적·일률적으로 지급되는 복리후생비를 넣기로 해 통상임금 범위 확대가 올해 자동차업계 임단협의 최대 쟁점이 될 것이다.

2012년 임금근로자를 기준으로 우리나라의 연평균 근로시간은 2,092시간으로, OECD(경제협력개발기구) 평균 1,705시간보다 300시간 정도 많다. 우리와 비슷한 경제 및 사회구조를 가지고 있는 일본 근로자의 연평균 근로시간은 1,765시간, 여러 방면에서 우리나라의 벤치마킹 국가가 되고 있는 독일 근로자의 연평균 근로시간은 1,317시간이다.

현행 근로기준법상 주당 근로시간은 52시간(법정 40+연장 12)인데, 1993년 대법원 판결에 근거한 고용노동부 지침으로 휴일근로 16시간이 가능해 현재는 최대 68시간까지 일할 수 있다. 그러나 2012년 이후 서울고등법원에서 휴일근로가 연장근로에 포함되는지의 여부를 두고 재판부에서 엇갈린 판결이 나오고 있는 상황에서 2013년 출범한 박근혜 정부는 근로시간 단축을 국정과제로 정해 근로기준법 개정을 서둘러 왔다.

정부는 주당 60시간 법 개정 후 2년 유예기간을 거쳐 단계적으로 시행하는 방안을 제시하며 4월 말 관련법의 국회 통과를 자신하였으나 성과가 없었다.

대법원 판결 이전에 노사정합의로 법을 개정하겠다는 정부의 의지와는 달리 경영계가 자율시행에 초점을 맞추면서 시간벌기로 근로시간 단축 입법을 저지하겠는 전략을 세우면서 근로시간 단축에 관한 노사정합의는 가능성이 크지 않다는 것이 많은 전문가들의 견해였다.

한국경영자총협회 김영배 부회장은 "대법원이 휴일근로를 연장근로에 포함시키는 취지의 판결을 하면 당장 근로시간을 52시간으로 줄여야 하는 것으로 얘기하는데 그렇지 않다"며 "1991년 대법원의 판결을 뒤집는 것인 만큼 통상임금처럼 대법원 전원합 의체의 판단이 있어야 할 것"이라고 말했다. 대법원 판결 내용에 따라 전원합의체 판단을 구해보고, 최악의 경우 경영계가 원하지 않는 판결 결과가 나온다 할지라도 최소 1년 정도의 시간을 벌 수 있다.

노사정은 2010년 6월에 이미 연평균 근로시간을 2012년까지 1,800시간대로 줄이자는 합의를 한 바 있기 때문에 이번 국회 논의에서 주당 최대 근로시간을 68시간에서 52시간으로 줄이는 것에는 공감한 것은 놀라운 일이 아니다.

그러나 구체적인 방법에 있어서 산업현장의 충격 완화를 위해 노사 합의 시 8시간 추가 연장근로를 허용해야 한다는 경영계와 추가 연장근로 허용은 현행 근로기준법보다 대폭 후퇴하는 것이 라는 노동계의 주장이 맞서면서 합의점을 찾지 못하였다.

고용부 조사에 따르면, 2013년 기준 52시간 초과 근무자는 전체의 13%, 60시간 초과 근무자는 5%이다. 휴일근로를 하는 장시간 근로자 72%는 제조업, 휴일근로가 없는 장시간 근로자의 69%는 서비스업에 있다. 근로시간 단축이 시행되면, 특히 휴일근로를 포함하게 되면 가장 큰 영향을 받은 분야는 제조업이다.

과거의 기준근로시간 단축의 경험을 보면 근로시간 단축에 따른 임금보전은 대체적으로 이루어졌다. 이번에도 휴일근로가 기준 근로시간에 포함되는 법 개정이 이루어지면 금전보전이 없는 근로 단축은, 특히 대기업에서는 가능성이 커 보이지 않는다.

결국 근로시간 단축 논의는 제조업의 많은 중소기업들이 근로 시간 단축과 이에 따른 임금보전을 견디어 낼 수 있느냐의 문제로 귀결된다.

극심한 인력난을 겪고 있는 중소제조업체는 근로시간 단축법이 개정되면 인력난은 더욱 심하여질 것이고 대기업에 납품하는(전체 중소기업의 50% 정도인) 중소제조업체는 근로시간 단축에 따른 임금보전 여력이 제한적일 것이다.

노사정소위에서 경제계는 "통상임금 확대, 정년 60세 연장 등으로 기업의 인건비 부담이 커지면서 결국 고용시장도 악화시킬 우려가 있다"며 "호봉제를 축소하고 직무와 성과에 연동한 임금체계를 마련해야 한다"고 임금체계 개편을 주장하였다. 반면 노동계는 "정부와 기업이 합세해 연공급(호봉제)을 성과급으로 바꾸려는 시도는 근로자들의 임금을 삭감하겠다는 것"이라며 "성과급은 평가의 공정성이 담보되지 않을 뿐 아니라 근로자 간 위화감 조성으로 성과를 내기 어렵다"는 주장이다.

임금체계 개편은 지난 20여 년 전부터 우리나라 노동시장이 풀어야 할 가장 큰 숙제 중의 하나였다. 개방화되고 지속적인 경쟁 압력에 놓여 있는 글로벌 경제에는, 근속에 따라 급여가 자동적으로 올라가는 성과체계는 개선되어야 한다. 그러나 집단주의적 조직문화, 노동계의 반대 등으로 수행하는 역할이나 직무 혹은 역량에 의해 평가되는 직무급이나 직능급으로의 진전이 더뎠다.

고령화 추세 등을 고려하여 성과에 보다 연동되는 급여체계로의 개편은 반드시 이루어야 할 과제이다. 60세 정년이 법으로 강제되지만 노조에 의해 보호받은 일부 대기업이나 공공기관의 종사자를 제외하고는 40대 말부터 평생직장이라고 생각하고 들어 왔던 곳을 떠나야 하는 것이 우리나라 노동시장의 현실이다. 근속 연수에 따라 급여가 올라가는 성과체제하에서는 중고령 근로자가 보상받은 만큼 조직에 기여하지 못하기 때문이다.

통상임금 판결 이후 정부가 '임금체계 개편 매뉴얼'을 제시하는 등의 노력을 하고 있지만, 통상임금 판결 이후 대기업과 중소기업 간의 임금 격차는 더욱 심화될 우려가 크다. 통상임금 분쟁도 인건비 추가 부담의 여력이 큰 대기업에서는 노사 간에 어느 쪽이 더 큰 파이(pie)를 차지하느냐의 문제로 귀결된다.

지난 해 우리 사회의 통상임금 논쟁의 출발점이 되었던 한국 GM이 지난해 매출 감소에도 불구하고 올해 1조 원대의 영업이익을 냈다. 한국GM의 지난해 매출액은 15조 6,040억 원으로 전년보다 2.2% 줄었으나 (1만 명이 넘는 전현직 종업원과 통상임금 관련소송에서 패소할 것을 대비하여 3년 치 소급분 지급에 대비해 2012년에 쌓아 놓은) 7,893억 원의 '통상임금 충당금'을 환입해 영업이익은 1조 854억 원이었다.

한국GM 관계자는 대법원합의체 판결 이후 "정부가 발표한 '통상임금 노사 지침'도 소급분 지급에 대해서는 부정적"이라며 "법적 자문을 거쳐 소급분을 지급하지 않아도 된다고 판단해 감사보고서에 적용했다"고 말했다.

2013년 6월 기준 표본사업체 3만 1천 663곳과 소속 정규직·비정규직 82만 여명을 대상으로 한 고용형태별 근로실태조사 결과에 따르면, 비정규직 근로자의 시간당 임금총액은 정규직의 64% 수준이고, 특히 용역근로자는 정규직보다 8시간 더 일하면서 급여는 절반 수준이었다.

초과급여는 14만 9천 원으로 조사됐다. 고용형태별로는 정규직 17만 6천 원, 비정규직 6만 원으로 집계됐다. 2012년 연간 특별급여는 고용형태에 따라 정규직은 502만 2천 원, 비정규직은 38만 원으로 정규직이 비정규직보다 13배 이상 많은 특별급여를 받았다.

한국경제연구원의 보고서에 따르면, 통상임금 범위 확대 시 500인 이상 사업장의 정규직 연간 임금은 435만 7천 원 증가하고 비정규직은 51만 7천 원 증가하는데 이로 인해 임금격차는 384만 원이 확대되는 것으로 나타났다. 자동차 등 고임금 제조업종과 의복 등 저임금업종 간의 임금격차도 현 3,617만 원에서 3,893만 원으로 276만 원 가량 확대될 것으로 추정됐다.

결론적으로 중소기업의 인력난과 자금여력, 비정규직이 처한 상황을 고려한다면 경영계는 근로시간 단축, 노동계는 임금체계 개편을 반대하는 도식적 구도를 탈피하려는 노력을 해야 한다. 대기업, 공공기관의 노사는 담합적 협력관계에서 그들만의 이익을 위한다는 비판을 받고 있는데, 조금씩 양보하여 장시간 노동시간을 줄이고, 보다 성과지향적 임금체계가 산업현장에 커다란 충격 없이 도입되는 현실적인 방안을 심각하게 고민하여야 한다.

19. 정년연장-성과 중심 임금체계로 바꿔야 한다[99)]

2016년부터 2017년까지 단계적으로 정년 60세를 의무화하는 법안이 작년 국회를 통과하면서 우리나라 노동시장 전반에 걸쳐 상당한 파장이 예상된다. 기존에는 60세 정년이 단순한 권고사항이었지만 2016년부

99) 노동법률_2014년 3월호. 필자가 2013년 12월 27일 매일경제에 기고한 '정년연장법 시행, 임금체계 개편 서둘라'란 제하의 글을 토대로 수정 보완하였고 별도의 인용표시는 하지 않았다.

터는 단계적으로 "사업주는 근로자의 정년을 60세 이상"으로 할 것을 의무화하였고 "정년을 60세 미만으로 정한 경우 정년을 60세로 정한 것으로 본다"는 의제 규정을 두어 법의 실효성을 확보하였다. 2016년부터 공공기관, 지방공사, 지방공단, 300인 이상 사업장, 2017년부터는 국가 및 지자체, 300인 미만 사업장에 적용된다.

통계청의 경제활동인구 고령층부가조사에 따르면 고령자의 고용률은 55~59세 70.4%, 60~64세 59.4%, 65세 이상 38.3%로 연령이 높아질수록 고용률이 급격히 낮아지고 있다. 자영업자 등 비임금 근로자보다는 임금 근로자 중에서 상용 근로자 수가 절반 가까이 줄어들기 때문이다. 2016년부터 법이 적용되는 300인 이상 사업자의 평균 정년은 57.4세다.

정년 연장이 당초 법의 취지대로 보다 많은 고령 근로자의 고용을 안정화시키고 청년 일자리 잠식에 대한 우려를 최소화하기 위해서는 임금체계 개편이 무엇보다도 필요하다.

법에는 정년을 연장하는 사업장은 사업장 여건에 따라 임금체계 개편 등의 조치를 할 수 있도록 돼 있으나 필자가 위원장으로 있던 노사정위원회의 '세대간 상생위원회'의 공익위원들은 2013년 3월 18일 채택한 정년연장관련 권고안에 정년 연장 시 '개별 사업장의 여건에 따라 임금조정 등 필요한 조치를 하여야 한다'는 조항을 포함시켰다.

우리나라의 임금은 학력, 연령, 직장 내에서의 근무 연수에 따라 올라가는 연공급이다. 정년을 법으로 정한다는 것 자체가 우리나라 노동시장이 해결해야 할 과제를 역설적으로 보여 주고 있다.

미국에는 대부분 기업에 정년이 없다. 근로자들이 자신들의 선택에 의해 노동시장에서의 퇴직을 정한다. 우리나라 샐러리맨들이 필자의 직업인 교수를 가장 부러워하는 이유 중의 하나는 정년이 65세라는 것인데, 정년보장을 받은(엄밀한 의미에서 해고당할 위험이 없는) 미국의 대학교수들은 본인이 원하면 80, 90세 까지 학교에서 가르칠 수 있다.

과거 경제발전의 초기 단계에서는 연령이나 경험이 근로자의 인적자산이나 조직 성과에 대한 기여도를 평가하는 가장 중요한 기준이었으나 급속한 환경 변화, 시장의 글로벌화 시대에서는 연령이 높거나 경험이 많다고 하여 생산성이 높은 것은 아니다

연령에 따라 임금이 올라가는 연공급은 오히려 고령 근로자뿐 아니라 중장년 근로자의 고용안정도 위협하고 있다. 40대에 권고사직으로 직장을 떠나는 사례가 많아 사규에 의한 정년이 있음에도 불구하고 정년 전에 직장을 떠나는 40, 50대를 지칭하는 사오정세대라는 용어가 일반화된 것이 이미 오래전의 일이다. 기업의 입장에서는(사용자 입장뿐 아니라 성과에 비해 상대적으로 보상이 적은 젊은 근로자들의 이해관계에 의해서도) 역량이나 성과에 비해 임금이 많은 중고령근로자에 대하여 어느 방식으로든 조기 퇴직을 유도할 수밖에 없다.

임금체계 개편이 필요한 또 하나의 이유는 정년 연장의 혜택을 받는 고령 근로자가 상대적으로 노동시장에서 처우가 좋은 직장의 근로자이기 때문이다. 고용보험 자료에 따르면 50대 초반부터는 비자발적 자격상실자가 자발적 상실자보다 많은데, 55~59세 연령층의 상실자 중 정년 때문에 자격을 상실한 경우는 6%에 불과하다. 정부자료에 의하면 공공기관이나 대기업은 95%가 정년제도를 가지고 있으나 정년제도를 가지고 있는 중소기업은 20.2%에 불과하여 전체적으로 20%미만의 기업에만 정년제도가 있다.

정년연장이 청년 고용에 부정적인 영향을 미친다는 것이 학문적으로 확립된 이론은 아니다. 그러나 인건비 관리를 하여야 하는 기업의 입장에서는 정년연장으로 상대적으로 생산성이 떨어지는 고령근로자들을 내보낼 수 없다면 청년고용 축소로 대응할 가능성이 크다. 특히 공공기관의 경우 임금피크제 도입 등 임금체계 개편 없이 정년을 연장하는 경우 극심한 취업난을 겪고 있는 청년들의 일자리를 빼앗는 결과를 가져올 것이다.

몇 년 전에 경제정책을 총괄하는 기획재정부의 장관은 임금피크제를 수반하는 정년 연장도 반대한 적이 있는데, 정년 연장과 청년실업은 상충된다는 취지에서였다. 실제로 그해 공기업 경영평가에서 임금피크제를 도입하고 정년을 연장한 공기업이 불이익을 받았다.

우리보다 20년 이상 일찍 고령사회에 진입한 일본이 10년 먼저인 2006년부터 65세로 정년을 늘리는 법을 제정하면서 노동시장 충격을 줄일 수 있었던 것은 정년 연장의 대상이 되는 많은 사업장에서 역량에 의해 보상하는 직능급이나 하는 직무에 따라 급여가 달라지는 직무급이 상당히 확립되어 있었기 때문이다.

우리도 임금피크제를 적극적으로 고려하면서 현재의 연공급을 역량이나 성과에 따라 보상받는 임금체계로 바꿔야만 정년 연장에 따른 부작용을 최소화할 수 있다.

우리나라는 초고령사회로 진입하고 있다. 15~29세와 30~54세가 전체인구에서 차지하는 비중은 줄어들고 있으나 55세 이상 중고령자 비중은 크게 늘어나고 있다. 55세 이상 인구 비중은 2010년 19%에서 2020년 28%, 2030년 35%으로 증가할 것으로 추정된다.

주된 일자리에서 오래 일하고, 주된 일자리에서 퇴직 후에도 합당한 일을 통한 제2의 인생이 가능하도록 하는 것이 정부의 장년 고용정책의 기조가 될 수밖에 없다. 국내 노동시장에 대한 한 연구에 의하면 우리나라 근로자들이 주된 일자리에서 퇴직하는 평균연령은 약 54세이나 노동시장에서 완전히 은퇴하는 연령은 약 68세로 추정된다. 정년의 연장으로 근로자들이 주된 일자리에 남아 있는 기간은 늘어 날 것이나 근로자 입장에서는 주된 일자리에서의 퇴직 후 일자리도 중요하다.

정년연장과 함께 장년인턴사업, 사회공헌일자리, 사회적기업 창업 등 정부의 장년일자리사업이 확대되고 고령자 적합 일자리가 많이 개발되어야 한다.

기업들은 직무설계, 채용, 교육, 보상 및 퇴직 등 인적자원관리 전반에 걸쳐 고령자 친화적으로 기업을 경영하고자 노력해야 한다.

20. 고졸취업은 제2 새마을운동[100)]

새해가 시작됐지만 대입 수험생 자녀를 둔 부모들의 마음은 초초함으로 가득하다. 다행히 수시전형에 합격해 진학하는 대학을 일찍 결정할 수 있었던 부모나 수험생은 새해를 맞아 희망찬 대학생활을 설계할 수 있지만 정시전형에 지원한 학생들이나 부모늘은 앞으로 길게는 한 달 넘게 불안한 나날을 보내야 한다.

대학에 합격해도 걱정거리는 많다. 국공립은 소수이고 사립대가 다

100) 서울경제_2014.1.10

수인 우리나라에서 사립대의 연간 평균 등록금은 740만여 원, 경제협력개발기구(OECD) 회원국 중 2위 수준이다.

대학생들에게 학자금을 저리로 융자해주는 한국장학재단으로부터 학자금 대출을 받은 학생은 지난 2013년 2학기에만도 39만여 명이며 평균 340만 여원을 빌렸다. 그러나 대학 졸업 후에도 장학재단에서 빌린 돈을 갚지 못해 신용유의자가 된 대출자는 2010년 2만 5,000여 명에서 2013년 4만 2,000여 명으로 크게 늘었다. 지속되는 경기불황에 더욱 심각해진 대졸 취업난으로 졸업 후 마땅한 일자리를 찾지 못하는 대졸자가 많아지고 있기 때문이다.

반값등록금이 실현되면 대학생과 부모들의 부담은 당장 줄어들겠지만 더 많은 고졸자들이 졸업 후 바로 대학에 진학할 경우 장기적으로 보면 오히려 상황은 더욱 악화될 것이다. 대학 진학률이 70%를 넘어 이 역시 OECD 최고 수준인 현실에서 대학을 졸업해도 원하는 직장을 찾지 못하는 상황이 나아지기보다는 대졸 취업난이 가중될 것이다.

1인당 국민총생산(GDP) 대비 대학등록금 비율은 지난 20년간 크게 변하지 않았는데 높은 대학등록금이 최근 들어 더욱 문제가 되는 것은 결국 대학 졸업 후 원하는 일자리를 찾지 못하는 대졸자들이 많기 때문이다.

대학등록금 문제, 대졸취업난을 궁극적으로 해결하는 대안은 능력중심사회를 구축해 학벌이 아닌 능력으로 평가받는 세상이 되게 하는 것인데 학벌중심사회를 타파하기 위해서는 무엇보다도 고졸취업 활성화를 위해 정부·대기업이 적극 나서야 한다.

박근혜 대통령 취임과 함께 다시 한번 주목받고 있는 새마을운동은 개발도상국들이 우리나라로부터 가장 배우고 싶어하는 경험 중의 하나인데, 경제학적으로도 매우 합리적인 정책대안이다.

경제발전 초기 단계에서는 어느 나라나 공통적으로 농촌에서 도시로 대규모 인구이동이 일어나 도시빈민 문제가 매우 심각하다. 농촌 잘살기로 시작한 새마을운동은 농촌의 소득을 높이고 주거환경을 개선함으로써 도시로 이주하지 않아도 도시와 같은 생활수준을 보장함으로써 농촌도 잘살게 하고 도시의 일자리·빈민 문제도 함께 해결한 성공적인 정책이었다.

마이스터교로 대변되는 '선취업-후진학(학습)' 정책은 지난 정부의 가장 성공적 정책 중 하나로 평가되나 박근혜 정부 들어서는 추진동력이 약간 떨어지는 느낌이다.

박근혜 정부가 지향하는 능력중심사회 구축을 위해서는 국가직무능력표준(NCS) 및 국가역량체계(NQF) 개발과 함께 고졸취업 활성화가 강력하게 추진돼야 한다. 대기업이나 금융기관의 참여가 무엇보다도 필요하며 정부가 강력한 추진 의지를 보여야 한다.

21. 고령사회와 노동시장 개혁[101)]

지인에게 자식에 관해 묻는 것에 대한 시중에 돌아다니는 우스갯소리가 있다. 당신 자식 어느 대학에 갔느냐고 물으면 징역 5년, 취직했느냐고 물으면 징역 10년, 결혼했느냐고 물으면 무기징역, 아직도 잘 사느냐고 물으면 사형이라는 것이다. 젊은이들이 대학가고 취직하는 것도

101) 경기일보_2014.1.8

힘들지만 결혼하고 이혼하지 않고 사는 것은 더더욱 힘든 세태다.

현대경제연구원에 따르면 여성 한 명이 평생 낳을 수 있는 평균 자녀 수인 합계출산율이 미국은 (인구가 유지되는) 2명을 이미 넘었고 프랑스는 2020년 내외, 영국 역시 2045년을 전후해 두 명을 넘어설 것으로 예상한다. 2000년대 초반 우리보다 합계출산율이 낮았던 독일마저 우리를 추월했으나 우리는 2050년에도 1.8명대를 유지할 것으로 전망된다.

남자는 일과 업무에 지쳐, 혹은 경제적 여유 없어서, 또 여성은 과거와는 달리 사회적 지위가 높아지고 결혼을 필수로 생각하지 않는 사회 분위기로 결혼을 꺼리는 소위 초식남, 육식녀가 많아지고 있다. 또한, 결혼을 해도 육아 부담으로 아이를 가지는 것을 미루는 부부가 많다. 결혼을 미루고, 결혼을 해도 아이를 많이 낳지 않으면서 또한 의료기술의 발달 및 경제발전으로 평균수명이 연장되면서 우리 사회는 고령사회로 급속히 진입하고 있다.

전체 인구 중 65세 이상 인구비중이 2018년에는 14.3%로 고령사회로 진입할 전망이고 2026년에는 20%가 넘어 초고령사회가 예상된다.

15세 이상 64세까지의 생산 가능 인구는 2016년 3천 600만 명을 정점으로 감소해 생산 가능 인구 대비 노년인구 비율은 2040년에는 40%에 근접하리라 예측된다. 25세부터 49세까지의 핵심생산 가능인구는 이미 2007년 2천만 명을 정점으로 감소하기 시작했다.

고령사회로 진입하면서 가장 큰 걱정거리는 노동력 부족으로 우리 경제의 활력이 떨어진다는 것이다. 노동력부족 현상을 없애기 위해서는 청년, 여성, 준고령자 등 기존 유휴인력의 활용을 효율화하거나 보다 극단적으로는 이민 등을 통해 외국의 젊은 노동력을 들여오는 것이다.

이민을 통해 외국의 젊은 노동력을 활용하는 것은 이민에 따른 사회적 영향을 고려해야 하고, 좁은 국토에 너무 많은 사람이 살고 있다는 우리 사회의 인식으로 쉽사리 택할 수 있는 대안은 아니다.

청년, 여성, 준고령자를 보다 효율적으로 활용하는 문제는 노동시장 개혁과 깊은 연관이 있다. 중소기업체들은 사람을 못 구해 외국인력을 더 들여와야 한다는 민원을 지속적으로 정부에 하고 있으나 젊은이들은 중소기업은 외면하고 괜찮은 일자리를 얻고자 취업 재수, 삼수, 사수를 하면서 대학을 5, 6년씩 다니고 있다. 학벌 중심사회에서 무조건 대학을 가야 하기 때문에 대학 진학은 했지만 졸업 후 마땅한 일자리가 없다. 학벌이 아니라 직무나 역량에 의해 인적자원을 평가하는 노동시장이 구축돼야 한다.

여성은 육아 부담 등으로 경력이 단절될 수밖에 없는 것이 현실인데, 일정 기간 경과 후 노동시장에 복귀하려 해도 상당 부분 허드렛일을 제외하면 마땅한 일자리가 없다. 시간선택제 일자리를 활성화해 일하는 방식이 바뀌어야 한다.

2016년부터 정년을 60세로 강제화하는 법이 통과됐지만, 생산성과 비교하면 과도한 급여를 지급할 수밖에 없는 연공급체계 덕분에 기업들은 중 고령근로자를 정년 전에 내보려고 여러 가지 대안을 검토하고 시행할 것이다.

고령사회로 진입하면서 준고령자들이 좀 더 오래 일하는 상황으로 가겠지만, 연공급이 직무급이나 직능급으로 바꾸어야 더 많은 중 고령근로자들이 좀 더 오랜 기간 괜찮은 일을 할 수 있을 것이다. 우리보다 고령사회에 먼저 진입한 일본은 고령사회에 따른 생산 가능 인구 감소에 대비한 노동력공급 로드맵을 이미 수립하고 시행하고 있다. 우리도 노동시장 개혁 등 필요한 조치를 포함하는 로드맵을 시급히 만들어야 한다.

22. 정년연장은 임금체계 개편을 수반하여야[102)]

2016년부터 2017년까지 단계적으로 정년 60세를 의무화하는 법안이 작년 국회를 통과하면서 우리나라 노동시장 전반에 걸쳐 상당한 파장이 예상된다. 기존에는 60세 정년이 단순한 권고사항이었지만 2016년부터는 단계적으로 "사업주는 근로자의 정년을 60세 이상"으로 할 것을 의무화하였고 "정년을 60세 미만으로 정한 경우 정년을 60세로 정한 것으로 본다"는 의제 규정을 두어 법의 실효성을 확보하였다. 2016년부터 공공기관, 지방공사, 지방공단, 300인 이상 사업장, 2017년부터는 국가 및 지자체, 300인 미만 사업장에 적용된다.

통계청의 경제활동인구 고령층부가조사에 따르면 고령자의 고용률은 55~59세 70.4%, 60~64세 59.4%, 65세 이상 38.3%로 연령이 높아질수록 고용률이 급격히 낮아지고 있다. 자영업자 등 비임금 근로자보다는 임금 근로자 중에서 상용 근로자 수가 절반 가까이 줄어들기 때문이다. 2016년부터 법이 적용되는 300인 이상 사업자의 평균 정년은 57.4세다.

정년 연장이 당초 법의 취지대로 보다 많은 고령 근로자의 고용을 안

102) HR서비스산업_2014.1.1. 필자가 2013년 12월 27일 매일경제에 기고한 '정년연장법 시행, 임금체계 개편 서둘라'란 제하의 글을 토대로 수정 보완하였고 별도의 인용표시는 하지 않았다.

정화시키고 청년 일자리 잠식에 대한 우려를 최소화하기 위해서는 임금체계 개편이 무엇보다도 필요하다.

법에는 정년을 연장하는 사업장은 사업장 여건에 따라 임금체계 개편 등의 조치를 할 수 있도록 돼 있으나 필자가 위원장으로 있던 노사정위원회의 '세대간 상생위원회'의 공익위원들은 2013년 3월 18일 채택한 정년연장관련 권고안에 정년 연장 시 '개별 사업장의 여건에 따라 임금조정 등 필요한 조치를 하여야 한다'는 조항을 포함시켰다.

우리나라의 임금은 학력, 연령, 직장 내에서의 근무 연수에 따라 올라가는 연공급이다. 정년을 법으로 정한다는 것 자체가 우리나라 노동시장이 해결해야 할 과제를 역설적으로 보여 주고 있다.

미국에는 대부분 기업에 정년이 없다. 근로자들이 자신들의 선택에 의해 노동시장에서의 퇴직을 정한다. 우리나라 샐러리맨들이 필자의 직업인 교수를 가장 부러워하는 이유 중의 하나는 정년이 65세라는 것인데, 정년보장을 받은 (엄밀한 의미에서 해고당할 위험이 없는) 미국의 대학교수들은 본인이 원하면 80, 90세까지 학교에서 가르칠 수 있다.

과거 경제발전의 초기 단계에서는 연령이나 경험이 근로자의 인적자산이나 조직 성과에 대한 기여도를 평가하는 가장 중요한 기준이었으나 급속한 환경 변화, 시장의 글로벌화 시대에서는 연령이 높거나 경험이 많다고 하여 생산성이 높은 것은 아니다.

연령에 따라 임금이 올라가는 연공급은 오히려 고령 근로자뿐 아니라 중장년 근로자의 고용안정도 위협하고 있다. 40대에 권고사직으로 직장을 떠나는 사례가 많아 사규에 의한 정년이 있음에도 불구하고 정년 전에 직장을 떠나는 40, 50대를 지칭하는 사오정세대라는 용어가 일반화된 것이 이미 오래전의 일이다. 기업의 입장에서는 (사용자 입장뿐 아니라 성과에 비해 상대적으로 보상이 적은 젊은 근로자들의 이해관계에 의해서도) 역량이나 성과에 비해 임금이 많은 중고령근로자에 대하여 어느 방식으로든 조기 퇴직을 유도할 수밖에 없다.

임금체계 개편이 필요한 또 하나의 이유는 정년 연장의 혜택을 받는 고령 근로자가 상대적으로 노동시장에서 처우가 좋은 직장의 근로자이기 때문이다. 고용보험 자료에 따르면 50대 초반부터는 비자발적 자격상실자가 자발적 상실자보다 많은데, 55~59세 연령층의 상실자 중 정년 때문에 자격을 상실한 경우는 6%에 불과하다. 정부자료에 의하면 공공기관이나 대기업은 95%가 정년제도를 가지고 있으나 정년제도를 가지고 있는 중소기업은 20.2%에 불과하여 전체적으로 20%미만의 기업에만 정년제도가 있다.

정년연장이 청년 고용에 부정적인 영향을 미친다는 것이 학문적으로 확립된 이론은 아니다. 그러나 인건비 관리를 하여야 하는 기업의 입장에서는 정년연장으로 상대적으로 생산성이 떨어지는 고령근로자들을 내보낼 수 없다면 청년고용 축소로 대응할 가능성이 크다. 특히 공공기관의 경우 임금피크제 도입 등 임금체계 개편 없이 정년을 연장하는 경우 극심한 취업난을 겪고 있는 청년들의 일자리를 빼앗는 결과를 가져올 것이다.

몇 년 전에 경제정책을 총괄하는 기획재정부의 장관은 임금피크제를 수반하는 정년 연장도 반대한 적이 있는데, 정년 연장과 청년실업은 상충된다는 취지에서였다. 실제로 그해 공기업 경영평가에서 임금피크제를 도입하고 정년을 연장한 공기업이 불이익을 받았다.

우리보다 20년 이상 일찍 고령사회에 진입한 일본이 10년 먼저인 2006년부터 65세로 정년을 늘리는 법을 제정하면서 노동시장 충격을 줄일 수 있었던 것은 정년 연장의 대상이 되는 많은 사업장에서 역량에 의해 보상하는 직능급이나 하는 직무에 따라 급여가 달라지는 직무급이 상당히 확립되어 있었기 때문이다.

우리도 임금피크제를 적극적으로 고려하면서 현재의 연공급을 역량이나 성과에 따라 보상받는 임금체계로 바꿔야만 정년 연장에 따른 부작용을 최소화할 수 있다.

우리나라는 초고령사회로 진입하고 있다. 15~29세와 30~54세가 전체인구에서 차지하는 비중은 줄어들고 있으나 55세 이상 중고령자 비중은 크게 늘어나고 있다. 55세 이상 인구 비중은 2010년 19%에서 2020년 28%, 2030년 35%으로 증가할 것으로 추정된다.

주된 일자리에서 오래 일하고, 주된 일자리에서 퇴직 후에도 합당한 일을 통한 제2의 인생이 가능하도록 하는 것이 정부의 장년 고용정책의 기조가 될 수밖에 없다. 국내 노동시장에 대한 한 연구에 의하면 우리나라 근로자들이 주된 일자리에서 퇴직하는 평균연령은 약 54세이나 노동시장에서 완전히 은퇴하는 연령은 약 68세로 추정된다. 정년의 연장으로 근로자들이 주된 일자리에 남아 있는 기간은 늘어 날 것이나 근로자 입장에서는 주된 일자리에서의 퇴직 후 일자리도 중요하다.

정년연장과 함께 장년인턴사업, 사회공헌일자리, 사회적기업 창업 등 정부의 장년일자리사업이 확대되고 고령자 적합 일자리가 많이 개발되어야 한다.

기업들은 직무설계, 채용, 교육, 보상 및 퇴직 등 인적자원관리 전반에 걸쳐 고령자 친화적으로 기업을 경영하고자 노력해야 한다.

23. 정년연장법 시행, 임금체계 개편 서둘라[103)]

2016년부터 2017년까지 단계적으로 정년 60세를 의무화하는 법안이 올해 국회를 통과하면서 고령자 고용과 관련 노동시장에 상당한 파장이 예상된다. 2016년부터 적용되는 300인 이상 사업자의 평균 정년은 57.4세다.

통계청의 경제활동인구 고령층부가조사에 따르면 고령자의 고용률은 55~59세 70.4%, 60~64세 59.4%, 65세 이상 38.3%로 연령이 높아질수록 고용률이 급격히 낮아지고 있다. 자영업자 등 비임금 근로자보다는 임금 근로자 중에서 상용 근로자 수가 절반 가까이 줄어들기 때문이다.

정년 연장이 당초 법의 취지대로 보다 많은 고령 근로자의 고용을 안정화시키고 청년 일자리 잠식에 대한 우려를 최소화하기 위해서는 임금체계 개편이 필요하다.

법에는 정년을 연장하는 사업장은 사업장 여건에 따라 임금체계 개편 등의 조치를 할 수 있도록 돼 있으나 필자가 위원장으로 있던 노사정위원회의 세대 간 상생위원회의 공익위원들은 2013년 3월 18일 정년 연장 시 '개별 사업장의 여건에 따라 임금조정 등 필요한 조치를 하여야 한다'고 권고했다.

우리나라의 임금은 학력, 연령, 직장 내에서의 근무 연수에 따라 올라

---

103) 매일경제_2013.12.27

가는 연공급이다. 과거 경제발전의 초기 단계에서는 연령이나 경험이 근로자의 인적자산이나 조직 성과에 대한 기여도를 평가하는 가장 중요한 기준이었으나 급속한 환경 변화, 시장의 글로벌화 시대에서는 역량이나 성과가 보상을 결정하는 보다 중요한 준거가 된다.

연령에 따라 임금이 올라가는 연공급은 오히려 고령 근로자뿐 아니라 중장년 근로자의 고용안정도 위협하고 있다. 40대에서 권고사직으로 직장을 떠나는 사례가 많아 사규에 의한 정년이 있음에도 불구하고 정년 전에 직장을 떠나는 40, 50대를 지칭하는 사오정세대라는 용어가 일반화된 것이 이미 오래전의 일이다.

임금체계 개편이 필요한 이유는 정년 연장의 혜택을 받는 고령 근로자가 상대적으로 노동시장에서 처우가 좋은 직장의 근로자이기 때문이다. 고용보험 자료에 따르면 50대 초반부터는 비자발적 고용보험 자격 상실자가 자발적 상실자보다 많은데, 55~59세 연령층의 상실자 중 정년 때문에 자격을 상실한 경우는 6%에 불과하다.

특히 공공기관의 경우 임금피크제 도입 등 임금체계 개편 없이 정년을 연장하는 경우 극심한 취업난을 겪고 있는 청년들의 일자리를 빼앗는 결과를 가져올 것이다.

몇 년 전에 경제정책을 총괄하는 기획재정부의 장관은 임금피크제를 수반하는 정년 연장도 반대한 적이 있는데, 정년 연장과 청년실업은 상충된다는 취지에서였다. 실제로 그해 공기업 경영평가에서 임금피크제를 도입하고 정년을 연장한 공기업이 불이익을 받았다.

우리보다 20년 이상 일찍 고령사회에 진입한 일본이 10년 먼저인 2006년부터 65세로 정년을 늘리는 법을 제정하면서 노동시장 충격을 줄일 수 있었던 것은 정년 연장의 대상이 되는 많은 사업장에서 역량에 의해 보상하는 직능급이나 하는 직무에 따라 급여가 달라지는 직무급이 상당히 확립되어 있었기 때문이다.

우리도 임금피크제를 적극적으로 고려하면서 현재의 연공급을 역량이나 성과에 따라 보상받는 임금체계로 바꿔야만 정년 연장에 따른 부작용을 최소화할 수 있다.

장년인턴사업, 사회공헌일자리, 사회적기업 창업 등 정부의 장년일자리사업을 확대하고 고령자 적합 일자리를 적극적으로 개발해야 한다.

우리나라의 모든 기업들은 직무설계, 채용, 교육, 보상 및 퇴직 등 인적자원관리 전반에 걸쳐 고령자 친화적으로 기업을 경영하고자 노력해야 한다.

24. 창조형 인재와 학벌중심사회[104)]

정치인이면서 군인이고, 세계적 사이버보안의 전문가인 이스라엘 에후드 바라크 전 총리는 '창조형 인재가 이스라엘 창조경제의 밑바탕'이라고 지난 6일 한국직업능력개발원이 공동 주관해 개최한 글로벌 인재포럼의 기조연설(창조형 인재, 어떻게 키우나)에서 강조했다.

바라크 총리는 이스라엘 정부가 기술 개발 및 투자에 대해 적극적으로 지원하고, 특히 요즈마펀드를 설립해 인재 선발 및 육성과 신생기업에 투자를 아끼지 않았고, 실패를 패배로 받아들이지 않고 새로운 도전

104) 경기일보_2013.11.13

을 용인하고 장려하는 사회분위기, 위계질서에 얽매이지 않고 직위나 직급에 상관없이 창의적 사고를 토대로 치열하게 토론하고 각자의 주장을 제기할 수 있는 문화적 풍토가 이스라엘이 창의적 인재를 육성하고 유지하는 비결이라고 소개했다.

그는 경직된 사회 및 기업의 조직구조를 자율성과 창의성이 보장될 수 있도록 수월성 중심(Center of excellency)으로 변화시켜야 한다고 역설했다. 그러나 한 나라의 성공 경험을 다른 나라에 적용하는 것은 간단한 일이 아니라며 "한국 사회에 정신과 문화 등을 고려하여 잠재된 장점이 무엇인지 찾고, 이를 기업가 정신과 창업문화로 살릴 수 있는 제도적 방안을 고민해야 한다"고 조언했다.

창조형 인재 육성을 위한 우리 나름의 방법을 고민해야겠지만 우리나라와 이스라엘은 창조형 인재육성을 위한 토양이 너무 다른 듯하다. 자녀가 취업대신 창업을 하는 것을 상당수 부모들이 반대한다는 여론 조사 결과가 얼마 전에 발표됐다. 창업에 도전했다가 실패하면 인생 초반에 자기 자식들이 신용불량자로 전락하는 것을 우려하기 때문이다.

대부분의 젊은이들은 실패를 두려워하지 않고, 도전하기보다는 안정된 대기업이나 공공기관에 입사하는 것을 목표로 하고 있다. 공무원 뿐만 아니라 공공기관 입사를 위해 몇 년간 공부하는 공공기관 공시족이 생긴지는 이미 오래 전이고 이제는 우리나라 대표적인 대기업인 삼성과 현대자동차 그룹의 입사 시험에 합격하기 위해 수십만 명의 대졸생들이 별도로 시험 준비를 하는 상황에까지 이르렀다.

젊은이들이 안정된 직장에 안주하기 보다는 창업에 적극적으로 도전하는 풍토를 조성하기 위해 학벌중심사회가 타파돼야 한다. 소위 SKY

대학을 나와서 공무원, 공공기관, 대기업에 입사하면 내부경쟁을 통해 인생의 계단을 올라가는 닫힌 노동시장에서는 인생의 성패가 초기단계, 특히 학벌에 좌우되기 때문에 창의적 사고와 도전을 장려하는 분위기가 조성되지 않고 젊은이들이 구태여 위험부담이 많은 창업을 기피하는 것은 당연하다.

학벌중심사회는 청소년들이 꿈과 끼를 가지고 자율적이고 자기주도적으로 학습하여 창의성을 개발할 수 있는 여지를 줄인다. OECD국가 중에서 우리나라 청소년들은 학습시간이 많지만 자기학습시간은 적다.

20세가 되기 전에 결정되는 학벌에 의해 인생의 성패가 상당 부분 좌우되기 때문에 우리나라 성인들의 평생학습 참여율은 OECD국가 중 낮은 범주에 속한다. 요약하면 학벌중심사회를 타파하고 능력이나 역량에 의해 평가받는 사회가 건설되어야 청소년들은 자기 주도적으로 공부하고, 젊은이들은 도전 정신을 가지는 창의적 인재가 육성되고 창조경제를 꽃 피울 수 있다.

그러나 글로벌인재포럼에 참가한 캘리포니아대기술지주회사 레지 스캘리 회장의 이야기대로 우리나라 사람들은 우리 제도나 처한 상황에 대해 지나치게 부정적이고 걱정을 많이 하는 경향이 있다. 스캘리 회장은 우리나라 교육제도가 억압적이라고 우리는 느끼고 있으나 사실 훌륭한 점도 많다고 했다.

좋은 학벌을 위해 경쟁하는 노력과 자원을 창의적 인재 육성을 위해 투입하면서 우리 나름의 창의 인재 육성 방안을 고민한다면 좋은 대안을 찾을 수 있을 것이다.

25. OECD PIACC 조사결과와 능력중심사회[105)]

최근 경제개발협력기구(OECD)가 24개 회원국을 대상으로 16세 이상 65세 이하 성인 약 16만 명(우리나라는 6천 700여 명 참여)에 대해 언어능력, 수리력, 컴퓨터기반 문제해결력을 비교평가한 국제성인역량조사(PIACC) 결과 발표는 능력중심사회를 지향하는 박근혜 정부의 인적자원개발정책에 시사하는 바가 크다. PIACC의 한국 측 조사담당기관인 한국직업능력개발원의 분석에 따르면, 우리나라 대졸자의 역량은 OECD 평균에 비해 낮은데 특히 우리나라 성인의 역량은 20대 초반에 정점에 이른 후 나이가 들수록 급격히 감소한다. 고등학교 졸업자의 70% 이상이 대학을 지향하는 학벌중심 사회에서 대학졸업 여부, 출신대학에 따라 초기 노동시장에서의 위치가 정해지고, 일단 진입한 이후에는 조직 내에서의 내부 경쟁을 통해 성장하기 때문에 일반적으로 통용되는 역량 개발에 큰 노력을 할 필요가 없는 폐쇄된 우리나라 노동시장의 특성을 반영하고 있는 결과다.

OECD 평균에 비해 우리나라 성인들은 직장에서 쓰기 활동을 많이하지만 문제해결, 직장 내 학습, 협동 활동은 하지 않는 것으로 나타났다. 특히 협동과 직장 내 학습은 PIAAC 참여국 중 최하위권이다. 2011년 기준으로 OECD 평균보다 7.8%p 낮은 32.4%의 우리나라 평생학습 참여율을 반영하는 조사 결과이나. OECD에 따르면 스웨덴이 73.4%로 평생학습 참여율이 제일 높다.

---

105) 경기일보_2013.10.16

쓰기 활동은 많이 하나 문제해결 및 협동 활동은 취약하다는 조사결과는 보고 위주의 상명하복식 우리의 조직문화를 반영하고 있다고 볼 수 있다. 노동시장에서 하는 일에서 요구되는 스킬(skill)과 학력이 일치하는 경우는 50%를 약간 넘었으며, 하는 일에 비해 학력이 과잉인 성인은 27%였다. 학력이 과잉인 조사 대상중 12%만이 요구되는 이상의 스킬을 보유하고 있었다. PIACC 결과는 학력과잉으로 노동시장의 미스매치(mismatch)가 상대적으로 보다 심각한 우리나라 노동시장의 현실을 반영하고 있다. 다른 국제비교조사인 2006년 CHEERS 조사 결과에 따르면 우리나라의 경우 교육분야(study field)와 업무영역(work area)의 연관성이 76%인데, 조사대상 국가의 평균은 91%이고 스웨덴이나 노르웨이는 100%에 근접한다.

PIACC 조사결과가 실망스러운 것만은 아니다. 부모의 학력이 개인의 역량에 영향을 미치는 것은 공통된 현상인데, 우리나라는 미국과 함께 젊은 층에서 나이든 사람에 비하여 부모 학력이 역량에 미치는 영향력이 적게 나타난다. 미국과 영국은 연령대별 스킬 차이가 분명하지 않아 국제비교에서 상대적인 위치가 하락할 가능성이 있으나 우리나라는 젊은 층이 높은 역량을 가진 반면, 고령자는 역량이 낮아 역량 수준을 확연히 높이는데 성공한 사례이다. 사용되지 않는 스킬은 소멸하고 퇴화하는데 숙련된 인재풀(pool)을 잘 활용하는 국가들이 있지만, 그렇지 못한 나라도 있다. 노르웨이에서는 스킬이 높은 사람의 9%만이 경제활동에 참여하고 있지 않으나 우리나라는 그 비율이 32%이다. 반면에 일반적으로 낮은 스킬을 가지면 노동시장에 참여할 확률이 낮으나, 우리나라의 경우 스킬 수준이 가장 낮은 성인의 67%가 취업하는 역동적인

시장이다.

많은 훈련과 교육, 그리고 숙련형성은 학교교육 밖에서 일어나고 있으며, 성인의 학습참여율이 높을 때 연령이 올라갈수록 역량도 쌓이게 되는데, PIACC 조사결과는 학벌중심의 닫힌 노동시장을 가진 우리나라에서는 그와 같은 기대를 할 수 없는 현실을 잘 반영하고 있다. 능력 중심사회가 조속히 구축돼 역량 수준이 높아진 우리 젊은이들의 역량을 더욱 높이고, 경제활동에 참여하지 않고 있는 높은 역량 보유자들을 노동시장에 끌어들이는 것이 고용률 70%를 달성하고 선진사회로 진입하는 길이다.

26. 고용률 70% 달성을 위한 제언 열린 노동시장 구축되어야[106]

박근혜 정부는 일자리 창출을 국정 운영의 전면에 내세웠다는 것이 지난 정부들과 확연히 구별된다. 정부는 지난 10여 년간 64% 내외에 머물러왔던 고용률을 올해와 내년 정책 인프라 및 법제도를 구축하고 그 기반 위에서 2015년 이후 크게 끌어 올려 2017년까지 70%를 달성하겠다는 계획이다.

외환위기 이후 역대 정부의 일자리 창출 실적을 보면 5년 동안 240만여 개의 일자리를 만드는 건 쉽지 않아 보인다. 그러나 고용률 70% 달성에 대한 정부 의지는 확고하다.

1인당 국민소득이 3만 달러 이상인 국가는 거의 예외 없이 고용률이

106) 한국경영자총협회 경영계_2013년 9월호

70% 내외이니 지난 10여 년간 1인당 국민소득 2만 달러 대를 벗어나지 못하고 있는 한국으로서는 고용률 70% 달성은 선진국으로의 도약을 위한 또 다른 선언으로 볼 수 있다. 과거 정부와는 달리 일자리 중시를 강조하기 위해 성장률보다는 고용률 제고를 정책 목표로 삼았다. 그러나 현재의 고용상황은 그렇게 좋아 보이는 않는다.

한국고용정보원과 한국산업기술진흥원에 따르면 우리나라 주력산업인 자동차 업종의 올해 일자리 증가율은 상반기 1.2%였으나 하반기에는 감소한 0.8%에 그칠 것으로 전망된다. 일자리 상황이 좋지 않았던 철강산업이나 반도체 업종은 일자리가 0.4% 늘어날 것으로 전망되나 기저효과에 기인한 것으로 해석된다.

고용부가 발표한 6월 사업체 노동력 조사결과를 보면 지난 해 같은 기간에 비해 고용이 17만 명 늘어났는데, 지난 해 말 8만 명 증가에 비해 개선된 실적이나 고용률 70%를 달성하기 위해서는 여전히 연평균 50만 명 이상이 늘어나야 하기 때문에 갈 길이 멀다.

정부는 고용률 70% 달성을 위해 문화, 과학기술, 보건복지 등 창조서비스업 분야를 중심으로, 반듯한 시간제 일자리를 많이 만들어 여성과 청년의 고용률을 끌어올릴 계획이다. 정부는 5년 동안 여성의 고용률은 8.4%포인트, 청년의 고용률은 7.3%포인트 높이는 것을 목표로 잡았다.

청년과 여성의 고용률을 높여서 고용률 70%를 달성하기 위해서는 열린 노동시장이 구축돼야 한다. 중소기업에서 대기업으로, A라는 대기업에서 B라는 대기업으로, 비정규직에서 정규직으로 칸막이 없이 근로자의 생애 중 어느 때라도 역량과 능력에 따라 자유로이 이동할 수 있는 열린 노동시장이 구축될 때 청년, 여성의 고용률을 정부 목표대로 올릴 수 있다.

청년 고용률은 청년인구의 감소에도 불구하고 2002년 45.1%에서 2012년 40.4%로 10년간 오히려 4.7%포인트 떨어졌다. 중소기업은 일할 사람을 구하지 못해서 외국인 근로자를 더 들여와야 한다고 아우성치고 있는데, 청년들은 대기업이나 공기업에 취업하기 위해 몇 년씩 취업준비를 한다.

서울시에 따르면 지난해 처음으로 서울의 60세 남성 취업자 수가 20대 후반 남성 취업자 수를 넘어섰다. 서울 지역 단일 조사에서 역전 현상이 나타나긴 이번이 처음이다. 아들 세대가 보다 나은 일자리를 얻기 위해 노동시장 진입을 늦추는 동안 아버지 세대가 가족의 생계를 위해 일을 하는 상황이 반영된 것이다.

한국은 노동시장 진입 초기의 직장이 근로자의 생애 경력에 미치는 영향이 매우 크다. 중소기업 근로자나 비정규직으로 시작하면 대기업이나 공기업의 정규직으로 옮겨 갈 기회가 매우 적다. 대기업이나 공기업은 내부 노동시장을 굳건히 구축하고, 중간 단계에서 중소기업은 물론 다른 대기업 등 외부로부터의 인력 유입을 허용하지 않는다. 청년들이 취업 재수, 삼수, 사수까지 할 수밖에 없는 것이 현실이다.

여성의 고용률이 낮은 것은 육아 부담 등으로 일을 그만두었다가, 다시 일자리를 구해 경제활동에 복귀하려고 하더라도 역량에 관계없이 반듯한 일자리를 얻을 기회가 주어지지 않기 때문이다. 결혼 등으로 몇 년을 쉰 뒤 일자리를 얻는 여성들이 받는 처우는 과거의 경력이나 역량에 대한 고려는 거의 없고 노동시장에 새로 진입하는 근로자보다도 못하다.

닫힌 노동시장의 폐쇄적 조직문화에서 능력보다는 학벌, 근속연수, 조직에 대한 충성도에 따라 근로자들을 평가하기 때문이다.

40, 50대에 조기 퇴직을 당한 장년층이 자영업을 할 수밖에 없고, 이들 상당수가 도산해 빈곤계층으로 전락하는 것도 국내 노동시장이 닫혀 있기 때문이다. 오랫동안 대기업에서 일하다가 퇴직해도 다른 대기업에서 일할 기회는 얻기 어렵다. 특정 기업에서 쌓은 경험이 다른 기업에서 평가받고 활용되는 시스템이 노동시장에 구축돼 있지 않기 때문이다.

열린 노동시장이 구축되기 위해서는 내부 노동시장뿐만 아니라 내외부에 관계없이 구직자와 구인자 모두가 인정하는, 근로자의 역량을 평가하는 수단이 개발되어야 한다. 정부가 능력중심 사회 실현을 위해 개발하고자 하는 국가직무능력표준(National Competence Standards:NCS), 이에 기반한 교육과정 그리고 국가자격체계 구축이 역할을 할 것으로 기대된다. 올해와 내년에 NCS 개발이 완료되고, 이에 기반한 특성화고교와 전문대학의 교육모듈이 우선적으로 개발되어 보급될 예정이다. 궁극적으로는 대학의 취업교육 그리고 직업훈련기관에서 활용될 수 있는 NCS 기반 교육과정이 개발되어야 한다.

대기업과 공기업 정규직의 양보도 열린 노동시장 구축을 위해 꼭 필요하다. 우리나라 노조조직률은 10%, 노조원이 아니라도 정규직, 특히 대기업과 공공기관의 정규직은 규정이나 관행 등에 의해 철저히 고용이 보장된다. 근년에 들어 사회적 현안이 되고 있는 사내하도급 근로자의 경우 일부 대기업은 정규직 노사가 정규직의 고용안정을 위해 일정 부분 운영하기로 합의한 사례도 있다.

최근 고용률 70% 달성을 위해 함께하기로 한 노·사·정 협약에 따라 노사가 서로 협력해 열린 노동시장 구축을 위해 노력해야 할 것이다.

27. 창조경제, 창의인재 & 열린 노동시장[107)]

박근혜 정부의 첫 번째 국정 목표는 '일자리 중심의 창조경제', 보다 구체적으로는 '창조경제를 통한 고용률 70%의 달성'이다. 고용률 70%의 달성을 위해서는 창조경제를 통해 많은 (5년간 약 240만 개의) 일자리를 만들어야 하는데, 반듯한 시간제일자리를 많이 만들어, 특히 중도에 경력이 단절된 여성들이 취업할 수 있는 여건을 만들어 주겠다는 전략이다.

창조경제의 개념 및 정의에 대한 세간의 논의가 분분해지면서 박근혜 대통령이 창조경제를 '창의성을 핵심가치로 두고 과학기술과 ICT 융합을 통해 산업과 산업, 산업과 문화를 융합하여 새로운 기술가치를 창출하고 일자리를 만들어 내는 것'이라고 정의하였지만, 국정목표의 핵심으로서 창조경제를 어떻게 구체화하여 추진할 것인가는 여전히 중요한 과제이다.

창조경제를 광의로 해석하여 새로운 경제패러다임으로 보든지, 혹은 협의로 해석하여 창조산업으로 국한하여 보든지, 창조경제의 성패여부를 결정하는 핵심은 국민 개개인, 조직 그리고 국가 전체의 창의성을 어떻게 고양시켜 국가경제 성장에 기여하도록 하는가에 있다.

---

107) 한국직업능력개발원 THE HRD REVIEW_2013년 7월호

우리나라에서 창조경제가 논의되는 맥락에서 볼 때 기존의 경제 패러다임과 구별되는 것은 융합적 협력이나 토대에서, 과학기술 및 ICT에 기반하여, 특히 문화산업에 중점을 두고 창의성을 발휘하여 부가가치를 높이는 것으로 이해할 수 있다.

창조경제를 이끌어 가는 것은 결국 사람이기 때문에 박근혜 정부에서는 창의인재육성이 시급한 과제의 하나이다. 특히 창조경제에서는 서비스산업, 문화산업에 중점을 두기 때문에, 자본투자나 장치산업에 의존하는 제조업에 비해 상대적으로 인재 육성이 강조된다. 창조경제하에서 요구되는 인재는 서로 다른 분야를 이해하고, 융합적 관점에서 협업을 통해 새로운 가치를 창출해 낼 수 있는 역량을 가져야 한다.

우리나라의 교육 및 훈련 토양에서 창의성이 있는 인재 육성에는 여러 가지 한계가 있다. 주입식의 입시 위주 공급자 중심의 교육이 이루어지기 때문에 학생들의 창의성의 개발은 우선 순위에서 밀린다.

우리나라의 많은 청소년이나 청년들이 세계 유수의 음악콩쿠르에서 우수한 성적을 거두는 사례가 적지 않아 우리나라 음악 교육훈련 시스템의 우수성이 세계적으로 인정받지만, 그 이후 훌륭한 연주자로 발전하는 경우는 극히 소수이기 때문에 이 또한 세계 음악계의 연구 대상이라는 외국의 한 저명 음악연주자의 언급은 창의성을 개발할 수 있는 자기 주도 학습이 부족한 우리 교육의 현주소를 보여주고 있다.

한국청소년정책연구원에 의하면 우리나라 청소년들은 스스로를 향후 발전가능성이 있는 존재로 인식하고, 90% 이상이 특기나 소질을 살릴 수 있는 교육을 원하고 있으나 방과 후나 주말에도 사교육기관의 교육을 받거나 밀린 교과목을 보충하는데 상당시간을 보낸다. 인생의 목표를 가지고 있는 청소년은 3분의 2정도이고, 장래 희망 직업을 가지고 있는 청소년도 60%를 약간 넘고 있다. 상위학교로의 진학이 목표이거나 진로나 직업체험을 할 기회가 없기 때문이다. 박근혜 정부에서 도입되는 자유학기제가 역할을 할 것으로 기대되나 학력 저하에 대한 우려로 반대 목소리도 높다.

점수위주로 학생들을 선발하기 때문에 출발단계부터 창의성 교육에 한계를 가지고 시작하는 우리나라 대학 교육은 교수중심의 교육이 이루어져 학과 간 칸막이가 높고 토론이나 문제해결식 수업 비중은 적고 교수가 주로 이야기 하거나 학생들의 발표가 주를 이루는 수업이 많다. 김영삼 정부에서 도입되어 실패한 학부제는 우리나라에서 융합적 학문 연구나 교육이 얼마나 어려운지를 상징적으로 보여 주고 있다.

짧은 기간에 세계적 명문대학으로 자리 매김한 싱가포르경영대학교의 경우 대부분의 강의실이 10인 미만의 학생들만 수용하도록 설계되어 있어 토론식 강의가 이루어질 수밖에 없다. 50여명의 학생을 수용할 수 있는 대형 강의실도 몇 개 되지 않는다.

청소년기에 가정이나 학교 교육이 개인의 창의성을 고양하는데 역할을 하여야하지만, 노동시장의 구조나 기업의 조직 문화도 개인의 창의성을 중요시하고 장려하여야 한다. 특히 사회 및 경제 변화의 속도가 빨라지면서 평생직장의 개념은 사라지고 평생직업의 시대가 열리면서 개인의 역량은 청소년기와 청년기의 학교 교육보다는 노동시장에서 일을 하면서 길러진다.

우리나라 노동시장이나 조직문화는 개인의 창의성을 살리는 것이 아니라 억제하는 편에 속한다. 노동시장이 닫혀 있기 때문이다.

우리나라 노동시장은 대기업 및 공공기관의 정규직으로 이루어진 1군과 중소기업 근로자 및 비정규직으로 이루어진 2군으로 나누어져 있으며, 1군에서 2군으로내려 올수 있으나, 프로스포츠의 세계와는 달리 2군에서 1군으로 올라가는 것은 거의 불가능하다. 대기업과 공공기관으로 이루어진 1군내에서도 서로 간에 교류는 단절되어 있다.

서로 간에 폐쇄적이고 닫힌 노동시장 구조하에서 조직문화는 권위주의적일 수밖에 없다. 능력이나 역량보다는 학벌이나 근속년수, 조직에서의 계파에 따라 개개인의 경력이 결정되는 정도가 크다. 외부로부터의 진입을 허용하지 않는 피라미드형 조직에서는 실패를 전제로 하는 창의적 인재의 입지가 매우 좁다.

우리나라의 어느 초일류기업에서 실시한 설문조사 결과에 의하면 '자기 개발의 여유를 찾기 힘든 과중한 업무'와 함께 '시키는 대로 하라는 상명하복의 위계문화', 그리고 '실패를 용인하지 않은 조직분위기'가 조직의 창의성을 가로 막는 벽이다. 퇴로가 차단되어 안전 제일주의로 위에서 시키는 대로 업무를 수행할 수밖에 없는 조직문화에서 창의인재가 육성되고 조직의 활력과 창의성이 고무될 수 없다.

열린 노동시장을 구축하는 것은 창조경제가 지향하는 고용률 70% 달성을 위해서도 필요하다. 중소기업들은 일할 사람을 구하지 못해 공장을 닫거나 다른 나라로의 이전을 고민하고 있지만 심각한 청년실업문제는 좀처럼 개선의 기미가 보이지 않는다.

우리나라 노동시장에서는 어디서 일을 시작하느냐 하는 것이 구직자의 경력에 결정적인 영향을 미친다. 중소기업에서 일을 배운 후 역량을 인정받아 대기업이나 공공기관으로 옮기는 것은 어렵다. 청년들이 대기업, 공기업에 들어가기 위한 준비를 위해 대학 졸업을 미루고 취업 재수, 삼수, 사수까지 하는 이유이다.

학벌이나 조직에 대한 충성도가 아니라 능력이나 역량중심의 채용, 승진 등의 인적자원관리 관행이 구축되기 위해서는 학벌 등을 대체하여 노동시장에서 통용될 수 있는 수단이 개발되어야 한다.

박근혜 정부가 추진하고 있는 국가직무능력(National Competnece Standards: NCS)개발과, 이에 기반한 교육과정 개발 그리고 NCS와 연동된 국가자격체계(National Qualification Framework: NFQ)의 구축은 능력중심사회, 열린 노동시장으로 가는 출발점이 될 수 있다.

닫힌 노동시장, 외부로부터의 진입을 중간단계에서는 허용하지 않고, 퇴출만이있는 조직문화에서는 경력단절 여성들이 반듯한 일자리를 얻는 기회조차 가질 수없다. 고학력 여성, 가정에서 육아에 전념하기 전에 직장에서 상당한 역량을 발휘하였던 여성들은 노동시장에 재진입할 때 노동시장에 처음으로 진입하는 젊은이들보다도 못한 대우를 받는다.

학벌, 근속 중심의 인사관리 관행 때문이기도 하지만 노동시장에 재진입하는 여성들의 역량을 평가할 수 있는 객관적이고 구인자와 구직자 모두 수용할 수 있는 선발수단이 없기 때문이다. NCS와 연동된 NQF가 그 역할을 할 수 있을 것이다.

열린 노동시장이 구축되어야 중장년층 일자리 문제도 해결될 수 있다. 2016년부터는 법적으로 정년이 60세까지 연장되겠지만, 40대부터 직장에서 밀려나고 있는 것이 현실이다.

대기업에서의 직장경험도 있고 역량이 뛰어나도 다른 대기업에서 일할 기회를 찾는 것은 정말로 어렵다. 중간단계에서의 진입을 허용하지 않는 닫힌 패쇄적인 조직문화 때문이다. 닫힌 노동시장, 폐쇄적인 조직문화로 인해 결국 많은 40, 50대들이 자영업을 시작할 수밖에 없고, 그 중 상당수는 사업실패로 빈곤층으로 전락하고 있다. NCS와 NQF에 기반한 열린 노동시장이 구축된다면 퇴직한 중장년층이 자영업자로 내몰리는 상황은 상당히 개선될 것이다.

결론적으로, 열린 노동시장이 구축되어야 창조경제를 이끌어 갈 창의 인재가 육성될 수 있고, 창조경제의 궁극적인 목표라 할 수 있는 고용률 70%가 달성될 수 있다.

28. 고용률 70%와 열린 노동시장[108)]

박근혜 정부의 핵심 국정목표인 고용률 70% 달성을 위한 로드맵이 지난달 발표됐다. 올해와 내년 정책 인프라 및 법제도를 구축하고 그 기반 위에서 2015년 이후 고용률을 크게 끌어 올려 2017년까지 70%를 달성하겠다는 계획이다. 국내 고용률은 지난 10여 년간 64% 내외에 머물러왔다.

외환위기 이후 역대 정부의 일자리 창출 실적을 보면 5년 동안 240만여 개의 일자리를 만드는 건 쉽지 않아 보인다. 그러나 고용률 70% 달성에 대한 정부 의지는 확고하다.

1인당 국민소득이 3만 달러 이상인 국가는 거의 예외 없이 고용률이

108) 한국경제_2013.7.8

70% 내외이니 지난 10여 년간 1인당 국민소득 2만 달러대를 벗어나지 못하고 있는 한국으로서는 고용률 70% 달성은 선진국으로의 도약을 위한 또 다른 선언으로 볼 수 있다. 과거 정부와 다른 점은 목표 경제성장률을 제시하기보다는 일자리를 중시해 고용률 제고를 정책 목표로 삼았다는 것이다.

정부는 문화, 과학기술, 보건복지 등 창조서비스업 분야를 중심으로, 반듯한 시간제 일자리를 많이 만들어 여성과 청년의 고용률을 끌어올릴 계획이다. 정부는 5년 동안 여성의 고용률은 8.4%포인트, 청년의 고용률은 7.3%포인트 높이는 것을 목표로 잡았다.

청년과 여성의 고용률을 높여서 고용률 70%를 달성하기 위해서는 열린 노동시장이 구축돼야 한다. 중소기업에서 대기업으로, A라는 대기업에서 B라는 대기업으로, 비정규직에서 정규직으로 칸막이 없이 근로자의 생애 중 어느 때라도 역량과 능력에 따라 자유로이 이동할 수 있는 열린 노동시장이 구축될 때 청년, 여성의 고용률을 정부 목표대로 올릴 수 있다.

청년 고용률은 청년인구의 감소에도 불구하고 2002년 45.1%에서 2012년 40.4%로 10년간 오히려 4.7%포인트 떨어졌다. 중소기업은 일할 사람을 구하지 못해서 외국인 근로자를 더 들여와야 한다고 아우성치고 있는데, 청년들은 대기업이나 공기업에 취업하기 위해 몇 년씩 취업준비를 한다.

한국은 노동시장 진입 초기의 직장이 근로자의 생애 경력에 미치는 영향이 매우 크다. 중소기업 근로자나 비정규직으로 시작하면 대기업이나 공기업의 정규직으로 옮겨 갈 기회가 매우 적다. 대기업이나 공기업은 내부 노동시장을 굳건히 구축하고, 중간 단계에서 중소기업은 물론 다른 대기업 등 외부로부터의 인력 유입을 허용하지 않는다. 청년들이 취업 재수, 삼수, 사수까지 할 수밖에 없는 것이 현실이다.

여성의 고용률이 낮은 것은 육아 부담 등으로 일을 그만두었다가, 다시 일자리를 구해 경제활동에 복귀하려고 하더라도 역량에 관계없이 반듯한 일자리를 얻을 기회가 주어지지 않기 때문이다.

결혼 등으로 몇 년을 쉰 뒤 일자리를 얻는 여성들이 받는 처우는 과거의 경력이나 역량에 대한 고려는 거의 없고 노동시장에 새로 진입하는 근로자보다도 못하다. 닫힌 노동시장의 폐쇄적 조직문화에서 능력보다는 학벌, 근속연수, 조직에 대한 충성도에 따라 근로자들을 평가하기 때문이다.

40, 50대에 조기 퇴직을 당한 장년층이 자영업을 할 수밖에 없고, 이들 상당수가 도산해 빈곤계층으로 전락하는 것도 국내 노동시장이 닫혀 있기 때문이다. 오랫동안 대기업에서 일하다가 퇴직해도 다른 대기업에서 일할 기회는 얻기 어렵다. 특정 기업에서 쌓은 경험이 다른 기업에서 평가받고 활용되는 시스템이 노동시장에 구축돼 있지 않기 때문이다.

열린 노동시장이 구축되기 위해서는 내부 노동시장뿐만 아니라 내외부에 관계없이 구직자와 구인자 모두가 인정하는, 근로자의 역량을 평가하는 수단이 개발돼야 한다. 정부가 내년까지 개발하고자 하는 국가직무능력표준(National Competence Standards), 이에 기반한 교육과정 그리고 국가자격체계 구축이 역할을 할 것으로 기대된다.

대기업과 공기업 정규직의 양보도 열린 노동시장 구축을 위해 꼭 필요하다.

최근 고용률 70% 달성을 위해 함께하기로 한 노·사·정 협약에 따라 노사가 서로 협력해 열린 노동시장 구축을 위해 노력해야 할 것이다.

29. 능력중심사회와 HR 담당자의 역할[109)]

우리 사회의 많은 병폐 중 하나는 학벌 중심의 사회라는 점이다.

현 정부 출범 후 국무총리를 비롯한 청와대의 주요 인사가 발표됐는데, 어느 대학 출신이 몇 명, 어느 고등학교 출신이 몇 명, 심지어는 외국의 대학 중 같은 학교 출신이 몇 명인지가 언론과 국민의 주요 관심사였다. 지난 정부의 인사 발표 때에도 사정은 크게 다르지 않았다.

우리나라가 학벌 중심에서 능력 중심의 사회로 나아가야 한다는 당위성에 대해서는 국민 다수가 동의할 것이고, 실제로 그와 같은 방향으로 나아가고 있다. 능력 중심의 사회에서는 인적자원관리 담당자들의 역할이 더욱 커질 것이다.

출신 학교, 근속연수 등의 기계적인 기준이 아니라 각 인적자원이 조직에서 진정 필요로 하는 인재인지를 선별하는 기준과 준거를 만들어내고, 이를 실제 적용하는 역할을 HR 담당자들이 하게 될 것이기 때문이다. 구체적인 논거를 통해 보면 다음과 같다.

109) The HR_2013년 7월호

대학들, 졸업생 취업률 높이기 위해 고군분투

정부가 재정지원 제한 대학을 선전하는 가장 중요한 기준의 하나로 졸업생의 취업률을 정하면서 대학들이 비상이 걸렸다. 얼마 전 필자 역시 현재 휴직하고 있는 대학의 총장님으로부터 전화를 받았다. 학교의 모든 교수들이 졸업생들의 취업률을 높이기 위해 고군분투하고 있는데, 본인이 원장으로 있는 한국직업능력개발원에 인턴으로 학교 졸업생을 취업시킬 수 있느냐는 취지의 전화였다. 공공기관장의 책무상 필자가 원장으로 있는 기관의 인턴으로 취업시킬 수 없으니, 필자가 아는 몇몇 민간 회사들을 한번 알아보겠다는 취지로 답변하면서 전화를 끊었다.

이는 너무 많은 고등학생들이 장래에 대한 진지한 고민이 없이 대학에 진학하는 사회현상 때문에 생긴 결과 중 하나다. 우리나라의 대학 진학률이 OECD 국가 중 제일 높은 편이라는 것은 이미 잘 알려진 사실이다. 문제는 대학을 졸업한 이후의 고급 인재들에게 적절한 일자리가 충분하지 않다는 것이다. 청년들이 노동시장에 나온 후 첫 직장을 얻기까지 평균 11개월이 걸리는 실정이다.

한국직업능력개발원의 연구에 의하면 서울대, 연세대, 고려대 등 소위 일류 10대 대학 출신자를 제외하면 대학졸업자들의 생애 임금이 고졸자보다 10% 정도 적다. 대학 등록금뿐 아니라 대학을 다니는 동안 포기해야 하는 소득, 그리고 고졸자에 비해 적합한 일자리 찾기가 쉽지 않기 때문이다.

어려운 취업 현실에서 대졸자들은 스펙 쌓기에 열심이다. 토익 성적도 올려야 하고, 1년 이상 아르바이트로 번 돈으로 해외 연수도 다녀와야 하며, 봉사활동도 열심히 해야 한다. 그러나 이와 같은 스펙이 실질적으로 취업에 얼마나 도움이 되는지는 확실하지 않다. 학벌이나 스펙이 여전히 채용의 중요한 준거인 것은 부인할 수 없으나, 상당수의 기업에서는 학력이나 스펙보다는 역량, 숨겨진 잠재성, 창의력 등을 중시하는 열린 채용이 확산되고 있다.

특히 수출 의존도가 높은 기업, 치열한 경쟁 환경에 노출되어 있는 기업일수록 학벌이나 스펙보다는 기업에서 요구하는 직무능력이나 역량을 스스로 평가하여 직원들을 채용한다. 이들 기업은 개인의 역량, 즉 리더십, 커뮤니케이션 등의 기초 역량을 비롯해 도전정신이나 창의력 등을 주요하게 평가하여 채용하는 관행을 발전시켜왔다.

대표적인 사례가 합숙면접을 통한 채용이다. 1박 2일 혹은 2박 3일 동안 기업은 입사지원자들의 열정과 팀워크, 리더십 등을 다양한 방면에서 평가하게 되는데, 이는 이미 금융권 대부분을 포함한 많은 기업에서 채택하고 있다. ▲우리은행 ▲기업은행 ▲교보증권 ▲신용보증기금 등 금융권에서 시작해 ▲SK텔레콤 ▲안랩 ▲대우조선해양 ▲LG생활건강 ▲한미약품 ▲포스코 등에서 확산되고 있는 합숙훈련에 의한 평가는 면접관, 실무선배, 동료 간 다면평가로 지원자에 대한 평가가 광범위하게 다양한 시각에서 이루어진다.

1박 2일 합숙훈련에 의한 평가의 프로그램 내용을 보면, 첫째 날에는 인성 면접, 3분 스피치, 영어퀴즈, 상식테스트, 집단 토론, 프레젠테이션, 상품개발, 멀티태스킹(multi-tasking) 면접, 롤플레잉 테스트(role-playing test)가 이루어지고, 둘째 날에는 세일즈 스킬(Sales skill) 면접,

도전 골든벨, 액티비티(activity) 면접 등이 이루어져 사전적으로 지원자들이 준비하여 응시하기에는 한계가 있다.

일부 기업에서는 소위 블라인드(blind) 면접이라는 것을 채택하고 있다. 어학 성적, 전공 시험 성적 등에 의해 면접 대상자를 선정하고, 채용이 확정되기 전까지는 출신 학교를 전혀 고려하지 않는 것이다. 이와 같은 블라인드 면접의 결과, 우리나라 최고 대학의 최고 학부 학생이 어느 공기업의 면접에서 탈락한 사례도 있다.

1박 2일 면접, 블라인드 면접에서 HR 담당자의 역할이 중요하다는 것은 백번 강조해도 지나치지 않다. 출신 학교와 같은 다소 용이한 기준이 아니라 창의적인 방법에 의해 기업이 필요로 하는 인재를 선발해야 하는 과제를 안고 있기 때문이다.

스펙 문화로 우리가 치르는 사회적 비용은?

학벌이나 스펙 중심의 문화로 인해 우리 사회가 치르고 있는 사회적 비용은 이미 잘 알려져 있다. 한국직업능력개발원의 연구에 따르면, 1985년도 9급 공무원 임용자 학력은 고졸 이하가 55%, 대졸은 33.5%였다. 그러나 약 20년이 지난 2003년 이후부터는 신규로 임용된 9급 공무원의 학력 구성은 고졸 이하가 1.3%에 불과하고 대졸이 92.5%를 차지하고 있다. 전문대학 졸업생은 11.5%에서 6.1%로 줄어들었고, 대학원 학력자도 1.3%가 새로 생겼다. 그동안 9급 공무원의 업무 내용이 크게 달라지거나 직무 내용이 고학력자를 특별히 요구하고 있는 것도 아닌데, 학력 중심의 사회가 이러한 사회적 비용을 낳고 있는 것이다.

현 정부의 중점 국정 과제 중 하나가 능력중심사회를 만드는 것이고, 그 핵심이 국가직무능력표준(National Competence Skills: NCS)체제를 구축하는 것이다. 정부는 2001년에 NCS 도입을 추진하기로 결정하였으나 관련 부처 간에 구체적인 실행 방법에 대해 합의가 이루어지지 않아 큰 진전을 보지 못한 바 있다. 하지만 협업체계를 강조하는 현 정부가 출범하면서부터 다시 본격적으로 추진되고 있다.

자격기본법 2조에 따르면, NCS는 '산업현장에서 직무를 수행하기 위해 요구되는 지식, 기술, 소양 등의 내용을 국가가 산업부문별, 수준별로 체계화한 것'이다. 영국, 호주 등은 많은 OECD 국가들이 NCS 제도를 축으로 직업교육훈련체제를 산업 수요에 맞추어 혁신하고 있다. 국내에서도 이미 한국단자공업 등에서는 NCS를 사내 훈련 및 인사관리에 활용하고 있다.

교육부와 고용부는 협업체제를 구축하여 올해 중에 250개 직무의 NCS를 개발하고, 내년도에는 나머지 252개 직무에 대한 NCS 개발을 완료하게 될 것이다. NCS 개발과 함께 NCS를 활용한 교육과정 개발도 함께 이루어진다.

NCS 제도가 구축되면 현장의 수요에 부합되는 직업교육과 훈련이 교육기관과 훈련기관에서 이루어지고, 각 직무에서 필요로 하는 표준화된 역량이 제시되어 관련 자격체계가 구축되기 때문에 재직자들의 자유로운 직장 간 이동이 촉진되며, 다양한 방법으로 상위 수준의 역량이나 자격을 취득할 수 있게 된다.

NCS 체제 구축은 일반적으로 국자자격체계(National Qualification Framework: NQF)의 개편과 함께 이루어진다. 산업현장에서 필요로 하는 직무능력이 NCS를 통해 표준화되고 이에 기반을 둔 교육 및 훈련 과정이 자격제도를 통해 노동시장에서 통용되고 인정받아야만 근로자들의 학습의욕을 끌어낼 수 있으며 기업들도 인재 활용의 신호제로 사용할 수 있기 때문이다.

NQF 체제가 성공적으로 구축된다면 평생학습계좌제 등 여러 평생학습제도 간에 연계성이 없이 독자적으로 운영되는 비효율이 없어진다. 또한 대학의 학위도 NQF 체제 하에 운영됨으로써 고등교육의 질 관리에도 기여하게 될 것이다. 우리나라의 대학 교육은 기업에서 필요로 하는 인재를 육성하지 못하고 있다는 비판을 받아 왔다. NCS 체제 구축과 NQF 개편은 대학교육에 현장의 수요를 반영시켜 학생들의 취업에도 도움이 될 수 있다.

청년실업 해소 등 노동시장의 인력 불일치 문제를 해결하는 단초가 될 고졸취업 성공시대를 연 '선취업-후진학' 정책도 NCS와 NQF 체제로 뒷받침되어야 대학에 진학하지 않고 일하면서 여러 자격증을 취득하는 선진국형 인적자원개발체제가 구축된다.

NCS 체제 속에서 HR 담당자의 역할은 더욱 중요해질 것이다. 국가직무능력 표준에 대한 정확한 이해와 함께, 신규 채용 응시자를 포함한 조직 구성원의 직무능력을 평가하여 조직에 적용하는 실무적인 책임을 지는 것은 HR 담당자이기 때문이다.

삼성전자 CEO가 LG전자 CEO로 가는 일은 상상할 수 없다

외국에서는 고위직을 포함하여 경쟁사 간에 인적 교류가 활발한, 열린 노동시장이 구축되어 있다. 그러나 우리나라에서는 삼성전자의 CEO가 경쟁상대인 LG전자의 CEO로 가는 일은 상상할 수 없다. 글로벌 인재 육성 전략에 따라 중도 채용이 점차 확산되고 있는 추세이기는 하나, 대학 졸업 후 공채를 통해 입사한 뒤 계속 재직하여 임원까지 승진하거나 중도에 이직하여 중소기업에 입사하는 것 혹은 따로 창업을 하는 것이 일반적이다. 이와 같은 인사 관행은 조직에 대한 충성도를 높이는 장점이 있지만 변화하는 경쟁 환경 속에서 적재적소에 필요한 인적자원을 학보하고 배치해야 하는 작금의 상황에서는 한계가 있을 수밖에 없다.

향후 경쟁 환경, 노동시장의 추이를 볼 때 현재와 같은 폐쇄적인 노동시장의 관행은 더 이상 지속될 수가 없다. 노동조합의 등의 변수는 있으나 근속연수나 연공이 아니라 역량이나 직무능력에 의해 평가받고, 필요한 경우 외부 노동시장에서 인재를 채용하는 인사 관행이 더욱 확산될 것이다.

열린 노동시장이 구축되면 HR 담당자는 조직의 핵심인재로 자리를 잡게 된다. 학벌이나 연공이 아닌, 철저한 평가와 검증을 통해 인재를 채용하고 배치하고 활용해야 하기 때문이다. 새 정부가 출범하면서 정부인사에 대한 부실한 인사 검증이 여론의 집중 화살을 받았는데, 이는 우리 사회 전반에 걸쳐 아직 열린 노동시장이 구축되어 있지 못한 현실을 반영하는 거라 볼 수 있을 것이다.

몇 년 전 지방 소재 대학 출신이 싱가포르에서 1년여의 연수를 거쳐 애플(Apple)사에 취업하여 화제가 된 일이 있다. 싱가포르에서는 우리나라에서 무슨 대학을 나왔는지는 고려되지 않고, 입사 응시자의 역량, 열의, 창의성 등으로 채용을 결정하기에 가능했던 일이다. 우리 사회도 이와 같은 방향으로 나아가야 한다.

요약하자면, 평생직장은 과거의 일이고, 각 개인이 평생 직업능력개발을 통해 평생 고용을 스스로 확보해야 하는 사회에서는 학벌이나 스펙 등 표피적인 기준이 아니라 능력이나 역량에 의한 인재활용 관행이 더욱 필요하며, HR 담당자의 역할은 그만큼 중요해 질 것이다.

30. 열린 노동시장, 능력중심의 사회와 국가직무능력표준110)

학생 1만 명 이상인 중위권 12개 대학의 재학생 1천 236명을 대상으로 한 한국직업능력개발원(직능원)의 '청년층 취업눈높이 실태' 조사 결과에 의하면 우리나라 청년들은 취업에 영어능력(87%)이 가장 중요한 것으로, 그 다음에 대학졸업 여부 76.8%, 자격증 72.9%, 출신대학 71.4% 등의 순으로 중요한 것으로 생각하고 있다. 전공(학과)이나 졸업학점에 대해 청년들이 생각하는 중요도는 각각 65.5%와 58.7%로 상대적으로 낮았다.

반면 취업포털 잡코리아에 따르면 지난해 조사대상 401개 주요기업 중 66%가 신입사원 공채 때 영어 어학 점수에 제한을 두지 않았다. 제한을 둔 기업의 토익점수 평균 커트라인도 700점을 약간 넘었다. 공기업이 739점으로 제일 높았으나 (특이하게도) 외국계기업의 평균 커트라인이 제일 낮았다. 많은 대학생들이 취업을 위해 부모님의 도움으로 혹은 아르바이트로 저축한 돈을 모아 영어 연수를 다녀오고 있으나 실제로는

110) 한국경제연구원칼럼_2013.7.1

취업에 큰 도움을 주지는 못하고 있는 것이다. 대학생들이 영어능력 향상에 전력을 다하는 것은 일반적으로 영어능력 등 소위 스펙이 우수한 구직자가 괜찮은 일자리를 얻는다고 생각하기 때문이다.

청년들이 중요하게 생각하는 취업을 위한 자격의 실제 영향력은 의문

직능원의 분석[111]에 의하면 취업자를 '괜찮은 일자리(대기업이나 공공부문, 금융업, 외국인회사 등의 정규직 일자리) 취업자'와 '기타 일자리 취업자', '미취업자'로 구분하여 볼 때, 괜찮은 일자리 취업자가 기타 일자리 취업자보다 토익점수와 어학연수 참가 비율이 더 높다. 괜찮은 일자리 취업자의 경우 기타 취업자나 미취업자에 비해 인턴 경험 비율이 더 높으며, 특히 정부의 예산지원으로 운영되는 인턴보다 기업이 자체적으로 운영하는 인턴에 참여한 비율이 높다. (영어점수 등 소위 스펙이 좋은 청년들이 스펙과는 관계없이 역량이 있는 구직자일 가능성도 크나) 영어성적 등의 스펙이 괜찮은 일자리 취업에 상당한 영향을 미치고 있는 것으로 짐작할 수밖에 없는 것이 현실임을 보여 주는 연구결과이다.

또한 청년들이 대학졸업 여부를 취업을 결정하는 두 번째로 중요한 요소로 생각하나 대학생들이 갈만한 일자리가 부족한 상황에서 대학생들이 취업을 하여도 대학교육 투자에 대한 보상은 미흡하다. 직능원의 연구[112]에 의하면 대학등록금, 취업준비에 필요한 사교육비, 기회비용을

111) 채창균 '4년제 대학생의 스펙 쌓기 실태', KRIVET Issue Brief 제 16호 (2012. 11.30)

112) 직능원과 조선일보가 공동 기획한 '고졸취업의 경제학' 시리즈(2012.7.30./2012. 8.2/2012.8.4) 참조

고려하면 상위권 10개 대학의 졸업생을 제외하면 대졸자나 전문대 졸업자 모두 특성화고 졸업생보다 경제적으로 불리하다. 생애임금으로 비교하면 상위 10개 대학 졸업자 외에는 고졸자보다 대졸자가 10% 적다. 상위권 대학 졸업자도 취업이 3년 늦어지면 특성화고 졸업자보다 수익이 떨어지는 것으로 나타났다.

청년들이 세 번째로 중요하게 생각하는 자격증도 어느 정도 취업에 실질적으로 도움이 되는지는 확인되지 않는다. 우리나라의 자격은 국가자격과 민간자격으로 나뉘는데, 민간자격은 국가공인민간자격과 그렇지 않은 자격으로 나누어진다. 국가공인 민간자격은 현재 100여 개 있는데, 국가자격과 동등하게 노동시장에게 대우 받기는 하나, 일반 자격은 직능원에 등록만 하면 인정이 되기 때문에 취업에 크게 도움이 되지 않는 것이 일반적이다. 그러나 공공기관인 직능원에 등록되었다는 것만으로 자격증이 취업을 보장하는 것으로 과장 홍보하는 사례가 적지 않다.

우리나라 노동시장의 문제점, 닫힌(폐쇄적) 노동시장

박근혜 정부는 고용률 70% 달성을 최우선 국정과제로 추진하고 있으며 고용률 70% 달성을 위하여 여성들을 노동시장으로 끌어 들이기 위한 다양한 제도적 장치와 인센티브를 구축할 계획이다. 1인당 국민소득 3만 불을 달성한 나라들의 고용구조를 분석하여 보면 여성들의 노동시장 참여를 통해 고용률이 70%가 될 때 우리 나라도 선진국 대열에 합류할 수 있다는 것이 확인된다. 정부는 여성들이 가사 및 양육부담을 완화하는 여러 가지 조치와 함께 '반듯한 시간제 일자리' 창출을 통해 여성들을 노동시장으로 끌어들이겠다는 복안을 내놓았다. 그러나 경력이 단절된 기혼여성들이 재취업을 하려고 할 때 기다리는 것은 최저임금 수준의 비정규직 일자리가 대부분인 것이 현실이다.

민간부분을 포함하여 정년을 60세로 강제화하고 우선 공공기관부터 시행하는 법이 최근 국회를 통과하였지만, 우리 현실은 정년 55세는 고사하고 많은 중장년층 근로자들이 40대에 직장에서 권고사직을 당하고 있다. 사오공세대로 불리우는 40, 50세대 조기 퇴직자들에겐 그들을 기다리는 괜찮은 일자리는 거의 없고, 기존 경력이나 기술을 인정받지 못하기 때문에 대부분 자영업자로 창업을 하거나 일용직을 할 수밖에 없다. 이러한 자영업자나 일용직 근로자가 된 이들 퇴직 중장년층은 경기불황의 직격탄을 맞아 미처 준비되지 않은 노후를 맞닥뜨리게 되는 경우가 많다.

청년들이 실제적으로 취업에는 큰 도움이 되지 않은 영어점수 등 스펙 쌓기에 많은 시간과 투자를 하고, 경력이 단절된 여성들을 위한 변변한 일자리가 많지 않고, 오랜 기간 다니던 일자리를 그만 두면 자영업을 할 수밖에 없는 현실은 우리나라 노동시장이 닫힌 노동시장이기 때문이다.

우리나라 노동시장에서는 노동시장 진입 초기에 어느 일자리에서 시작하느냐 하는 것이 절대적인 의미를 지닌다. 대기업에서 시작하면 중도에 대기업을 퇴사하여도 중소기업에 취업하거나 연관된 자기 사업을 하기가 상당히 용이하다. 공무원으로 시작하면 평생이 고용이 보장되고, 퇴직하여도 유관기관에 일정기간 취업이 보장된다. 청년들이 공무원, 공공기관 그리고 대기업에 들어가기 위해 몇 년씩 취업 재수, 삼수, 사수를 하는 이유이다. 삼성전자에서 오랜 기간 근무한 후 LG전자나 현대자동차, 혹은 공공기관에 들어가는 일은 흔치 않다. 회사별로 내부 노동시장의 철옹벽을 쌓아 놓고, 고유의 조직 문화를 구축하고 인적자원관리를 하기 때문에 기업특수적(firm-specific) 인적자원의 질은 높을 수 있으나, 다른 기업에서 현재 직장에서의 보수에 상응하는 역량 발휘나 생산성을 기대하기는 어렵다. 중고령 퇴직자가 반듯한 일자리를 찾기 어려운 이유이다. 여성들이 육아나 다른 가사 부담으로 노동시장에 참여하고 있지 않다가 다시 일자리를 구하려면, 과거의 직장 경력은 그다지 고려되지 못하고 새로이 노동시장에 진출하는 청년들보다도 못한 대우를 받아야한다. 장기간 비경제활동 후 다시 노동시장에 진입하려는 여성근로자의 구직자로서의 역량을 평가할 객관적인 수단이 없기 때문이다.

국가직무능력표준(NCS), 열린 노동시장 구축에 유효한 대체수단이 될 수 있어

어느 곳에서 처음 일을 시작하였는지가 그다지 중요하지 않고, 중소기업에서 오래 일하다가 대기업이나 공공기관(혹은 국가기관)으로 별 어려움이 없이 더 좋은 조건으로 옮길 수 있고, 경제활동을 하지 않다가 다시 노동시장에 진입하였을 때 자신의 역량에 맞는 일자리를 구할 수 있고, 조기 퇴직자가 무작정 자영업으로 내몰리는 상황을 없애기 위해서는 열린 노동시장이 구축되어야 한다. 열린 노동시장은 구직자들이 자신들의 역량에 따라 경제활동과 비경제활동, 그리고 직장을 어려움이 없이 옮길 수 있는 시장이다.

열린 노동시장이 구축되기 위해서는 무엇보다도 직장을 구할 때는 학력이나 학벌, 직장 내에서는 (승진이나 전보 시에) 연령이나 근속기간이 중요시되는 현재와 같은 고용 관행을 바꾸어야 하는데, 박근혜 정부에서 핵심 국정과제로 추진하고 있는 국가직무능력표준(National Competence Standards: NCS)이 유효한 대체수단이 될 수 있다. '산업현장에서 직무를 수행하기 위해 요구되는 지식, 기술, 소양 등의 내용을 국가가 산업 부문별, 수준별로 체계화한' NCS체제의 구축과 함께 국가자격체계(National Qualification Framework: NQF)의 개편이 성공적으로 이루어진다면 학벌이나 경력이 아닌 구직자가 노동시장에서 직무능력에 따라 평가받는 능력중심의 사회가 구축될 것이다.

정부는 내년까지 NCS와 특성화고와 전문대에서 활용되는 NCS에 기반한 교육모듈의 개발을 완료할 예정이다. 산업현장의 수요를 반영한 NCS와 이에 기반한 교육과정이 노동시장에서 채용 및 승진 등에 활용될 때, 학벌이 아닌 능력중심 사회 구현에 가까이 다가갈 수 있을 것이다.

31. NCS로 능력중심사회 만들자[113)]

대학을 졸업해도 많은 젊은이가 일자리를 찾지 못하고 방황하고 있다. 고등학교 3년 잘 준비해 대학을 간다고 해도 인생이 보장되지 않은 것이 한국 사회의 현실이다. 취업률이 대학에 대한 정부 재정지원의 주요 척도가 되면서, 많은 대학에서 교수는 물론 총장까지 나서서 4대 보

113) 중앙일보_2013.5.11

험이 되는 인턴 자리까지도 아쉬워서 지인들에게 전화를 돌리고 있다. 한국직업능력개발원 연구에 의하면 10위권 대학을 나와야만 생애소득 차원에서 대학에 대한 투자에서 수익을 볼 수 있다.

대학을 나와도 취업이 잘 안 되는 현실에서도 청년들은 무조건 대학을 가려고 한다. 이미 학력이 노동시장에서 인재를 가려내는 신호 기능을 상실했는데도 학부모·학생들이 아직도 이런 사실을 제대로 인식하지 못하고 있다는 뜻이다. 아울러 노동시장에서 학력을 대체할 적절한 인재 발굴·활용 수단을 찾지 못하고 있기 때문이기도 하다.

박근혜 정부가 주요 국정과제의 하나로 '학벌이 아닌 능력 중심의 사회 구현'을 제시하고 구체적인 수단으로 국가직무능력표준(National Competence Standards: NCS) 체제 구축을 적극적으로 추진하고 있는 것은 매우 시의적절하다. 정부가 2001년에 NCS 도입을 추진하기로 결정했으나 아직까지 큰 진전을 보지 못하고 있으니 오히려 늦은 감이 있다.

자격기본법 2조에 따르면 NCS는 '산업현장에서 직무를 수행하기 위해 요구되는 지식, 기술, 소양 등의 내용을 국가가 산업부문별, 수준별로 체계화한 것'이다. 영국·호주 등 많은 경제협력개발기구(OECD) 국가는 NCS 제도를 축으로 직업교육훈련체제를 산업 수요에 맞춰 혁신하고 있다. 국내에서도 이미 한국단자공업 등에서는 NCS를 사내훈련과 인사관리에 활용하고 있다.

교육부와 고용노동부는 협업체제를 구축해 올해 중에 68개 직무의 NCS를 개발하고 내년도에는 나머지 182개 직무에 대한 NCS 개발을 완료하게 될 것이다.

NCS 제도가 구축되면 현장의 수요에 부합되는 직업교육과 훈련이 교육기관과 훈련기관에서 이뤄진다. 각 직무에서 필요로 하는 표준화된 역량이 제시되고 관련 자격체계가 구축되기 때문에 재직자들의 자유로운 직장 간 이동이 촉진되고, 다양한 방법으로 상위 수준의 역량이나 자격을 취득할 수 있게 된다.

NCS 체제 구축은 일반적으로 국가자격체계 (National Qualification Framework: NQF)의 개편과 함께 이뤄진다. 산업현장에서 필요로 하는 직무능력을 NCS를 통해 표준화하고 이에 기반한 교육 및 훈련 과정이 자격제도를 통해 노동시장에서 통용되고 인정받아야만 근로자들의 학습의욕을 끌어낼 수 있다. 기업들도 이를 인재 활용의 신호제로 활용할 수 있게 된다.

NQF 체제가 성공적으로 구축된다면 평생학습계좌제 등 여러 평생학습제도 간에 연계성이 없이 독자적으로 운영되는 비효율이 없어질 것이다. 또 대학의 학위도 NQF 체제하에서 운영되므로 고등교육의 질 관리에도 기여하게 될 것이다. 한국의 대학 교육은 기업에서 필요로 하는 인재를 육성하지 못하고 있다는 비판을 받아 왔다. NCS체제 구축과 NQF 개편으로 대학 교육이 현장의 수요가 반영되고 학생들의 취업에도 도움이 될 것이다.

청년실업 해소 등 노동시장의 인력 불일치 문제를 해결하는 실마리가 될 고졸 취업 성공시대를 연 '선취업-후진학' 정책도 NCS와 NQF체제로 뒷받침돼야 대학에 진학하지 않고 일하면서 여러 자격증을 취득하는 선진국형 인적자원개발체제가 구축될 것이다.

정부가 NCS, NCS에 기반한 교육과정 개발 및 NQF 개편에 현장 전문가를 적극적으로 활용하기로 한 것은 매우 바람직하다. 현장의 수요가 제대로 반영돼야 NCS 개발의 목표가 달성될 수 있다는 것을 잊지 않아야 한다.

32. 전략적 인적자원관리와 일터 혁신[114)]

우리나라 근로자는 세계에서 가장 긴 시간을 일하고 있다. 2011년 기준 우리나라의 1년간 노동시간은 2,139시간으로 OECD 평균 1,749시간보다 약 20% 높은 444시간이 길다. 노동시장이 OECD 평균수준으로 낮아질 경우 이론적으로는 고용률이 8%p 증가하여 72%로 상승할 것이다.[115)] 그 만큼 근로시간 단축을 통해 일자리가 늘어날 여지가 크다는 것이다.

장시간 근로관행은 현재 가장 심각한 사회문제의 하나인 저출산과도 연관이 깊다. 가족과 시간을 많이 보내고, 육아의 기쁨과 소중함을 느낄수록 출산율도 높아질 것이 기대되는데 그렇지 못한 것이 현실이다. 높아진 경제수준에도 불구하고 여러 조사에서 한국인의 삶의 질 수준이 낮다는 것도 장시간 근로관행과 깊은 연관이 있는 듯하다.

따라서, 우리나라의 일터혁신의 가장 중요한 과제중의 하나는 장시간 근로시간 관행을 개선하는 것이다.

---

114) 내일_2012년 12월호

115) 근로시간 단축에 따라 통상적으로 수반되는 인건비 상승을 상쇄하기 위해 기업들이 생산성 제고 노력 등을 하기 때문에 근로시간이 단축한 만큼 일자리가 늘어난다고 보기는 무리이다.

일부 대기업에서 보여 지고 있는 장시간 근로는 고용의 유연성 확보를 이유로 고용인력을 최소화하려는 고용주와 총소득 증가에 최우선을 두는 근로자들 간의 묵시적 합의의 결과인 측면이 있다. 최근에 고용부가 중심이 되어 휴일 근무시간을 조절함으로써 자동차산업 등의 근로시간을 단축하려는 노력이 당사자들의 반대로 실효를 거두지 못한 것은 노사담합적 구조를 잘 보여 주고 있다.

낮은 생산성을 긴 작업시간으로 보충하는 저생산적 조직문화와 관행을 개선하는 것이 시급하다. 전략적 인적자원관리 구축을 통해 작업시간 단축을 통한 삶과 일의 조화 및 생산성 향상이라는 두 마리의 토끼를 같이 잡아야 한다.

또 다른 측면을 보면, 우리나라의 인적자원관리는 사람중심이라는 특징이 있다. 일의 직무성격보다는 개별 근로자의 연령, 학력, 성에 따라 인적자원이 관리된다.

사람중심의 인적자원관리는 경제구조가 고도화가 되고 사회구조가 고령화되면서 여러 가지 난제에 봉착한다. 연공에 따라 임금이 올라가나 디지털화, 세계화로 대변되는 급격한 경영환경의 변화속에서는 경험보다는 신기술, 신지식에 대한 신속한 대응노력이 요구되기 때문에 급여체계로서의 연공급의 논거가 상실된다. 기대수명이 높아지고 출산율이 떨어지면서 고령근로자들이 노동시장에서 더 남아 활동하여야 하나, 생산성 향상이 수반되지 않는 연공급으로 인해 오히려 고령근로자늘이 식장에서 일찍 퇴출되고 있다. 우리나라 기업들이 사규에 정한 평균연령은 57세이나 이제는 40대에 이미 희망퇴직을 당하는 경우가 많아 '사오정세대'라는 말이 회자되고 있다.

고령근로자들이 밀려나는 이유 중의 하나는 연공급하에서는 고령근로자들이 직장을 떠나지 않으면 승진인사에 제약이 있기 때문이다. 또한 직무순환이 자주 일어나 전문가 육성에 한계가 있다.

최근 주요 현안의 하나인 정년연장의 법제화가 논란이 되는 것은 연공급적 임금체계 때문이다. 기업 입장에서는 현재에도 조직에 대한 기여보다 과도한 보상을 받고 있는데 현임금수준을 유지하면서 정년을 연장하라는 것을 수용하기 어렵다는 것이다. 임금피크제를 수반한 정년연장이 대안으로 제시되나 생애임금 차원에서 연공급에 맞추어 인생설계를 하여 온 해당 고령근로자들로서는 답답할 따름이다.

직무급 도입 등 전반적인 인적자원관리의 파라다임이 변화하여야 한다. 연공중심에서 성과중심으로, 사람중심에서 직무중심으로, 집단중심에서 개인중심으로, 수직적 조직구조에서 수평적 조직구조로, 회사주도의 혁신에서 구성원 주도의 자율경영체제로 변화하여야 한다.

고졸자 10중 8명이 대학을 가는 현실에서 대졸자의 70%는 대기업을 가기를 원하나 대기업 일자리는 전체 일자리의 13%에 불과하다. 중소기업에 사람들이 가도록 중소기업의 작업환경 등이 개선되어야만 우리나라 산업의 지속적인 성장이 가능하다.

우리나라 기업들은 전반적으로 인적자원에 대한 투자에 매우 소극적이며 특히 중소기업은 인적자원 개발에 투자할 여력이 적기 때문에 대기업의 동반자적 투자가 필요하다.

이와 관련하여 최근 고용노동부에서 '대·중소기업 공생발전을 위한 인력양성협력 가이드라인'을 발표한 것은 매우 의미가 깊다. 대기업이 협력중소기업의 교육훈련 지원방안과 투자를 확대하고, 중소기업의 숙련인력을 채용할 경우 해당 중소기업의 숙련 유지를 위한 다각적인 지원을 강구하도록 했다.

앞으로, 인적자원개발에 대한 우리나라 기업들의 코페르니쿠스적 인식전환과 함께 대중소기업의 동반성장형 직업능력개발을 더욱 강화하기 위한 다양한 대안을 고민하여야 한다.

한국직업능력개발원의 연구결과에 의하면 직업능력개발과 작업장개선이 효과적으로 결합될 때 시너지 효과가 나타난다. 생산시설과 작업조직의 혁신을 동반하지 않는 숙련인력 양성으로는 기대한 만큼의 성과를 도출할 수는 없다.

장래를 이끌어 갈 청년층이 중소기업 취업을 꺼리는 이유도 대중소기업간 임금격차, 작업환경 격차, 사회적 인식 격차이다. 임금격차와 사회적 인식 격차의 해소는 다소 시일이 걸리는 문제이나 작업환경 격차는 정부의 정책 의지에 따라서는 비교적 빠른 시일 내에 소기의 성과를 거둘 수 있다. 중소기업의 작업 환경 개선은 젊은 층의 중소기업에의 취업 욕구를 높여 중소기업의 인력난, 청년층 실업문제 해결에도 일정 부분 기여할 것이다.

결론적으로 장시간 근로개선, 연공급 완화, 숙력향상 등 작업장혁신은 전략적 인적자원관리의 큰 틀 속에서 유기적으로, 함께 추진되어야 할 것이며 이에 대한 인식확산과 지원도 강화되어야 한다.

33. 고령자 직업능력 개발이 대안이다[116)]

여야가 지난 7~8월 국회에 정년 60세 의무화 법안(고용상 연령차별 금지 및 고령자고용촉진법 개정안)들을 제출한 데 이어 이번 정기국회에서 처리할 태세여서 정년연장이 우리 사회의 뜨거운 논쟁거리가 되고 있다.

한국경영자총협회 등 경영계는 고령화의 진전에 따라 고령자들이 노동시장에 더 오랫동안 머무는 것은 바람직하지만 능력에 비해 높은 임금을 받거나 필요가 없는데도 정년을 연장해 고령자를 계속 고용하게 하는 것은 기업에 많은 부담을 줄 수 있다며 정년연장 강제화에 반대하고 있다. 노사합의를 통해 개별기업의 여건에 맞춰 자율적으로 이뤄져야 한다는 것이다.

그러나 노동계는 기업들이 1991년 제정된 '고령자고용촉진법'에 따라 정년을 60세로 끌어올리도록 노력하게 돼 있지만 20여년이 지난 현재 실효성이 없는 것으로 판명됐으므로 60세 정년을 법적으로 의무화해야 한다는 입장이다.

많은 논란에도 불구하고 우리나라가 2000년 고령화사회(65세 이상 인구가 총인구의 7% 이상)가 된 데 이어 오는 2017년이면 고령사회(65세 이상 인구가 총인구의 14% 이상)에 진입할 것이 예상돼 사회 각층의 심도 있는 논의를 거쳐 어떤 형태로든 적절한 시기에 정년이 연장될 것으로 보인다.

---

116) 서울경제_2012.11.15

정년연장 법제화와 관련된 논거들과 우리 사회의 현실을 보면 고령사회와 관련된 여러 문제를 해결하는 대안은 고령자의 직업능력 개발임을 시사한다. 정년연장 법제화를 반대하는 가장 큰 논거는 나이가 들수록 임금 대비 생산성이 낮아지므로 정년을 높여 의무화할 경우 오히려 명예퇴직·권고사직 등으로 고임금 고령자를 퇴직시키려는 유인이 더 커진다는 것이다. 실제로 우리 기업들의 평균 정년은 현재 58세지만 40대나 50대 초반에도 많은 근로자들이 직장에서 밀려나고 있다.

직업능력개발원 조사에 따르면 25%가 채 안 되는 기업만이 자사에서 퇴직한 인력을 주로 계약직으로 재고용하고 있다. 기업들은 고령자의 신기술 적응에 시간이 필요하고(43.1%), 임금지급 부담이 커(42.6%) 퇴직한 산업인력기술 활용을 꺼리고 있다.

연공급 임금체계의 단점을 보완하기 위해 임금피크제를 도입하는 것도 중요하지만 고령자에게 적합한 직무를 개발하고 교육훈련에 고령자를 적극 참여시켜 생산성을 끌어올리는 것이 노사 모두에 긍정적인 대안이 될 수 있다.

기업들은 정부에 고령자 고용비용과 교육훈련 프로그램에 대한 지원을 바라고 있다. 1955~1963년생인 베이비붐 세대 712만 명 중 취업인구는 549만 명, 임금근로자는 312만 명에 이른다. 우리나라 노동시장의 핵심 인력인 베이비붐 세대의 고령화가 진행됨에 따라 전통적으로 강세를 보여온 제조업 부문은 인력고령화로 인건비 부담이 가중되고 숙련기술자의 퇴직으로 경쟁력이 약화될 것으로 우려된다. 또한 향후 10년간 노동시장에서 베이비붐 세대의 조기은퇴가 가시화할 경우 공적연금 등 수혜자가 늘어 국가의 재정부담이 가중될 것으로 전망된다.

정부와 기업은 고령자 중 어느 정도 수요가 있는 기술·기능인력에 대해서는 새로운 기술을 습득하는 직무교육을 실시해 직업능력을 길러주고 관리직·사무직의 경우 창업이나 전직지원 훈련·서비스를 통해 새로운 직무에 적응할 수 있도록 적극 지원해야 한다.

결론적으로 고령자의 직업능력을 개발·향상시킴으로써 노동시장 활동을 계속 유지할 수 있게 하는 것은 이들의 조기은퇴에 따른 국가 재정부담을 완화하고 국가경쟁력을 높이는 토대가 될 것이다.

34. 大·中企 '인력풀'이 진짜 상생[117)]

몇 달 전 고용노동부 장관이 기자간담회에서 중소기업 근로자를 대기업에서 빼갈 경우 인력을 양성한 중소기업에 해당 근로자의 능력개발 기여분을 상환시키는 방법을 가이드라인 형식으로 검토하겠다고 밝혀 다소 논란이 된 적이 있다.

중소기업의 인력을 채용하는 대기업에 소위 '이적료'를 부과하는 것이 개인의 직업선택 자유를 침해하는 측면이 있고, 중소기업에 종사하는 근로자들의 보다 좋은 직장으로 이동하고자 하는 욕구를 제한한다는 반대 의견 등으로 이적료 논란은 일단 수면 아래로 잠복했다.

그러나 현실을 보면 고용부 장관이 고액의 연봉을 받는 프로 운동선수들에게 부과하는 이적료를 기업 간 인력이동에도 적용할 생각을 할 정도로 많은 우리나라 기업, 특히 중소기업들이 인력 유출로 고통을 받고

---

117) 한국경제_2012.7.17

있다.

중소기업청의 조사에 의하면 조사 대상 25%의 중소기업이 다른 기업들의 기술인력 스카우트로 경영에 어려움을 겪고 있는데, 특히 36%의 기업이 중소기업보다는 대기업으로의 기술인력 유출이 더욱 문제가 된다고 대답했다. 특히 호황인 업종의 중소기업들은 대기업의 기술인력 스카우트로 경영에 큰 어려움을 겪고 있다. 최근에는 스마트폰과 관련된 프로그램 개발, 금형, 기계 업종에서 대기업의 인력 빼가기로 많은 중소기업들이 고통을 겪는 것으로 나타난다.

한국직업능력개발원의 추계에 따르면 숙련 형성이 상대적으로 긴 금형의 경우 일정 수준의 숙련이 형성되는 데 소요되는 6년간 인력양성에 들어가는 총비용은 3억 6,000만 원, 해당근로자의 생산액은 2억 1,000만 원으로, 6년간의 양성 뒤 그 인력이 다른 직장으로 떠나면 기업에 1억 5,000만 원의 순손실이 발생한다.

대기업은 중소기업에 비해 기술직의 이직률이 낮고, 중소기업들은 이직의 두려움 때문에 능력개발에 대한 투자를 하지 않아 대·중소기업 간 기술직의 능력개발 격차가 더욱 확대되고 있다.

기업 간 인력 유출을 완화할 목적으로 업종별 협의회가 일찍부터 발달한 서구의 경험에서 보듯이 인력개발 투자의 공공재적 성격 때문에 개별 기업들은 적극적으로 재직 근로자의 교육, 훈련에 대한 투자를 하기보다는 다른 회사의 숙련된 인력을 빼오려는 경향이 있다.

현재 세계 경제의 운명을 쥐고 흔들고 있는 독일의 경우, 지역 상공회의소를 통해 기업들이 자발적으로 인력양성 및 훈련에 적극적으로 참여하고 있는 것이 독일 산업 경쟁력의 주요 원천 가운데 하나다.

제조업을 기반으로 해 선진국의 문턱까지 진입한 우리나라의 기업들도 이제는 공조(共助)해 기술인력을 양성, 개발하는 것이 지속가능한 산업생태계를 조성하는 데 필수적이라는 인식을 확고히 가져야 한다.

기술인력의 숙련 형성은 학교교육으로 이뤄지기에는 한계가 있고 오랜 기간의 현장실무 경험을 통해 축적되기 때문에 저숙련 균형이 아닌 고숙련 균형의 기술인력 양성체계를 구축하기 위해서는 기업들의 인식전환이 선행돼야 한다.

지속가능한 동반성장의 기반이 되는 대·중소기업 간 인력양성의 공동협력 체계를 강화하는 방안으로는 인적자원개발 컨소시엄이나 비학위대학을 활성화하는 것을 고려해 볼 수 있다.

고용노동부의 지원을 받아 운영되는 인적자원개발 컨소시엄은 능력개발을 통한 대·중소기업 간 대표적인 공동성장의 모델로 자리매김했는데, 협회 혹은 기업단체 중심형 컨소시엄을 활성화해 소규모 기업이 보다 쉽게 참여하는 길을 열어야 한다. 특히 컨소시엄에 참여하지 않는 기업, 채용 예정자들도 컨소시엄을 통해 훈련을 받을 수 있는 길이 모색돼야 한다.

현장에서 축적한 숙련과 경력을 해당 기업은 물론 다른 기업에서도 인정받을 수 있는 방안이 강구돼야 한다. 일부 기업에서 운영되는 체계적 사내 훈련과정을 발전시켜 새로운 형태의 비학위 기업대학을 활성화하는 것이 하나의 대안이다.

35. 취업 양극화 대책, 재점검해야[118)]

대학을 졸업하는 젊은이들이 일자리를 찾지 못해서 4년에 대학을 졸업하지 않고 졸업을 미루는 취업 재수·삼수생 이야기는 어제오늘의 이야기는 아니나 개선될 징후가 없어 우려의 목소리가 높다. 통계청이 지난 11일 발표한 고용 동향에 따르면 젊은이들은 일자리를 찾지 못해 고통을 겪고 있으나 부모 세대인 50, 60대는 다시 취업전선에 뛰어들어 자녀 세대의 일자리를 차지하는 취업 양극화 현상이 지속되고 있다. 지난 6월 현재 일자리가 전년 동월과 비교해 20대는 3만 4,000명, 30대는 7만 명이 줄어들었다. 그 반면 50대 취업자는 24만 6,000명, 60대 이상은 22만 2,000명이 늘었다.

통상적으로 취업자의 증감(增減)은 인구와 경제활동참가율, 취업률의 변화로 설명된다. 로그평균(Log-Mean) 개념을 이용해 취업자의 증감을 인구와 경제활동참가율, 취업률의 변화로 요인을 분해하면 20대 취업자 수 감소의 대부분이 인구 감소 때문인 것으로 확인된다. 20대 인구 감소가 20대 취업자 감소를 설명하는 정도는 2010년 6월 80.8%, 2011년 6월 92.6%, 2012년 6월 85.1%로 지난해에 비해 올해 그 정도가 약간 떨어졌다. 그러나 그 비율은 80% 이상을 나타내고 있다.

50대 이상의 늘어난 취업자 중 인구 변화로 설명되는 부분은 2010년 6월 86.5%, 2011년 6월 77.5%, 올 6월 87.2%로 50, 60대가 취업시장을 주도하는 최근의 현상도 대부분 인구 증가가 설명된다. 그러나 20, 30

118) 문화일보_2012.7.13

대의 취업은 어려워지는 대신 50대 이상의 취업이 보다 쉬워지는 취업 양극화의 주된 원인을 인구 변화로 보고 손을 놓고 있기엔 상황이 심각하다. 특히 20대 취업자는 인구 증감 효과를 제외하더라도 지난 6월 전년 동월과 대비해 5,000명 줄었다.

현대경제연구원 자료에 따르면 경제협력개발기구(OECD) 기준으로 우리나라의 자영업자 수는 720만 명, 그 비중은 OECD 회원국 중 2위인데, 자영업체 종사 근로자까지 합치면 자영업 취업자가 1,000만 명을 넘어섰다. 자영업자 중 50대가 차지하는 비중은 2007년 25%에서 2011년 30%를 늘었는데, 진입보다는 퇴출이 많은 것이 현실이다. 2004~2009년 동안을 보면 소매업과 숙박, 음식업에서 새로 일을 시작한 사업체는 휴·폐업체 수보다 연 단위로 1만 개 정도 많다. 그런데 자영업자의 절반이 3년 안에 사업을 접고 있는 것으로 나타났다. 제 1, 2 금융권의 자영업자 대출액은 300조 원을 넘는 것으로 추정된다. 2011년 기준으로 가처분소득 대비 금융부채의 비율은 자영업자의 경우 160%인데, 상용직 근로자는 80% 정도다.

중소기업청 자료를 보면 60% 가까운 소상공인의 월평균 수익이 100만 원에 미치지 못하고 있다. 1만여의 소상공인을 대상으로 한 조사 결과에 따르면 월수익이 100만 원 이하인 자영업자가 30.8%, 적자이거나 수입이 없는 경우가 26.8%다. 특히 다단계업체의 판매원 수가 급증하고 있다. 그런데 취업이 급한 20대 젊은이가 다단계 업체의 영업사원 포섭 대상 1순위다. 지난해에 1만 명의 대학생이 불법 다단계업체로부터 피해를 당했는데, 피해액만 250억 원이다.

정부는 내년에 전국 11개 시니어 비즈 플라자(Senior Biz Plaza)의 창업

컨설팅 기능을 강화하고, 3,000억 원의 소상공인 진흥기금을 조성해 전직을 위한 직업훈련 및 구직비용 지원 대상 자영업자를 현재 연 매출 8,000만 원 이하에서 연 매출 1억 5,000만 원 이하 자영업자로 늘리는 등 중·노년층 창업을 지원하고, 전직을 알선하는 대책을 준비 중이나 근본적인 대책이 되지 못하고 있다.

취업 양극화 해소를 위해선, 기업하기 좋은 환경을 만들어 좋은 일자리가 많이 늘어나고 기업이 원하는 근로자의 직업능력이 개발되도록 하는 데 정책적 역량을 집중해야 한다.

36. 학력간 고용 미스매치 해소 방안[119)]

지난해 우리나라의 전체 취업자 수는 2,242만 4,000명으로 한 해 동안 약 41만 명이 늘어났다. 2000년 이후 연간 평균 일자리 증가 28만 명을 크게 웃도는 것임은 물론 2004년의 41만 8,000명 이후 일자리가 가장 큰 폭으로 늘어났다. 일자리 증가는 올해에도 이어져 지난 2월 취업자는 2,378만 3,000명으로 전년 동월과 비교해 44만 7,000명이 증가했다.

총량적으로 노동시장 상황이 이처럼 개선됐으나 정작 국민 개개인은 크게 실감하지 못하고 있다. 전년도의 24~29세 청년 취업애로 계층은 47만 명으로 공식적인 실업자의 3배 이상이다. 적당한 일자리를 구하지 못하고 직장에서 밀려난 40, 50대 장년층은 소규모 창업으로 몰리고 있으나 그마저 성공보다는 실패를 많이 하고 있다. 그 반면 중소기업에서는

119) 문화일보_2012.4.5

일할 사람을 구하지 못해 아우성이다. 중소기업중앙회가 올해 상반기 외국인 근로자를 신청한 7,300개 중소기업을 대상으로 실시한 조사에 따르면 응답 업체의 85%가 '외국인 근로자를 원하는 만큼 배정받지 못했다'고 답했다.

노동시장의 구조적인 인력수급 불균형(미스매치)은 당분간 지속될 전망이다. 고용노동부에 따르면 오는 2020년까지 고졸 취업 대상자는 32만 명이 부족한 반면, 전문대졸 이상 고학력 실업자는 50만 명에 이를 것으로 예측됐다. 고용부 전망대로 된다면 4년 후인 제20대 국회의원선거에는 반값 등록금이 아니라 '반의 반값 등록금' 공약이 등장하지 않을까.

지난해 우리 사회를 뜨겁게 달구었던 반값 등록금 논쟁도 결국은 대졸자의 취업난에 근본 원인이 있다. 기회비용까지 고려하면 1억 원에 가까운 비용을 투입해도 졸업 후 6개월 안에 절반 가까이 취업하지 못하고, 그 가운데 상당수는 비정규직 일자리이니 대학생들이 불만인 것은 어찌 보면 당연하다.

우리나라 대학진학률은 2008년 83.8%로 정점(頂點)을 기록한 후 지속적으로 떨어져 2011년에는 72.5%였다. 그러나 대학졸업자 이상의 국민이 1,500만 명이고 우리나라보다 선진국이며 교육열도 비슷한 일본의 대학진학률이 50%를 약간 넘는 것을 고려하면 무조건 대학에 진학하려는 풍토는 조속히 개선돼야 한다.

현 정부 들어서 실업계 고교인 특성화고교 졸업생도 대부분 대학에 진학하는 현실을 개선하기 위해 '선취업-후진학(학습)'의 교육 환경 조성에 적극적으로 노력하고 있으며 국민의 지지도 받고 있다. '선취업-후진학(학습)'의 여건이 조성되기 위해서는 최근 언론에 자주 보도되는 마이스터고, 특성화고 졸업생의 취업 성공신화가 지속적으로 이어질 수 있는 기반이 구조적으로 구축돼야 한다.

정부가 나서서 공공기관과 대기업에 고졸자 채용을 장려하는 것은 지나치게 높은 대학진학률을 떨어뜨리는 단초가 될 수는 있다. 하지만 현재와 같은 고졸·대졸 간 노동시장에서의 처우 격차가 지속되는 한 자녀들을 대학에 진학시키려는 부모들의 교육열을 무조건 나무랄 수는 없다. 고졸·대졸 간 임금격차는 노동시장의 생산성 차이라고 본다면 무엇보다도 고등학교에서의 직업교육 강화가 필수적이다. 고교단계에서의 직업교육 내실화(內實化)를 통해 우수한 중학생을 유치하고 고졸자가 기업이 필요로 하는 업무역량을 갖추도록 해야 한다. 또, 취업 후 고졸자들이 역량 개발을 통해 대졸자와 비교해 대등한 생산성을 갖출 수 있도록 하는 기업의 인사관리도 이뤄져야 한다.

끝으로, 현재와 같은 시험 위주가 아니라 현장에서 업무와 관련된 일을 하면서 국가 공인(公認) 자격을 부여받을 수 있는 과정형 자격제도가 확산된다면 자격이 대학졸업장을 대체하면서 노동시장의 미스매치 문제를 해소하는 데도 기여할 수 있을 것이다.

37. 일자리 문제 근원적으로 해결하려면120)

2011년 우리나라 전체 취업자 수는 2천 424만 4천 명으로 전년도에 비해 41만 명이나 늘어났다. 2000년 이후 연간 평균 취업자 수 증가가

120) 한국직업능력개발원 THE HRD REVIEW_2012년 3월호

28만 명에 불과하여 (2009년 말에 글로벌 금융위기를 겪은 것을 감안하여도) 좋은 일자리든 나쁜 일자리든 우리 경제의 연간 일자리 창출 능력이 약 30만 명 정도라고 보면 이는 괄목할 만한 상황이다. 지난 10년간을 놓고 보면 2004년의 41만 8천 명 이후 취업자 수가 가장 큰 폭으로 늘어났다.

그러나 취업자 수 증가에도 불구하고 노동시장 상황이 개선되었다는 인식은 크게 확산되고 있지 않다. 이는 고용의 질이 그다지 나아지고 있지 않기 때문이다. 모든 구직자들이 원하는 좋은 일자리도 기대만큼 생기지 않고 있다. 25~29세 청년층의 경우 실업자뿐 아니라 구직단념자와 그냥 쉬고 있는 사람, 구직활동을 하고 있지 않지만 취업을 준비 중인 사람을 합한 취업애로계층이 47만 명으로 공식적인 실업자의 3배 이상에 달하고 있다.

좋은 일자리가 많이 만들어져 일자리 문제가 근원적으로 해결되기 위해서는 다음의 문제에 대해 답을 찾아야 한다.

우선, 대기업, 공공부문의 정규직 근로자는 처우가 좋고 과도하게 고용이 안정되어 있는 반면, 일부 중소기업 근로자, 비정규직 근로자는 법에서 정한 보호도 받지 못하는 심각한 노동시장의 이중구조 문제에 대한 해답을 찾아야 한다. 2011년 8월 현재 기간제 근로자 등 비정규직 근로자는 599만 5천 명으로 글로벌 금융위기가 발생하기 전인 2008년 8월에 비해 55만 명이 늘어났다. 정규직 대비 비정규직 근로자의 임금은 56.4% 수준으로 2008년의 61%에 비해 오히려 비정규직 근로자의 처우는 상대적으로 악화되었다.

사내 하도급 근로자 등의 비정규직 문제는 총론적, 정파적 입장에서 문제에 접근하기보다는 사실에 근거하여 접근하여야 한다. 최근 대법원이 현대자동차의 사내 하도급 업체 근로자 2명에 대해 불법파견으로 보아 현대자동차의 근로자로 인정하면서 사내 하도급 문제가 다시 한번 사회적 이슈가 되었다. 현대자동차의 사내 하도급 근로자의 처우가 현대자동차의 1차 협력업체 근로자의 처우와 유사하고 현대자동차 정규직 근로자가 전년도 단협에 의거하여 일인당 2천만 원 정도의 임금인상 및 부가혜택을 누린 것을 고려하면 현대자동차 사내하도급 근로자가 우리나라 비정규직 문제를 대변한다고 보는 것이 과연 적정한지 의문이 든다. 이는 배치전환에 대한 사용자의 인사권도 제한되는 상황에서 정규직의 고용안정을 위한 충격완화 장치로서 일정 부분 사내하도급 근로자를 활용하기로 노사담합이 이루진 것으로 볼 수 있다. 대기업의 정규직 노동자에 대한 과도한 보호가 결과적으로는 대기업에서 괜찮은 일자리가 추가적으로 만들어지는 것을 저해하는 요인으로 작용하는 것이 아닌지를 철저히 따져보아야 한다.

둘째, 일자리 창출에 있어서 우리사회가 대기업 및 공공부문에 요구하는 역할이 무엇인지에 대해 고민하여야 한다. 지난 해 삼성, 현대자동차, SK, LG, 포스코, 현대중공업, GS, 한화 등 대기업 8곳의 임직원 수는 62만 2천 명으로 2010년 말보다 8.7% 증가하였다. 이는 지난해 전체 취업자 수 증가율인 1.7%를 크게 상회할 뿐만 아니라 2010년의 대기업 정규직 인원 증가율 6.9%보다 높았다. 정부가 나서서 일자리 창출이 대기업의 사회적 책무라는 것을 여러 경로를 통해 설득하고 압박한 것이 어느 정도 성과를 본 것으로 보인다. 1만 명이 늘어난 현대자동차의 경우 현대건설 인수에 따른 인원 증가를 제외하면 신규로 채용한 인원이 4천

4백여 명인데, 대기업의 사시론 4세 확장에 따른 일자리 증가를 어떤 시각에서 평가할 것인가도 우리 사회의 합의가 필요한 부분이다.

공공부문의 경우, 외환위기와 함께 시작한 김대중 정부에서는 30% 이상의 인원 감축이 이루어졌고, 시스템 개혁을 강조한 노무현 정부에서는 오히려 인원이 늘어났다. 공공부문의 선진화 계획을 시행한 이명박 정부에 들어서는 인위적인 인원 감축의 폭은 크지 않았고, 공공부문의 노사담합적 구조를 깨트리는 데 정책 역량을 집중하였다. 그러나 효율성 제고를 강조하면서, 공공부문의 일자리 형태가 비정규직 중심으로 늘어났다. 일부 공공기관의 경우 시기에 따라서는 비정규직의 숫자가 정규직보다 많고, 지속적인 업무를 필요로 하는 부문에서도 비정규직을 활용하고 있다. 정규직과 비정규직의 처우 차이가 적정한 것인가에 대해서도 검토하여 보아야 하는 부분이다.

셋째, 대졸 중심의 인재육성 정책에서 보다 과감하게 탈피하는 방안을 마련하여야 한다. 우리나라의 현재 대학진학률은 80% 수준인데, 우리나라보다 선진국인 일본의 대학진학률은 50%를 약간 넘고 있다. 2010년 기준으로 대학졸업자 이상의 학력을 가진 국민이 1천 5백만 명이 넘는다. 그러나 대학을 졸업하여도 취업이 잘 되지 않으며 취업이 되지 않아 대학에 5년 내지 6년씩 머무는 상황에서 학생들이 반값 등록금을 외치는 것도 무리는 아니다. 대학설립에 준칙주의를 도입한 1995년 이후 대학은 우후죽순으로 늘어났으나 1997년 말 외환위기 발생 이후 대졸자에 대한 수요는 기대만큼 늘어나지 않는 것이 현재 대졸자들의 취업률이 40%대인 상황의 근본적인 원인이다. 정부가 나서서 대학 평가에서 일정기준에 미달하는 경우 학생들의 학자금 보조를 제한하는 등의 조치를 통하여 대학의 퇴출을 유도하고 있으나, 학생 모집에 어려움을 겪는 등 재정적으로 어려운 대학이 대부분 지방대학인 것을 고려하면 정부가 의도하는 대로 대학부문에서 구조조정이 이루어지기 어려운 측면이 있다.

이에 보다 적극적인 의미에서의 정부의 역할이 필요하다. 최근 들어서 뚜렷이 개선되고 있는 마이스터고, 특성화고 졸업생들의 취업률은 대졸 중심의 인재육성 정책에서 벗어나는 계기가 되고 있으며, 일반 국민들의 적극적인 지지도 받고 있다. 특성화고 졸업생들의 지속적인 취업 성공 신화가 이어져야 미래 인재들이 본인에게도 실질적으로 도움이 되고 또한 국가적으로는 노동시장의 수급 불균형을 해소하는 방향으로의 선택을 하게 된다.

넷째, 대졸자들이 구직난으로 어려움을 겪고 있지만 중소기업들은 구인난을 호소하고 있다. 대학생들에게 현실을 인식시키고 중소기업 취업으로 눈높이를 맞출 수 있는 기회가 제공되도록 정부가 더욱 적극적으로 나서야한다. 정부가 지원하는 상공회의소 직업훈련과정 입교생 중 50% 이상이 대졸중퇴자이다. 대학 졸업 후 일자리가 없는 상황이 조속한 시일 내에 개선될 가능성이 크지 않다는 점을 고려하면, 대학 재학 중에 직업훈련을 받고, 중소기업에서 취업을 경험하는 기회를 대폭적으로 확대하는 것이 필요하다.

끝으로, 우리나라 노동시장의 특징 중 하나는 취업자 중 자영입자가 차지하는 비중이 높다는 것인데, 자영업자들이 중소기업, 중견기업, 대기업으로 발전하지 못하고, 영세 자영업자로 남아 있거나 몰락하여 많은 경우 빈곤층으로 전락하고 있다. 성장잠재력이 큰 서비스 산업 등에서 창업이 활발히 일어나고 인재들이 벤처기업에 몰릴 수 있는 기반이 구축되어야 한다. 한 언론사 기자가 최근 청와대에서 열린 중소기업 간담회에 참석한 한 중견기업 대표에게 일자리 문제의 해법을 물었을 때 "열심히 일하면 기업이 크고, 그 결과 일자리도 늘어납니다"라는 대답이 돌아왔다. 도전정신을 가진 젊은 인재 또는 조기퇴직자들이 음식점 창업이 아니라 역동적 창업전선에 주저 없이 뛰어들 수 있는 생태계를 만들어 주는 것이 더욱 필요하다.

38. 근로시간 줄여 일자리 만들자[121)]

정부가 근로시간을 줄여 근로관행을 바꾸고 일자리도 늘리는 방안을 강구하고 있다. 현행 근로기준법상 주당 근로시간은 40시간, 초과근로는 12시간까지 가능하다. 휴일근로는 초과근로시간에 포함되지 않는다. 토·일요일 각각 8시간 근무를 한다고 해도 이는 초과근로에 포함되지 않는 법적 허점이 있다. 한 주 68시간을 일해도 근로기준법 위반은 아니다. 정부가 장시간 근로의 원인을 제공하는 이런 부분을 고쳐 휴일근로를 초과근로에 포함시킬 모양이다. 운수업 등 12개 업종 근로자들은 근로시간 예외의 적용을 받아 사실상 무제한 근로가 가능한데 이런 업종의 수를 줄여 나갈 계획이다.

경제협력개발기구(OECD)에 따르면 우리나라 임금근로자의 연간 근로시간은 2,111시간(2010년 기준)으로 OECD 국가 중 가장 길다. 장시간

121) 동아일보_2012.2.15

근로관행은 높은 산업 재해율로 이어질 수 있고, 개인의 삶과 가정의 희생을 요구한다. 또한 근로자의 능력 개발 부족 등으로 노동생산성 하락을 가져올 수 있다. 실제로 우리나라의 근로시간당 노동생산성은 OECD 30개 국가 중 28위로 미국의 43.8%, 일본의 65.7%다. 일은 오래하지만 노동생산성은 낮은 것이다.

장시간 근로의 개선은 일자리 창출의 기반이 된다. 지난해 정부는 500여 개 장시간 근로사업장을 점검해 근로시간 위반 사업장 4,000여 개를 적발했고, 시정 과정에서 근로자 5,000여 명이 신규 채용됐다고 한다.

2010년 8월 노사정은 2020년까지 연간 근로시간을 1,800시간으로 줄이기로 합의했다. 노동계와 경영계는 장시간 근로 개선을 위한 원칙에 동의하지만 도입 방법에는 견해차가 크다. 노동계는 정부 방침을 즉각 실시할 것을 주장하면서도 근로자의 임금 삭감은 안 된다고 한다. 신규 채용을 꺼리는 경영계는 임금 삭감을 전제로 한 근로시간 단축을 주장하고 있다.

노사 간의 이견은 상호 이해와 양보로 충분히 극복할 수 있을 것이다. 근로시간을 단축해도 생산성을 높인다면 임금 보전이 가능하다. 장시간 근로를 통한 기업의 경쟁력 확보는 사라져야 한다. 일자리를 늘리고 근로문화를 선진화하기 위한 정부의 조치가 실효를 거둘 수 있도록 노사정이 지혜를 모으기 바란다.

39. 철도 노조가 풀어야 할 숙제[122)]

수서발 KTX를 운영하는 코레일 자회사 설립을 반대해 발생한 철도파업이 22일 만에 종료됐다. 수서발 KTX 회사 설립을 철도산업의 민영화로 규정한 철도노조의 파업은 2002년 발전노조의 발전산업 민영화 반대 파업과 비슷하다. 당시 발전노조는 전력산업 민영화를 반대해 발전회사 5개 노조가 가스공사 노조 등과 함께 파업투쟁을 전개했으나 38일 만에 백기 투항했다.

철도파업은 법원이 파업을 주도한 노조집행부에 대해 체포영장을 발부한 것에서 보듯이 불법파업이었다. 박근혜 정부의 법과 원칙 준수에 대한 의지는 그 어느 정부보다 강력하고, 민영화 이슈는 일반 국민에게 그렇게 피부에 다가오지 않기 때문에 철도노조의 파업 철회는 시간 문제였지 예견된 것이었다. 발전노조 파업보다도 일찍 종료된 것은 시대 분위기의 변화도 있었지만 무엇보다 민주노총의 반대에도 불구하고 파업종료를 결정한 철도노조 위원장의 용단이 있었기에 가능했다.

민영화를 둘러싼 한국 사회의 담론은 탁상공론의 성격이 짙다. 철도사업과 같은 핵심 기간산업의 민영화는 우리 경제가 민간주도로 전환된 이후 찾아보기 힘들다. 포스코처럼 민영화됐다 하더라도 경제구조 특성상 특정 개인에게 소유권을 이전하기 어려운 것이 우리의 현실이기 때문이다.

한국 사회의 보혁 갈등같이 민영화를 둘러싼 격렬한 찬반논란은 사실 30~40년 전 영국의 대처, 미국 레이건 시대의 프레임에 갇혀 있는 것과

122) 한국경제_2014.1.8

같다. 민영화의 장점과 폐해는 민영화 범위 자체가 논란거리임에도 불구하고, 한국이나 다른 나라의 사례를 통해 잘 알려져 있으며, 장점을 살리면서 부작용을 최소화할 방안을 찾는 것이 중요하다. 이번 수서발 KTX 자회사 설립과 같은 철도 경쟁체제의 도입은 반대할 뚜렷한 명분이 없으며 국민이 보기에는 제 밥그릇을 지키기 위한 고집 센 투쟁이었을 뿐이다. 자기 이익을 지키기 위해 싸우는 것을 나무랄 수는 없지만 국민이 주인인 기업에서 법을 지키지 않는 것이 이번 철도노조가 별 소득 없이 파업을 접을 수밖에 없었던 이유였다.

또 철도파업이 조기 종료될 수 있었던 이유 중 하나는 적지 않은 국민이 불편을 겪었지만 파업에 따른 직접적 손실이 예상보다는 크지 않았다는 것이다. 물류나 여객 수송에 철도를 대체하는 수단이 많이 있었기 때문이다.

파업의 참가 여부와 관계없이 이번 철도파업을 겪으면서 코레일 직원들의 마음고생이 제일 심했을 것이다. 복귀시기, 파업의 참가 정도에 따라 징계의 경중이 달라질 것이기 때문에 코레일 내부의 갈등은 상당 기간 지속될 것이다.

이제 철도 노사는 철도사업의 경쟁력을 높이고 파업에 따른 후유증도 극복해야 한다. 경쟁체제 도입을 반대해 발생한 철도파업이 역설적으로 철도사업의 경쟁력 제고를 위해 경쟁체제가 도입돼야 한다는 것을 국민이 알 수 있는 계기가 됐다. 코레일의 적자가 과거로부터의 구조적인 요인도 있지만 운영의 효율성이 제고돼야 한다는 것을 보여줬다. 적자임에도 불구하고 민간부문 기업과는 달리 중간직급까지 승진이 자동적으로 되고, 본인 동의 없이는 전보도 어려우며, 임금은 지속적으로 올랐고

급여 수준도 상당히 높다는 것까지 알려졌다.

아시아나항공이 설립돼 대한항공의 독점체제가 무너졌을 때 국내 항공시장의 협소함으로 인해 공멸의 위험성이 거론됐으나 대한항공의 서비스에 질적인 변화가 있었고, 경쟁하면서 두 회사 모두 세계적인 항공사로 도약할 수 있었다. 철도 노사는 수서발 KTX 회사 설립을 철도사업의 경쟁력을 높이는 기회로 삼아, 앞으로 효율성 제고를 위해 민영화를 해야 한다는 주장이 근거가 없음을 보여주어야 할 것이다.

40. 통상임금 문제, 勞使 신뢰로 풀어야[123)]

박근혜 대통령의 방미중 GM 회장이 80억 달러 투자의 조건으로 해결을 요청하면서 노·사·정(勞使政) 간의 핵심 쟁점이 됐던 통상임금 문제에 대한 사법부의 입장이 정리됐다. 18일 대법원은 갑을오토텍의 통상임금 사건의 전원합의체 판결 선고의 취지를, '정기 상여금이 통상임금에 해당함을 명확히 인정하고 그 외에 어떠한 임금이 통상임금에 포함되는지 여부에 관한 판단 기준을 제시하면서 다만 정기 상여금을 포함한 통상임금에 기초한 추가임금의 청구가 신의성실의 원칙에 위반될 수 있다는 점을 밝힌' 것이라고 했다.

대법원 판결에 대해 경영계와 노동계 모두 불만의 목소리를 내고 있다. 경영계는 1개월 단위를 넘어 고정적으로 지급했던 정기 상여금이 통상임금에 포함됨에 따라 기업의 부담이 늘어난 것을 우려하고 있다. 대한상공

123) 문화일보_2013.12.20

회의소 부회장은 '대법원의 통상임금 범위 확대 판결은 기업들에 부담이 많이 돼 투자나 고용에 악영향을 줄 것'이라고 우려했다. 그 반면 노동계는 과거 3년간 받지 못했던 임금 채권의 소급 청구권에 대해 예상하지 못한 과도한 손실로 기업의 존립마저 위태롭다면 신의성실의 원칙상 허용할 수 없다고 본 것은 '재계의 입장을 반영한 정치적 판결'이라며 반발하고 있다. 대법원의 이번 판결에 대한 노사 모두의 불만에도 불구하고 이번 선고는 통상임금 문제 해결의 방향성을 제시했다는 의의가 있다.

통상임금이 쟁점화된 것은 근로기준법 시행령에 통상임금은 '근로자에게 정기적이고 일률적으로 소정 근로 또는 총 근로에 대해 지급하기로 정한 시간급·일급·주급·월급 금액 또는 도급 금액'이라고 다소 모호하게 규정돼 있다. 그런데 각급 법원은 통상임금의 범위에 대해 사안에 따라 고용노동부 행정지침보다는 넓게 해석해 왔기 때문이다. 대법원 전원합의체의 판결에 따라 통상임금의 범위를 둘러싼 노사 간의 다툼은 크게 줄어들 것이다.

기업의 존립마저 위태로울 경우 임금채권 청구권을 제한한 것은 통상임금의 문제는 노사 간에 풀어야 할 사안이라는 것을 대법원은 확인시켰다. 고용부 행정지침이 법 위에 있을 수는 없는 것임에도 과거 수십 년 동안 현장에서는 행정지침에 근거해 통상임금의 범위를 규정하고 임금 인상액을 노사 간에 합의로 정해 온 것이 현실이라면 법의 취지에 맞지 않는 행정지침을 믿었다는 이유로 기업의 존립마저 위태롭게 할 수는 없다는 것은 매우 현명한 결정이다. 근로자들이나 노조도 기업이 존립마저 걱정할 상황인데 무리하게 임금청구권을 행사할 정도로 무리하지는 않을 것이다.

이번 판결로 대·중소기업 근로자 간의 급여 격차가 더욱 커질 가능성이 있는 것은 우려되는 부분이다. 통상임금 문제를 국가 차원의 공론의 장으로 끌어들인 한국GM은 현재 대법원에서의 패소 가능성에 대비해 인건비 8,000억여 원을 장기 미지급 비용으로 계상해 놓고 있는 것으로 알려져 있다. 대부분의 대기업도 통상임금 소급분을 지급해도 기업의 존립이 힘들어지지는 않을 것이나 많은 중소기업 근로자들은 소송을 할 엄두도 내지 못 할 것이다.

이번 대법원 판결을 계기로 각종 수당 등이 수십 개씩 되는 복잡한 임금체계를 단순화하고 통상임금과 평균임금으로 이원화돼 있는 기준을 일원화하는 방향으로 우리나라 임금제도가 개편되도록 노사정이 지혜를 모아야 한다. 우리나라는 경제협력개발기구(OECD) 회원국 가운데 노동시간이 가장 길다. 이는 비용을 최소화하려는 기업과 총소득을 최대화하려는 노사 간 묵시적 담합의 산물인 측면이 크다. 그런 만큼 이번 대법원 판결이 휴일·야간·연장 근로가 많이 줄어들어 장시간 근로시간 관행이 없어지는 촉진제가 돼야 한다.

41. 희망 주는 고용노동정책 펴야[124)]

현 정부의 가장 큰 성과 중 하나는 우리나라 노사관계 선진화의 기틀을 마련했다는 것이다. 그동안 국제경영개발원(IMD) 등 여러 국제기준에서 평가한 우리나라 노사관계 경쟁력은 항상 최하위였다. 그러나 최근

---

124) 서울경제_2011.12.12

크게 개선되고 있다. 근로자 1,000명 당 노사분규로 인한 근로손실 일수는 지난 2008년 49.9일에서 지난해 30.2일로 경제협력개발기구(OECD) 회원국 평균 밑으로 떨어졌고 올해 23.9일(11월 말 현재)로 지난해보다 20% 정도 줄었다.

글로벌 금융위기의 여파로 2009년에는 취업자 수가 전년보다 7만 2,000명 줄었지만 2010년에는 취업자가 32만 명 늘어났고 올해에는 11월 현재 40만 명 넘게 증가했다. 선진국보다 낮은 고용률, 비정규직 문제, 청년과 중장년층 실업 문제 등 아직도 해결해야 할 과제는 많지만 현 정부의 고용노동정책은 상당한 성과가 있었던 것으로 평가된다.

하지만 아직도 노력해야 할 것이 많은 것이 사실이다. 우선 어려운 여건 속에서도 일터에서 열심히 일하고 있고 일자리를 찾기 위해 노력하는 많은 국민에게 희망을 주기 위해 정부는 지금까지의 성과를 바탕으로 다음의 과제를 해결해나가야 한다.

첫째, 근로시간을 줄여야 한다. 우리나라 근로자들의 연간 근로시간은 2,000시간이 넘어 OECD 국가 중 가장 노동시간이 긴 나라로 꼽힌다. 최근 고용노동부가 자동차 업체들을 대상으로 특별 근로 감독한 결과에 따르면 주당 근로시간이 100시간을 넘은 경우도 있었다. 장치 산업의 특성상 설비투자 회수율을 높인다는 측면에서 주간 2연속 교대제를 이해할 수도 있으나 근로자들의 노동생산성을 높이기 위해 노력하기보다는 연장근로수당·휴일근로수당 등을 통해 임금을 보전받는 노사담합적 합의가 이뤄지고 결과적으로 누구나 원하는 좋은 일자리가 소수에게만 집중되는 것은 사회적으로 결코 바람직하지 않다.

둘째, 연공(年功·여러 해 동안 근무한 공로) 위주의 임금체계를 합리화시켜야 한다. 생산직 근로자의 연공에 따른 임금 격차는 선진국은 물론이고 우리나라와 비슷한 임금체계를 가진 일본과 비교해도 크다. 우리나라 신규 입사자의 임금을 100으로 봤을 때 5~9년 근속 근로자의 임금은 164, 20년 이상 근로자는 241로 일본(각각 100, 135, 210)보다 격차가 크다. 연공급 임금체계는 노조가 있는 대기업이나 공공기관의 정규직 위주로 적용되고 있어 정규직과 비정규직의 임금 격차를 더욱 확대시키고 노동시장의 계층 간 단절을 심화시키고 있다. 또 생산성에 부합하지 못하는 연공급 임금체계는 중·고령 근로자의 노동시장에서의 조기 퇴진을 촉발하는 단초가 되고 있다.

셋째, 사내하도급 근로자 등 비정규직의 처우를 개선해야 한다. 정규직 노동시장이 경직된 여건에서 기업들이 비정규직을 불가피하게 쓸 수밖에 없는 사정은 있으나 비슷한 일을 하는 경우 정규직과 비정규직의 처우나 근로조건이 너무 차이가 나는 것은 바람직하지 못하다.

끝으로 국민 개개인이 직업능력 개발을 적극적으로 지원해 모든 국민이 평생 고용 역량을 가질 수 있도록 해야 한다. 우리나라 성인 중 직업능력 향상 교육에 참여하는 비율은 15%로 미국(42%)·독일(30%)에 크게 못 미칠 뿐 아니라 OECD 평균(28.5%)의 절반 수준에 불과하다. 90% 가까운 고졸자가 대학에 진학하고 대학을 졸업한 뒤 직장에서 직업능력을 개발할 수 있는 기회가 적기 때문이다. 고등학교 졸업 후 우선 취업하고 취업 후 역량 개발을 할 수 있는 많은 기회를 제공한다면 학력이 아니라 역량·실력으로 인정받는 사회의 기반이 구축될 것이다.

제9장

기 타

제9장

기 타

1. 데이터의 개방과 소통이 정부 3.0의 핵심[125)]

콘텐츠를 민간에 개방해 공공가치의 더 큰 확산을 이뤄낸 영국의 공영방송 BBC와 개방형 혁신을 통해 전자상거래 기업에서 정보기술(IT) 기업으로 진화하고 있는 아마존의 핵심 키워드는 '개방과 공유를 통한 소통과 협력'이다.

공공기관은 정부로부터 사업을 위탁받아 국민의 삶의 질을 향상시키는 서비스를 추진하고 있다. 하지만 그동안 많은 공공기관이 사업의 추진과 실적에만 관심이 있었지 국민과 고객에게 어떤 영향을 주고 성과로 연계하는지에 대해서는 대체로 둔감했던 것이 사실이다. 고객과 국민을 섬기는 공공기관으로 거듭나기 위해서는 개방과 공유, 소통과 협력에 기반을 둔 정부의 새로운 국정 운영 패러다임인 정부 3.0이 꼭 필요하다.

125) 동아일보_2016.6.21

기업에서는 이미 오픈 이노베이션(Open innovation)을 통해 다양한 형태의 혁신경영을 추진하고 있다. 기술이나 특허를 개방 및 공유하여 서로 간에 협력을 통해 더 가치 있는 기술개발과 비즈니스 모델을 만들고 있다. 공공기관도 본연의 사업이 이루어지는 장(場)을 더욱 넓혀 민관이 서로 발전할 수 있도록 자료를 개방하고 부처 간 협력을 더욱 강화해야 한다.

정부 3.0은 방대한 데이터를 민간에 개방하여 새로운 사업과 일자리를 창출하고 부처 간 협력을 통해 국민의 삶의 질을 향상시키는 것이다. 한국산업인력공단도 지난해 자격정보, 해외취업 등 3개 분야의 6개 데이터 플랫폼(Open API)을 민간에 개방함으로써 서비스의 창의적인 재생산이 가능하도록 지원했다. 그리고 그동안 여러 부처에 산재해 있던 해외 진출 정보를 월드잡플러스(worldjob.or.kr)로 통합하여 국민의 정보 접근성을 대폭 향상시켰다. 이러한 성과를 인정받아 행정자치부가 5월 12일 발표한 116개 공공기관의 2015년도 정부3.0 실적 평가에서 10대 우수기관 중 하나로 선정되었다.

또한 정부 3.0은 4차 산업혁명에도 꼭 필요한 패러다임이다. 모든 것을 네트워크로 연결하여 더 나은 세상을 만들기 위해서는 소프트웨어의 변화가 있어야 한다. 공공기관은 지속적으로 고부가 데이터의 개방과 공유, 소통과 협력을 통해 대국민 서비스를 혁신하여 국민행복 증진에 더욱 노력할 것이다.

2. 혁신도시 어느 공공기관장의 1년126)

지난 해 8월 12일 한국산업인력공단 이사장으로 취임해 10월 1일 울산광역시 중구로 주민등록을 옮겼으니 울산시민이 된 지 1년이 넘었다.

지난 1년간을 돌아보면, 서울에서의 여러 회의 및 행사 그리고 전국의 현장을 다니면서 사업을 점검하느라 많은 시간을 이동에 보낸듯하다.

올해 9월말까지 이뤄진 각종 회의, 행사, 모임이 1,000여건인데, 이 중 울산에서 이뤄진 일은 22%였다. 산업인력공단의 사업은 근로자 능력개발 지원, 자격검정 관리, 외국인근로자 고용 및 체류 지원, 청년 해외취업 지원 그리고 전국기능대회 주관, 국제기능올림픽 훈련 지원을 비롯한 숙련기술진흥사업 등 사업영역이 다양해 다른 공공기관보다 대외협력 업무가 많은데, 국회, 언론, 교수 등 주요 관계자들이 서울 등 수도권에 집중돼 있다.

제50회 전국기능대회가 울산에서 열린 10월의 셋째 주는 특히 여러 행사가 많았다. 11일 안산에서 필리핀 외국인 근로자 관련 행사, 12일 울산에서 전국기능대회 폐막식, 13일 서울에서 해외취업 지원을 위한 한독상공회의소와의 MOU 체결, 창원에서 경남중소기업 경영포럼 참가 및 유관기관 공공기관장과 면담, 14일 과천 중앙공무원교원에서 고위공직자 대상으로 강의 및 호주 유관기관 대표 면담, 15일 서울에서 글로벌 취업상담회 개막식과 고용허가제 11주년 기념식, 16일 서울에서 K-Move세미나와 두 곳의 언론사와 인터뷰, 18일 안산에서 국민과 함께

126) 울산매일신문_2015.10.21

하는 외국인근로자 한마당에 참가했다.

산업인력공단은 울산본부 외에 서울지역본부 등 전국 24개소에 지부, 지사를 두고 있기 때문에 일학습병행제 등 주요 국정과제 추진상황을 점검하기 위해 전국 각지로출장갈 일이 많은데, 본부가 서울에 있을 때보다 이동 시간이 길어졌다. 울산에서 광주나 춘천을 가려면 비행기를 이용해 서울을 거쳐 가는 것이 시간이 덜 걸린다. 기관장뿐 아니라 모든 구성원들이 길에서 보내는 시간이 많아졌다. 울산으로 본부를 옮긴 작년도의 본부 직원 출장일수는 전년도에 비해 50%가 늘어났다.

주요 행사가 서울 등 수도권에서 대부분 열리고 공공기관장이 상당 시간을 본부가 있는 울산에 있지 못하는 상황은 역설적으로 공공기관이 혁신도시로 이전해야 하는 당위성을 지지하고 있다. 혁신도시로의 공공기관 이전으로 수도권 집중현상이 완화될 것으로 기대할 수 있기 때문이다. 저하된 업무 효율성을 극복하는 것은 혁신도시로 이전한 공공기관의 몫이다.

산업인력공단은 업무 수행의 효율성을 유지하기 위해 모바일 등 IT 기술을 적극 활용하고 있다.본부, 지부·지사, 서울의 스마트오피스를 연결하는 화상회의 시스템을 구축해 올해 300여건의 화상회의를 열었다. 외부 전문가의 자문이 필요하면 외부전문가는 서울의 스마트 오피스에서 직원들은 본부와 지부지사에서 화상회의를 통해 회의를 진행한다.

공단의 본부 이전으로 전자결제 등 모바일을 통한 소통도 활성화됐다. 필자도 어떤 날에는 수백 건의 카카오톡, 문자메시지를 직원들에게 보낸다.

이동거리가 많다 보니 직원들과 직접 대면할 기회가 적어진다는 문제가 있다. 필자는 지난 1년간 전국의 지부·지사 직원들과 한 번의 식사 기회를 가졌고, 앞으로 1년은 400여명 정도의 울산 본부 모든 직원들과 팀을 나눠서 점심을 하려고 한다.

개인적으로 울산에서는 저녁뿐 아니라 아침이 있는 삶을 가질 수 있어서 좋다. 업무상 저녁에 모임을 할 경우가 적고, 집에서 회사까지 차로 10분정도 걸려서 아침시간이 여유롭다. 청청도시로 다시 태어난 울산의 태화강변을 아침에 1시간 정도 산책하고 있다. 집사람이 '삼대(三代)가 덕을 쌓아야 주말부부가 가능하다'고 하는데, 울산으로 주민등록 주소지를 옮긴 후에도 서울에서 보내는 시간이 많다고 구박을 종종 한다. 그래서 그런지 울산총각 생활이 그렇게 싫지만은 않다.

3. 인재포럼에서 얻은 지혜들[127)]

'벽을 넘어서(Beyond Wallls)'란 주제로 교육부, 한국경제신문 그리고 한국직업능력개발원이 주최한 제8회 글로벌 인재포럼이 지난 5~7일 열렸다. 주관기관의 하나인 한국직업능력개발원의 원장으로서 세 차례 회의에 참가하면서 나날이 발전하는 글로벌 인재포럼에 대해 자부심과 함께 책임감도 느끼게 됐다.

올해도 에후드 바라크 전 이스라엘 총리, 프랜시스 후쿠야마 스탠퍼드대 석좌교수 등 세계의 지도자와 석학을 포함, 50여 개국 300여명의 외국인이 참가해 글로벌 인재양성 관련 논의의 장으로 확고하게 자리

---

127) 한국경제_2013.11.8

매김했다. 국내에서도 4,400여명이 사전등록하는 등 참가 열기가 뜨거웠다. 작년에 이어 대학생, 고등학생 등 더욱 많은 젊은이가 진지하게 듣고, 열심히 질문해 외국인 참가자들의 시샘과 함께 부러움을 샀다. 또한 이번 포럼과 함께 동아시아정상(EAS) 직업훈련교육 네트워크 창립총회, 세계은행 동아시아태평양(EAP) 워크숍 등 유관 국제행사가 많이 열려, 글로벌 인재포럼의 국제적 위상이 더욱 높아졌다.

박근혜 정부 출범 이후 처음으로 열린 이번 포럼에서, 참가자들은 창조경제를 이끌어 갈 창조적 인재의 육성, 활용 및 확보 방안에 대해 열띤 토론을 했다. 창조경제를 이끌어 갈 인재양성을 위해서는 실패를 용인하는 사회 분위기, 위계질서에 얽매이지 않은 자유로운 토론 문화 등이 필요하다고 기조연설자인 바라크 전 총리는 역설했다. 이틀간의 토론에서 대부분의 발표자와 토론자는 시장의 수요에 유연하게 대응할 수 있는 인재양성이 무엇보다 필요하며, 불확실성의 시대에 개인도 변화하는 환경에 맞춰 부단히 역량을 개발해야 한다는 것에 동의했다. 한국 사회에는 학력, 인종, 성, 지역 간에 수많은 '벽'들이 존재하는데, 우리 노동시장에서 가장 높은 벽의 하나인 학력 장벽에 관한 논의가 심도 있게 이뤄졌다. 후쿠야마 교수는 직업교육이 중산층을 지켜내는 버팀목이고, 세계 50위권 대학이 하나도 없는 환경에서도 직업교육을 중시하는 독일 모델이 세계 경제회복의 원동력일 수 있다는 점을 강조했다.

정부의 '선취업-후진학' 정책으로 약간 완화되기는 했지만 과도한 대학 진학의 열기가 아직도 한국 사회가 풀어가야 할 숙제인데, 학령인구의 감소로 대학의 미래는 밝지만은 않다. 의료분야에 특화해 학생 및 교직원의 지역봉사를 강조하는 일본 미야자키대와 예술, 과학기술 및 경영학을 융합한 교육과정으로 예술분야에서 독창적 인재를 기르는 골드스미스런던대 등 이번 포럼에서 소개된 사례는 한국 대학이 나아갈 방향을 제시했다.

학력이라는 벽이 만든 우리 사회의 병폐 중 하나는 어린 학생들이 너무 많은 시간과 노력을 학습에 투입한다는 것이다. 꿈과 끼를 살려주는 행복교육을 실현할 수 있는 자유학기제 및 능력중심사회를 구축하기 위해 학력을 대체할 수 있는 방안으로 박근혜 정부에서 추진하고 있는 국가직무능력표준(NCS) 및 국가자격체계(NQF)와 관련된 외국의 사례·경험에 대한 발표 및 토론도 많은 시사점을 주었다. 외국인 근로자, 결혼이주자를 아우르는 유럽의 사례와 교훈도 다문화 인재 양성과 관련해 많은 생각을 하게 했다.

글로벌 인재포럼은 지속적으로 참여하는 포럼을 추구해 왔다. 올해에는 '대졸자 취업역량, 무엇이 문제인가'란 주제로 대학생도 지정 토론자로 참여하는 열린 세션을 포함했다. 마지막 종합정리토론에서는 포럼에서 논의된 주요 내용을 정리해 발표한 필자와 함께, 고등학생 및 대학생 참가자 대표들이 포럼에서 느낀 생각 그리고 우리 사회에 바라는 기대와 꿈을 이야기하는 기회도 있었다.

글로벌 인재포럼이 내년에는 더욱 발전해 국내외 젊은이들이 자신의 미래를 설계하는 네 도움을 주었으면 하는 바람이다.

4. 아프리카 국가들이 우리한테 원하는 것[128)]

최근 '기회의 땅' 아프리카에 처음으로 다녀왔다. 우리 정부와 유네스코는 아프리카 교육원조를 위해 베어(BEAR: Better Education for Africa's Rise) 프로젝트를 추진하고 있는데, 필자가 원장으로 있는 한국직업능력개발원(직능원)은 나미비아 잠비아 보츠와나 콩고민주공화국 말라위 등 남아프리카 5개국의 직업교육 역량 제고를 지원하고 있다.

지난해 기준으로 우리가 아프리카에 지원한 공적개발원조(ODA)는 15억 5,000만 달러로 최근 5년 사이 2배 늘었다. '자원 부국'이라고 하는 아프리카에 대한 우리의 ODA는 전체의 20%로, 정부는 그 비중을 점점 확대할 계획을 세워놓고 있다.

아프리카에 대한 ODA는 인근 아시아 국가보다는 실무적으로 어려운 점이 많다는 사실을 출장을 통해 알게 됐다. 필자는 인천공항을 떠나 75시간이 걸려 출장지인 나미비아 빈툭공항에 도착했다. 나미비아 입국비자를 받기 위해 요하네스버그에 2일간 체류한 탓에 이처럼 많은 시간이 소요된 것이다.

아프리카엔 치안 문제로 일몰 후에는 외출 하는 것이 위험한 나라가 많다. 베어프로젝트에 참가하는 연구진들은 출장 기간 동안 숙박장소 외에는 외출이 허용되지 않았다.

아프리카 대부분의 나라는 우리나라처럼 강대국으로부터 수탈당한 역사가 있다. 나라를 운영하는데 필요한 많은 제도나 관습은 식민 지배를

---

128) 한국일보_2013.10.26

한 나라로부터 받아들여 제도적으로는 많은 부분에서 선진국의 틀을 갖추고 있다고 여겨진다.

직능원으로부터 직업교육과 관련된 도움을 받고 싶어 하는 나미비아에는 박근혜 정부가 능력중심사회를 구축하는 기반으로 도입한 국가직무능력표준(NCS: National Competence Standards)이 개발되어 있고, 이를 토대로 한 국가자격체계(NQF: National Qualification Framework)가 이미 마련돼 있다. 그러나 문제는 이 두 제도가 나미비아에선 작동하지 않고 있고, 이를 제대로 운영할 인력도 확보되어 있지 않다는 점이다.

개발도상국의 단계에 있는 많은 아프리카 국가들은 우리 직업교육훈련의 경험을 전수받기를 열망하는 분위기가 뚜렷하다. 이들 나라들은 제도는 잘 갖추어져 있지만 산업현장에서 필요로 하는 기능 인력을 제대로 육성하고 있지 못하고 있는 반면, 우리는 선진국의 제도를 잘 체화시켜 성공적인 결과를 만들어 냈기 때문이다.

올해로 국제기능올림픽에서 4회 연속 우승한 우리나라 기능인력의 우수성은 익히 알려져 있다. 50년이 안 걸려 삼성전자 현대자동차 같은 글로벌 초일류기업이 나올 수 있는 바탕에는 우수한 한국의 기능인력이 있다는 것을 아프리카 국가들은 잘 안다. 특히 경제개발의 초기 단계에서 정수직업훈련원과 같은 직업훈련기관이 만들어져 경제성장에 필요로 하는 인력을 육성하면서 도시지역의 일자리 문제를 해결한 우리의 경험을 높이 사고 있다.

과거에 우리가 식민지배를 받은 경험도 아프리카 국가들이 우리로부터 배우고자 하는 이유이기도 하다.

중국은 G2(세계 2대 강국)로 부상한 경제력을 바탕으로 아프리카에 대규모의 공적개발 원조를 하고 있으나, 그렇게 환영 받지는 못하고 있는 상황이다. 도로 등 인프라 건설에 투입한 중국인들을 대거 집단으로 이주시켜 지역 상권을 장악하는 사례가 빈번한 탓이다. 잠비아에만 10만 명의 중국인이 거주하고 있는데, 이중 1만 명은 영구정착했다. 중국도 20세기를 제외하면 항상 세계 열강이었기 때문에 과거 식민지배를 했던 서구열강과 같이 우월적 지위에서 지원을 하는 것으로 보인다.

아프리카 국가들은 짧은 기간에 초고속 경제성장을 이룩해 낸 우리의 강력한 도전 정신을 배우고 싶어 한다. '하고자 하면 할 수 있다'는 정신에 매료된 것이다. 공적자금 원조를 받으면서 동시에 초고속 성장하는 비결을 한국 사람으로부터 직접 배울 수 있다는 것이 우리의 ODA가 다른 선진국과 차별화되는 장점이라고 그들은 굳게 믿고 있다.

5. '글로벌인재포럼'이 남긴 과제[129]

'교육이 최고복지' 확인한 자리…이젠 교육도 전통방식서 벗어나 체험학습 등 시장수요에 맞춰야

교육과학기술부, 한국경제신문 그리고 한국직업능력개발원이 공동주최한 '글로벌인재포럼 2012'가 지난 25일 막을 내렸다.

올해 7번째로 개최된 인재포럼은 마지막 날, 마지막 세션까지 사전등록하지 않은 많은 참가자가 회의장 밖에 설치된 스크린을 통해 토론을

---

129) 한국경제_2012.10.29

시청하는 등 인재육성에 대한 우리사회의 뜨거운 관심을 보여줬다. 특히 고등학생을 비롯한 많은 청년들이 진지하고 열띤 자세로 참여해 외국인 참가자들이 깊은 인상을 받았다.

한국직업능력개발원의 조사 결과에 따르면 포럼 참가자들은 '청년취업, 일자리 창출'과 '창의과학 인재 육성'을 차기정부의 가장 중요한 인재정책 과제로 보고 있다.

인재포럼 기조연설에서 고든 브라운 전 영국총리가 지적했듯이 2008년 시작된 글로벌 경제위기는 빠른 시일 내 종식되지 않을 듯하다. 경제위기에서 벗어나기 위해서는 국가 간 공조가 매우 중요한데, 경제위기의 진원지인 미국이나 유럽 대부분의 국가가 통일된 내부 의견을 도출하지 못하고 있기 때문이다.

잃어버린 10년을 보낸 일본이 근로시간 단축, 잡셰어링을 통해 고용을 일정 수준 유지할 수 있었다는, 포럼에서 공유된 일본의 사례는 우리에게 시사하는 바가 크다. 아프리카의 예에서 보듯이 정치적 투명성과 사회적 안정이 일자리 창출의 기반이라는 의견도 제시됐다.

노동시장과 교육훈련을 강화하는 것이 청년 취업 활성화와 미래 인재 육성에 필요하다는 게 포럼 참가자들의 공통된 인식이다. 기업체와 학교가 교육목표를 공유하고 교육방법을 일체화시킬 때 100% 취업을 실현할 수 있나. 교육과정의 3분의 2 이상을 기업에서의 도제식 현장실습으로 편성하는 스위스 직업교육 사례도 소개됐다. 이처럼 기업이 체험학습의 기회를 학생들에게 줄 때 청년취업문제를 해결하고 시장이 바라는 인재가 양성될 수 있다.

대학과 기업이 산학협력에 보다 적극적으로 나서는 것이 필요하다.

특히 대학이 연구뿐 아니라 교육에서도 산학협력을 강화해야 하며, 기업도 사회적 공유재산인 인적자원 개발을 위해 대학생에게 보다 많은 체험학습 기회를 부여하는 인식의 대전환이 필요하다는 것이 참가자들의 공통된 의견이었다.

올해 인재포럼에는 미국의 버클리음대, 파슨스디자인스쿨, 프랑스의 르코르동블루 등 실용교육으로 세계적 명성을 얻은 학교의 학장이 참여해 청년층의 참여 열기가 높았다. 월드스타 싸이의 출신학교로 유명한 버클리음대 등 이들 실용교육기관은 공통적으로 현장중심 교육을 한다. 현장에서 인정받은 전문가를 교수요원으로 활용하고, 학생을 관리하고 통제하기보다는 잠재적 능력을 계발하는 것을 교육목표로 하고 있다.

브라운 전 총리는 학교의 혁신을 이끌 수 있는 리더와 교사의 질을 끌어올릴 수 있는 방안이 창의성 있는 미래 인재의 개발을 위해 필요하다고 역설했다.

글로벌 경제시대에 기업은 다양한 세대와 문화를 융합할 수 있는 인재를 원하고, 그 같은 방향으로 인재육성 전략을 잡고 있는 것을 포럼을 통해 확인할 수 있었다. 리처드 프리만 미국 하버대 교수는 국가의 경계가 허물어지면서 지식의 흐름을 통해 세계가 통합되고 있다고 했다. 해외로 나가 있는 한국의 유학생, 한국에 와 있는 외국유학생의 효율적 활용방안도 국가 인재정책의 주요 과제다.

교육의 사회공헌도 포럼의 주요 주제였다. 교육기회의 평등이 사회안정 및 복지를 위해 필수적이라는 것이 참가자들의 공통된 인식이었다. 기업뿐 아니라 매사추세츠공과대(MIT), 버클리음대 등 글로벌 교육기관들은 교육기부에 열심인 것도 인상 깊었다. 개발도상국 참가자들은 한국이 직업교육훈련의 경험을 공적개발원조(ODA) 형태로 전수해줄 것을 강력하게 희망했다.

결론적으로 '글로벌 인재포럼 2012'를 통해 교육이 최고의 복지임을 확인할 수 있었으나, 그와 같은 역할을 하기 위해서는 교육이 전통적인 방식에서 벗어나 시장이 원하는 것을 적극적으로 수용해야 한다는 것을 알 수 있었다.

6. 고용 통계가 불신받지 않으려면[130)]

통계청 발표에 따르면 6월 이후 우리나라의 고용상황은 개선되고 있다. 8월 고용동향에 따르면 15세 이상 인구의 고용률(정부가 국정목표로 제시하고 있는 고용률과는 다른 개념)은 60%로 전년 동월대비 0.3% 포인트 상승하였고, 취업자는 2개월 연속하여 지난해 동월대비 30만 명 이상 늘었다.

특히 8월은 취업자 증가폭이 1년여 만에 40만 명을 넘어섰다. 공공부문 일자리 증가에 기인한 것도 있지만 고용상황이 개선되고 있는 것으로 볼 수 있는 대목이다. 실업자는 전년 동월대비 1만 9,000명이 늘었으나 실업률은 3%로 증가하지 않았다.

그러나 국민들은 정부가 고용률, 실업률 등을 활용하여 매달 발표하는 고용동향을 잘 체감하지 못하고 있다. 고용상황을 나타내는 가장 대

130) 한국일보_2013.10.9

표적인 지표의 하나인 실업률의 경우 2008년 말 리만 브라더스 사태로 촉발된 글로벌 금융위기 이후 2010년 1월 5%로 가장 높았고, 지난해 10월 2.8%로 가장 낮았다. 변동 폭이 최대 2.2% 포인트 이고 실업자 수로는 금년 8월 기준으로 60만 명 정도이다.

우리는 1주일에 1시간만 일하면 취업자로 보고 4주 동안 적극적인 구직활동을 하여야 실업자로 간주하는 취업자 및 실업자 정의 때문에 실업통계가 현실을 반영하지 못하고 있다. 반면 실업자에 대한 정의가 유사한 미국의 경우 실업률 통계가 다른 보완적인 지표와 함께 고용상황을 상당부분 알려주고 있어 전 세계가 매달 미국 노동성이 발표하는 실업률 수치에 주목한다.

미국은 지난 10년간 실업률이 가장 높았던 때가 2009년 10월 10%, 가장 낮았던 달은 2007년 3월 4.4%로 변동 폭이 최대 5.6% 포인트였다.

우리나라의 실업률이 고용상황을 제대로 보여주지 못하고 있는 이유 중의하나는 과도한 대학 진학이 유발한 측면이 있는 청년층의 취업난을 반영하고 있기 때문이다.

8월 현재 실업자는 78만 3,000명으로 전년 동월 대비 1만 9,000명 늘었는데, 지난해에는 4월에 있었던 국가직 9급 공무원 시험이 7월에 실시되면서 20·30대를 중심으로 실업자 수 증가한 것으로 통계청은 분석하고 있다.

리만 브러더스 사태이후 실업률이 가장 낮았던 지난해 10월 전체 비경제활동인구는 1,594만 명으로 실업률이 최고였던 2010년 1월의 1,631만 명보다 35만 명 줄어들어 전체적으로 고용상황이 좋아진 것을 반영하고 있다. 그러나 정규학교 재학, 입시학원 수강, 기관이나 학원에서의 수강여부와 관계없이 진학이나 취업준비를 하는 비경제활동인구는 2010년 1월 475만 명에서 지난해 10월 497만 명으로 오히려 늘었다. 올해 8월 기준으로 취업을 준비하는 비경제활동인구는 57만 6,000명이다.

고졸 취업 활성화 등으로 청년층 고용률이 획기적으로 높아져야 과도한 청년층 비경제활동인구가 줄어 고용통계에 대한 불신도 상당부문 해소될 것이다.

청년층 취업난은 과도한 대학 진학과 이로 인한 노동시장에서의 숙련 수급 불균형 문제에 근본 원인이 있기 때문에 청년층이 원하는 일자리가 만들어진다고 해결될 수는 없다. 대학을 나온 청년들이 원하는 일자리가 많이 만들어지면 오히려 청년실업이 악화할 수 있는 이유다. 일단 대학을 나와야만 일자리를 얻을 수 있는 탓에 대학에 더 가려고 할 것이고, 청년 노동시장의 구조적인 문제는 악화될 것이다. 과거 많은 나라에서 경제발전 초기 단계에서 농촌 상황을 개선하지 않고 도시 일자리 창출에 집중하는 바람에 농촌에서 도시로 더욱 많은 인구가 밀려들어 오히려 도시 일자리 및 빈민문제가 악화되었던 경험을 갖고 있다.

고등학교를 졸업하여도 노동시장에서 차별받지 않고 적정한 처우를 받으며 경력 축적이나 학습을 통해 더 좋은 자리로 이동할 수 있는 열린 노동시장이 구축돼야 한다. 그래야만 도를 넘어선 대학진학 열기가 진정되고, 결과적으로 청년 일자리 문제가 해결되고, 고용통계에 대한 신뢰도 높아질 것이다.

7. 산업재해 줄여야 선진국 자격 있다[131)]

얼마 전에 울산 소재 티나늄분야 글로벌 기업인 티에스엠텍 공장에서 탱크세척작업을 하던 중 폭발사고가 일어나 근로자 여러 명이 다쳤다.

올 여름은 유난히도 더웠지만 각종 대형 안전사고가 끊이지 않았다. 서울노량진 수몰사고, 사설 청소년캠프 익사사고, 울산 물탱크 폭발사고, 방화대교 매몰사고, 세종대 실험실 폭발사고 등 각종 사고가 장소를 가리지 않고 발생했다.

우리나라에서 발생하는 각종 안전사고는 반복적으로 일어나고, 인재(人災)의 성격이 크다는 특징이 있다. 7월 15일 일어난 노량진 수몰사고는 몇 년전 발생한 임진강 수몰사고의 재판이다. 당시 북한이 상류의 황강댐의 물을 아무런 예고 없이 임진강에 방류하는 바람에 강변에서 야영하던 여섯 명이 수몰되었는데, 당시 군과 공무원 등 관계자들이 적절히 대응했다면 막거나 피해를 줄일 수 있는 사태였다.

노량진 수몰사고의 경우 팔당댐 방류 증가로 인한 한강 수위 상승에 대한 여러 번의 경고가 있었지만, 서울시와 공사업체, 감리업체가 이를 무시하거나 현장 근로자에게 제대로 알리지 않았다.

우리나라에서 매년 발생하는 산업재해로 인한 재해자 수는 9만 여명, 이중 사망자는 1,800여명에 이르고 있다. 글로벌 기업이라고 자랑스럽게 내세울 수 있는 초일류기업에서도 산업재해가 발생하고 있다.

3월 폭발사고로 6명의 사망자와 11명의 부상자가 나온 대림산업, 앞서

---

131) 한국일보_2013.8.24

1월 불산이 누출되어 1명이 숨진 삼성전자, 유해물질이 누출된 LG실트론 구미공장과 SK 하이닉스반도체 청주공장, 공장 신축현장 물탱크 붕괴로 공사장 인부가 사망해 사장까지 전격 경질된 삼성엔지니어링 등 업종이나 그룹에 관계없이 안전사고가 잇따른다.

대기업에서도 안전사고가 끊이지 않고 있는 것은 우리나라 노동시장의 구조와도 깊은 연관이 있다고 본다.

건설현장은 복잡한 도급구조로 얽혀 있어 대기업 원청 공사도 실제 작업은 소규모 영세기업이 맡는 사례가 적지 않고, 수지타산에 급급한 영세 하청기업은 근로자에 대한 안전교육을 소홀히 함은 물론이고 법에 정하고 있는 안전수칙도 지키지 않는 경우가 태반이다.

노량진 수몰사고나 방화대교 붕괴사고도 결국은 원청인 서울시가 공사 발주만 하고 공사현장에 대한 감독은 대기업에서 하지만, 실제 공사는 하도급을 맡은 하청업체 또는 재하청업체, 재재하청업체들이 공기를 단축하거나 무리한 작업일정에 맞추기 위해 공사를 강행하면서 발생한 측면이 크다.

충남 태안에서 일어나 청소년들의 목숨을 빼앗아간 해병대캠프 사고도 원청인 학교당국이 임시직을 고용해 훈련을 시키는 인가받지 않은 사설캠프업체에게 학생 교육을 위탁하면서 일어난 것이다.

이달 초 유해물질을 누출한 기업에는 사업장 매출액의 5%까지 과징금을 부과할 수 있도록 법이 개정되는 등 원청업체의 책무성을 강화했다. 이 원청업체에 책임을 묻는 것은 필요하나 산업재해를 줄이기 위한 원청업체와 하청업체의 공동 노력이 더욱 요구되는 시점이다.

원청 및 하청 사업주가 각각 안전·보건관리자를 지정하고 공동회의 등을 통해 사업장의 유해 및 위험요인 실태를 파악하고 평가하는 등 필요한 개선조치를 취해야 옳다. 특히 원청 사업주는 산재위험이 있는 작업시 작업 시작시간, 작업장간 연락방법 및 재해발생위험시 대피방법 등을 하청 사업주와 사전에 협의해야 한다. 하청 사업주가 실시하는 근로자의 안전보건교육을 지원하는 것도 잊어선 안 된다.

원·하청의 산업재해를 줄이기 위한 공동의 노력을 정부가 지원하는 대안의 하나는 사내하도급 근로자의 근로조건을 개선하는 것이다. 지난 몇 년간 고용노동부가 보급하고 있는 '사내하도급 근로조건 개선 가이드라인 이행상황 체크리스트'의 산업안전 부분을 보강해 전 사업장에 보급하는 게 긴요하다.

복잡한 원·하청구조에 대한 근원적인 수술, 그리고 이중적 노동시장 구조에 대한 개혁이 이루어져야 산업재해가 획기적으로 줄어들 수 있음은 자명하다.

8. 경제의 불확실성, 합심해 슬기롭게 극복하자132)

새해가 시작되나 그렇게 낙관적이지 않은 우리의 고용상황이 희망을 이야기하기를 주저하게 만든다. 최근 들어 우리나라 고용상황은 2008년말 발생한 글로벌 금융위기 이전 수준으로 회복하고 있다. 2011년 11월까지 취업자 수가 23개월 연속적으로 증가하면서 2011년에는 취업자 수가 41만 명 늘어났고, 고용률도 위기 이전 수준인 63.8%에 근접하고

132) 노동법률_2012년 1월호

있다.

양적으로 좋아진 고용상황에 대해 기재부장관이 '고용대박'이라고 언급하여 언론에서 큰 곤욕을 치루었던 사례에서 알 수 있듯이, 현재의 우리나라 고용상황이 아직은 국민의 기대수준에 미치지 못하고 있다. 경기회복에도 불구하고 우리나라 고용률은 아직도 OECD 평균 고용률보다 낮고, 최근의 일자리는 주로 50대 이상을 중심으로 늘어나고 있고, 20·30대의 일자리는 별로 늘어나고 있지 않다.

특히 고용 증가가 일자리의 질 저하를 수반하고 있는 양상이다. 도소매·숙박음식점업 등 서비스업이 취업자 증가를 주도하고 있는데, 직장에서 조기 퇴직당한 50대 이상의 고령층이 새로운 일자리를 찾아 서비스업으로 진출하여 궁극적으로는 자영업자간의 과도한 경쟁으로 자영업자들의 몰락을 가져오지 않을까 하는 우려도 있다.

올해는 양적인 측면에서도 고용상황은 작년보다 좋지 않으리라 전망된다. 유럽 재정위기가 극복을 위한 가닥을 잡아가는 듯하나 아직은 불확실성이 크기 때문에 세계 경제는 성장이 둔화되리라 전망된다. OECD는 작년 11월 올해 세계 경제 경제성장률을 5월의 4.6% 전망에서 3.4%로 하향하였다.

내수시장이 상대적으로 취약하고 세계 9대 교역국인 우리로서는 상당히 우려스러운 부분이다. KDI 등 많은 기관에서 우리나라의 올해 경제성장률을 2011년보다는 다소 낮아진3.7%로 전망하고 있으며, 취업자 증가도 작년도보다 낮아진 28만 명으로 보고 있다. 유럽의 재정위기가 제대로 해결되지 않고 이에 따라 세계 경제의 불확실성이 커진다면, 대외 의존적 구조를 가지고 있는 우리나라의 경제 특성상 우리 경제의 성장세가 현재의 전망보다 둔화될 것은 분명하다. 성장세가 둔화되고 부정적인 전망이 현실화되면 구조조정 이슈가 다시 나오고, 이에 따른 노사갈등이 심화될 여지가 있다.

이번의 글로벌 금융위기를 극복하는 과정에서 IMF 외환위기 때와는 달리 정리해고를 하기 보다는 정부 주도로 일자리 나누기 등을 통해 고용을 안정시켜 노사관계 안정화의 틀을 마련하였다.

박영범

미국 코넬 대학에서 경제학 석사와 박사를 취득하였다.
산업연구원, 한국노동연구원에서 연구 활동 후 1997년부터 한성대학교 경제학과 교수로 재직 중이다. 2011년부터 2017년까지 국책 연구기관인 직업능력개발원 원장, 고용노동부 산하 한국산업인력공단 이사장을 역임하였다.
「전환기, 한국노동시장의 길을 묻다」(한성대학교출판부, 2009년 문화공보부 우수학술도서), 「해외진출기업의 고용관계」(한성대학교출판부, 2010년 문화공보부 우수학술도서), 「Economic Development and Vocational Education and Training in Korea」(KRIVET, 2014: ILO (스페인어판), 2016) 등 100여 편의 논문 및 저서가 있다. 한국고용노사관계학회 회장 및 학회지 편집위원장, 한국노동경제학회 부회장 등을 역임하였다.
은탑산업훈장, 캄보디아 왕국정부의 국가공로 훈장, 한국기업경영학회의 2016년 기업경영자대상을 수상하였다.

차별 없는 사회와 열린 노동시장

초판2쇄 인쇄 2017년 12월 27일
초판2쇄 발행 2017년 12월 27일

저　　자 박영범
발 행 인 이상한
발행한곳 한성대학교 출판부

우편주소 서울특별시 성북구 삼선교로16길 116
대표전화 (02) 760 / 4174
팩시밀리 (02) 760 / 5969

편집제작 **대자커뮤니케이션** | 대표(02) 2269-6724

ISBN 978-89-6820-027-4 13300　　　**정가** 16,000원

* 본 저서는 한성대학교 교내학술연구비 지원을 받았다.